品牌依恋驱动下
用户在线评论信息
生成机制

毕达宇　张苗苗◎著

中国社会科学出版社

图书在版编目（CIP）数据

品牌依恋驱动下用户在线评论信息生成机制/毕达宇，张苗苗
著 .—北京：中国社会科学出版社，2022.7
ISBN 978-7-5227-0593-4

Ⅰ.①品… Ⅱ.①毕… ②张… Ⅲ.①电子商务—消费者行为
论—研究 Ⅳ.①F713.55

中国版本图书馆 CIP 数据核字（2022）第 137163 号

出 版 人	赵剑英	
责任编辑	谢欣露	
责任校对	周晓东	
责任印制	王　超	

出　　版	中国社会科学出版社	
社　　址	北京鼓楼西大街甲 158 号	
邮　　编	100720	
网　　址	http://www.csspw.cn	
发 行 部	010-84083685	
门 市 部	010-84029450	
经　　销	新华书店及其他书店	

印　　刷	北京明恒达印务有限公司	
装　　订	廊坊市广阳区广增装订厂	
版　　次	2022 年 7 月第 1 版	
印　　次	2022 年 7 月第 1 次印刷	

开　　本	710×1000　1/16	
印　　张	14.5	
插　　页	2	
字　　数	215 千字	
定　　价	78.00 元	

凡购买中国社会科学出版社图书，如有质量问题请与本社营销中心联系调换
电话：010-84083683

前　言

　　近年来，我国互联网经济在人工智能与大数据技术的驱动下取得了飞速的发展。新冠肺炎疫情期间，用户的网络购物与线上体验消费更是成为稳定和恢复社会经济发展的重要驱动力量，用户参与已经成为当前传统商务网络环境与新社交媒体环境下经济发展的关键要素。越来越多的用户通过电商网站、社区平台、社交软件应用等途径表达自己对品牌和产品的感知体验。同时，也有大量的用户在购买和选择品牌商品时通过这些信息媒介接收其他用户的评论信息，从中获取他人的购买经历、感观认知、情感态度等，从而辅助自己的行为决策。

　　尽管政府及信息平台运用相关制度和技术手段对用户生成内容的质量进行了有效的监管，使用户评论质量在真实性和可靠性方面有了较大幅度的提升，然而仅仅依靠制度手段保障用户评论内容的可信度已无法满足用户对于品牌及产品信息在内容多样性、逻辑合理性、情感真实性等方面的深度需求。激发用户生成内容细致、情感真实的高质量在线评论的积极性成为保障和提高在线评论质量的重要实践路径。鉴于此，本书以用户生成在线评论信息行为为研究对象，以用户—品牌依恋情感为切入点，从用户在品牌依恋驱动下的评论信息生成动机及其动力来源、生成评论信息的内容特征和生成评论信息的行为模式进行系统研究，深入分析用户情感依恋对生成评论意愿作用的心理路径，以及对生成评论质量的作用关系，进而归纳并梳理用户在品牌依恋驱动下生成在线评论信息的行为规律与内在特征，并在此基础上提出基于品牌依恋的用户生成高质量在线评论信息的激励策略，为政府倡导网络环境下的高质量信息行为，以及品牌企业、第三方电商平台及在线社区组织等相关机构有效组织和激励用户高质量评论信息生成行为，优化网络环境等提供系统科学的理论依据与切实可行的实践路径。

本书是国家社会科学基金青年项目"品牌依恋驱动下的用户在线评论信息生成机制研究"的阶段性成果。湖北警官学院江彦博士、华中科技大学研究生曹安冉以及中南民族大学研究生鲁琰玙参与本书初稿撰写工作。终稿编审与校订工作由毕达宇与张苗苗共同完成，全书最终由毕达宇统稿。本书共计约 21.5 万字，其中毕达宇负责完成 18 万字，张苗苗负责完成 3.5 万字。限于时间仓促，笔者水平有限，欢迎专家、同行及广大读者能够及时提出宝贵意见和建议。

毕达宇　张苗苗

2022 年 1 月

目　　录

第一章　绪论

第一节　研究背景

随着我国互联网与各行业领域的深度融合，以及人工智能和大数据技术的迅速发展，网络用户的信息参与行为已经越发积极活跃。中国互联网信息中心（CNNIC）在 2020 年 9 月 29 日发布的第 46 次《中国互联网络发展状况统计报告》显示，截至 2020 年 6 月，我国网民规模已经达到 9.40 亿，互联网普及率达 67.0%。在电子商务领域，网络支付用户规模达 8.05 亿，网络零售用户规模达 7.49 亿，占网民整体的 79.7%。

大量的统计与调查数据表明，用户网络购物已经成为我国经济发展的主要增长动力之一，特别是在新冠肺炎疫情期间成为稳定和促进经济发展的重要支撑。在用户进行网络购物的过程中，浏览其他用户生成的在线评论信息成为用户行为决策的重要参考依据。根据 2017 年中国消费者协会发布的《网购诚信与消费者认知调查报告》调查数据，网上评论成为网络消费的重要参考因素，口碑效应明显。40.6% 的受访者进行网购时会将"网上评论"作为首要参考因素，受访者在消费前也会参考朋友或熟人推荐、定价收费、宣传信息和平台口碑形象等相关信息，选择率分别为 17.9%、14.7%、13.4% 和 13.2%。在用户生成评论信息在购买行为过程中所发挥的作用愈加重要的同时，仍然存在评论信息质量低下、用户对评论的采纳程度较低等问题。特别是在中国情境下，消费者购买商品的决策依据仍然以传统口碑为主要来源。根据环球网舆情中心发布的《2018 年中国消费者对国产品牌的好感度调查报告》调查数据，33%的受访者主要通过"亲戚、朋友、同事等的交谈议论"获取对国产品牌的总体印象，27.7%的受访者通过"品牌自我宣传"的方式获取品牌信息。

在用户不断通过在线评论的内容积极地获取与品牌及产品相关信息的同时，品牌企业也在不断地通过诸如电商平台、社交媒体等网络媒介开展品牌营销活动，深化与用户间的互动关系。根据爱德曼国际咨询公司（Edelman）2018 年发布的品牌和社交媒体调查报告中的数据，近半数的受调查者表示，社交媒体是他们获取相关公司信息的主要途径，近九成的受调查者表示，偶尔会通过社交媒体来获取他们关注公司的信息。此外，有六成受调查者认为，获得企业服务的最优方式是通过社交媒体；超过半数受调查者认为，企业通过社交媒体推出新产品也是一种有效的方式；仍有超过四成的受调查者认为，通过社交媒体能够与品牌企业进行互动。通过对上述数据进行分析可以发现，从用户的信息需求视角来看，用户生成在线评论信息不仅已经成为获取品牌及产品信息的重要信息来源，同时也是辅助用户购买行为决策的关键依据；从企业品牌的信息供应视角来看，较为单一的信息获取渠道与信息内容导致用户仍然以传统口碑作为主要的品牌及产品信息获取途径。这种信息供需间的矛盾关系已经成为阻碍企业扩大和提升品牌及产品影响力、制约企业发展品牌及产品网络营销战略的核心问题。如何通过有效的方式强化用户—品牌关系，并在此关系基础上建立用户—品牌良性互动，激励用户自发创新与品牌及产品相关的信息内容并提升信息质量，成为积极推动企业品牌发展、创新品牌营销策略的重要实践路径。

第二节　研究意义

一　理论意义

本书通过对品牌依恋与用户在线评论信息生成动机、生成质量及生成模式等方面的作用机理和驱动关系进行深入研究,将用户的品牌依恋情感与在线评论信息生成行为有机结合,从非理性情感驱动视角深度剖析用户在线评论信息生成机制。一方面使用户品牌依恋的内在情感及自我概念显化为外在信息活动,丰富品牌依恋理论内涵;另一方面为用户在线评论信息生成行为研究提供品牌依恋动机的理论依据,丰富网络环境下用户信息行为理论体系。

二 实践意义

用户投入真情实感所撰写的评论更加具有参考与借鉴价值,因此,认清消费者品牌依恋情感与在线评论信息生成行为间的作用关系与驱动机制具有重要作用。第一,有助于企业通过关系营销手段树立良好企业形象与品牌口碑,为企业激发用户口碑传播提供策略支持;第二,为激发用户积极生成情感丰富、内容真实的有效评论,促进用户在线良性互动,营造和谐健康的社会化网络生态环境提供决策参考;第三,有助于政府及科研机构更为准确地把握及预测网络舆情信息的生成及扩散趋势,为政府机构建立相应的监管机制提供决策参考。

第三节 国内外研究现状

一 用户在线评论信息生成研究

从最初的网络口碑到用户在线评论,再到如今的微信、微博产品评论信息生成等相关研究一直是国内外学者关注的研究热点。学者从不同视角运用多种方法对用户在线评论信息的生成动机、内容质量、效用及其影响等方面进行研究。

由于受到个体特征及外部环境影响[1][2],用户在线评论信息的生成

---

[1] Cheung C M K, Lee M K O, "What Drives Consumers to Spread Electronic Word of Mouth in Online Consumer-Opinion Platforms", *Decision Support Systems*, Vol. 53, No. 1, 2012.

[2] 阎俊、蒋音波、常亚平:《网络口碑动机与口碑行为的关系研究》,《管理评论》2011年第12期。

动机不仅包含诸如观点表达、社交利益及寻求建议等理性动机，还包含情感宣泄、分享及娱乐等感性动机。[1][2] Schoenmueller 等认为，（给出极端评价/较为极端评价的）消费者更倾向于提供评论，这是评论分布极性的一个重要驱动因素。[3] Lamb 和 McKenna 认为，个人主义文化的复杂性和异质性会对游客撰写在线评论的动机产生影响。[4] 移动环境下评论内容生成的低门槛、开放性特点导致评论信息质量受到一定影响[5]，因而有学者从信息流量、内容质量、信息源质量及信息利用情况四个方面，对在线评论信息生成质量进行了全面评价[6]；也有学者认为，用户在线评论信息质量是指满足评论阅读者需求的程度，因此与评论等级差异、评论者特征等社会因素有着密切联系。[7] Ananthakrishnan 和 Smith 通过研究发现，当在线评论的质量有高有低时，评论阅读者对平台所提供信息的信任反而会增强。[8] 在大数据环境下，通过阅读所有评论进而获取有价值的信息显然并不实际[9]，学者采用多种技术及分析方法对在线评论信息的文本特征、主题挖掘以及情感

---

[1] Hennig-Thurau T, Gwinner K P, Walsh G, Gremler D D, "Electronic Word-of-Mouth via Consumer-Opinion Platforms：What Motivates Consumers to Articulate Themselves on the Internet", *Journal of Interactive Marketing*, Vol. 18, No. 1, 2004.

[2] Hu N, Liu L, Zhang J J, "Do Online Reviews Affect Product Sales? The Role of Reviewer Characteristics and Temporal Effects", *Information Technology and Management*, Vol. 9, No. 3, 2008.

[3] Schoenmueller V, Netzer O, Stahl F, "The Polarity of Online Reviews：Prevalence, Drivers and Implications", *Journal of Marketing Research*, Vol. 3, 2020.

[4] Lamb Y, Cai W, McKenna B, "Exploring the Complexity of the Individualistic Culture Through Social Exchange in Online Reviews", *International Journal of Information Management*, Vol. 54, 2020.

[5] 李贺、张世颖：《移动互联网用户生成内容质量评价体系研究》，《情报理论与实践》2015 年第 10 期。

[6] 莫祖英、马费成、罗毅：《微博信息质量评价模型构建研究》，《信息资源管理学报》2013 年第 2 期。

[7] 殷国鹏：《消费者认为怎样的在线评论更有用？——社会性因素的影响效应》，《管理世界》2012 年第 12 期。

[8] Ananthakrishnan U M, Li B, Smith M D, "A Tangled Web：Should Online Review Portals Display Fraudulent Reviews?", *Information Systems Research*, Vol. 31, No. 3, 2020.

[9] 阮光册、夏磊：《高质量用户生成内容主题分布特征研究》，《图书馆杂志》2018 年第 4 期。

倾向识别进行了深入研究。①② Huang 认为，在线评论从说服效应和意识效应两种渠道对消费者的行为产生影响。③ 此外，学者普遍认为，在线评论信息的有效性与消费者感知有着紧密的联系。消费者不仅在购买体验型商品时更依赖于其他人的推荐和评价，同时还认为情感倾向极端、内容较长的评论更为有效。

然而也有学者发现，在移动环境下由于消费者的认知风格差异对技术接受行为存在影响④，因此移动环境下完全运用 TAM 模型对消费者行为进行解释并不合适⑤，还应当考虑感知移动性⑥及终端设备⑦等因素对消费者行为的影响。

二 品牌依恋与消费者行为研究

Bowlby 首次提出依恋（attachment）概念，将其定义为个体与特定对象之间一种充满情感的独特的纽带关系。⑧ 研究发现，消费者与社会名人⑨、企业⑩、品牌⑪、情境等均可能产生依恋情感。用户能够对品牌产生依恋情感，与品牌建立依恋关系的首要因素源于用户的自

① 王洪伟、郑丽娟、尹裴等：《基于句子级情感的中文网络评论的情感极性分类》，《管理科学学报》2013 年第 9 期。

② 夏火松、李保国、杨培：《基于改进 K-means 聚类的在线新闻评论主题抽取》，《情报学报》2014 年第 1 期。

③ Huang M, Pape A D, "The Impact of Online Consumer Reviews on Online Sales: The Case-Based Decision Theory Approach", *Journal of Consumer Policy*, Vol. 43, No. 3, 2020.

④ 张红、甘利人、薛春香：《基于标签聚类的电子商务网站分类目录改善研究》，《现代情报》2012 年第 1 期。

⑤ 杨光明、鲁耀斌、刘伟：《移动商务消费者初始信任影响因素的实证研究》，《情报杂志》2009 年第 7 期。

⑥ 邓朝华、张亮、张金隆：《基于荟萃分析方法的移动商务用户采纳研究》，《图书情报工作》2012 年第 18 期。

⑦ 闵庆飞、季绍波、孟德才：《移动商务采纳的信任因素研究》，《管理世界》2008 年第 12 期。

⑧ Bowlby J, *Attachment and Loss*, Vol. 1, New York, Basic Books, 1969.

⑨ Ball A D, Tasaki L H, "The Role and Measurement of Attachment in Behavior", *Journal of Consumer Psychology*, Vol. 1, 1992.

⑩ Thomson M., "Human Brands: Investigating Antecedents to Consumers' Strong Attachments to Celebrities", *Journal of Marketing*, Vol. 70, No. 3, 2006.

⑪ Swaminathan V, Stilley K M, Ahluwalia R, "When Brand Personality Matters: The Moderating Role of Attachment Styles", *Journal of Consumer Research*, Vol. 35, No. 6, 2009.

我概念。当品牌特性能够与用户的自我概念相结合时，用户能够借助品牌来表达和强化自我概念，从用户的内在建立和形成一种归属感。[1] 因此，一些学者认为，用户倾向与那些能够迎合用户自我概念的品牌建立强烈的情感依恋，通过对品牌的依恋间接表达自我身份与独特个性，实现自我展示[2]；关于用户品牌依恋的形成路径研究，有学者认为情感是品牌依恋关系构念中的关键要素，在用户与品牌互动过程中，用户更能够与让用户产生积极快乐情感的品牌建立亲密的依恋关系[3]；另外，情感依恋并非一种瞬时情感，而是经过长期与品牌互动而形成的一种趋于理性稳定的深层次情感，因而有学者发现，外部环境等（如用户与品牌互动体验过程、外部环境认同等）因素也是影响用户对品牌形成依恋的重要影响因素。[4] 依恋情感的强弱可以通过消费者感知与消费者—品牌关系质量进行测度。消费者不仅会对依恋对象形成购买承诺，维持亲密关系[5]，同时还会对依恋对象进行维护和夸耀[6]，进而对忠诚及信任的形成产生影响。[7] 随着学者对消费者依恋理论关注度的日益提升，研究领域已经扩大至网络用户行为研究，学者不仅验证了依恋理论在虚拟社交网络环境下信息传播规律的适用

---

[1] Ball A D, Tasaki L H, "The Role and Measurement of Attachment in Consumer Behavior", *Journal of Consumer Psychology*, Vol. 1, No. 2, 1992.

[2] Mugge R, Schifferstein H N J, Jan P L, "A Longitudinal Study of Product Attachment and Its Determinants", *European Advances in Consumer Research*, Vol. 7, No. 1, 2009.

[3] Carroll B A, Ahuvia A C, "Some Antecedents and Outcomes of Brand Love", *Marketing Letters*, Vol. 17, No. 2, 2006.

[4] 温飞、沙振权、龙成志：《消费者情感依恋形成机理研究演进》，《广东商学院学报》2011年第2期。

[5] 姚琦：《自我建构与说服策略对消费者再续品牌关系意愿的影响》，博士学位论文，武汉大学，2010年。

[6] Park C W, Macinnis D J, Priester J, "Beyond Attitudes: Attachment and Consumer Behavior", *Seoul Journal of Business*, Vol. 12, No. 2, 2006.

[7] 赵宏霞、才智慧、宋微：《电子商务环境下关系利益、情感依恋与消费者信任的维系》，《经济问题探索》2014年第6期。

性①②，还发现用户依恋情感对消费者在线交流意愿存在显著影响③，例如能够提升品牌的良好口碑。此外，不同依恋类型对用户信息行为的影响也存在差异。④⑤

三　国内外研究评述

通过对国内外相关研究的归纳和梳理可以发现，尽管用户在线评论信息生成行为以及品牌依恋研究已经取得了一定的研究成果，但是仍然存在以下几点局限。

（1）关于在线评论信息对用户行为影响的研究主要关注评论行为的后续影响，如品牌信任与忠诚、用户选择行为与购买意愿等，缺乏对在线评论行为的先驱动因分析。与传统商务环境下的用户口碑行为有所不同，随着当前社交网络与商务网络环境的不断融合，用户生成评论信息行为在不同的环境以及情感状态下的先驱动因可能更为复杂，特别是对用户生成高质量长文本评论时的主要动机缺乏较为清晰的认识。

（2）关于用户在线评论信息生成的理性动机研究较多，缺少感性动机研究，更鲜有依恋情感驱动下的在线评论信息生成行为研究。在社会化媒体环境下，用户在品牌依恋情感驱动下会产生何种内部与外部动机目前尚无较为明确的观点与结论。已有研究普遍将用户生成评论动机的类型大致分为正面动机与负面动机。在实际生活中，用户的

---

① Kim H S, Drolet A, "Choice and Self-expression: A Cultural Analysis of Variety-Seeking", *Journal of Personality and Social Psychology*, Vol. 85, No. 2, 2003.

② Yaakobi E, Goldenberg J, "Social Relationships and Information Dissemination in Virtual Social Network Systems: An Attachment Theory Perspective", *Computers in Human Behavior*, Vol. 38, No. 2, 2014.

③ Namjoo Choi, "Information Systems Attachment: An Empirical Exploration of Its Antecedents and Its Impact on Community Participation Intention", *Journal of the American Society for Information Science and Technology*, Vol. 64, No. 11, 2013.

④ Ren Y, Harper F, Drenner S, et al, "Building Member Attachment in Online Communities: Applying Theories of Group Identity and Interpersonal Bonds", *MIS Quarterly*, Vol. 36, No. 3, 2012.

⑤ Namho Chung, Kichan Nam, Chulmo Koo, "Examining Information Sharing in Social Networking Communities: Applying Theories of Social Capital and Attachment", *Telematics and Informatics*, Vol. 33, 2016.

理性动机与情感动机共存是更为普遍的一种情况，而用户生成评论信息中，理性动机与感性动机是如何发挥作用的，特别是用户在情感依恋驱动下会产生何种动机仍需较为深入的思考与研究。

（3）关于品牌依恋与用户在线评论信息生成质量间的内在关联与作用机理尚无较为清晰明确的观点。已有研究发现，品牌依恋能够促进用户在在线互动过程中投入更多的精力与成本，进而提升互动强度与参与意愿，隐含地表达出品牌依恋与在线评论信息生成质量存在密切关联，但研究尚缺乏较为清楚的认识。已有研究探明了用户在品牌依恋驱动下能够投入更多的精力与资源来维持与依恋对象间的纽带关系。然而，在品牌依恋驱动的前提下，用户生成评论信息的质量特征与用户品牌依恋存在何种关联？用户生成高质量在线评论信息时，由内在品牌依恋到外在生成高质量评论行为的心理与行为路径是怎样的？此类问题仍有待深入系统的分析。

鉴于此，本书以品牌依恋情感为视角，以用户在线评论行为为切入点，深入剖析用户在线评论信息生成动机与非理性驱动因素间的内在关联，揭示用户品牌依恋这一内隐情感与在线评论信息生成质量这一外显信息行为间的内在关联与作用机理，进而提出以增强评论生成意愿、提升评论信息质量及效用为主要目标的生成机制优化路径及策略。

第四节　研究内容与重点和难点

一　研究内容

（一）品牌依恋与用户在线评论信息生成动机的内在关系

本书通过将品牌依恋这一多维构念与用户在线评论信息生成动机有机结合，深入剖析品牌依恋对在线评论信息生成动机的作用机理及共变关系。具体研究包含以下三个方面：第一，借鉴国内外用户生成内容（UGC）动机研究的相关成果，从品牌依恋概念的不同构面萃取用户在线评论信息生成动机，并分析生成动机的动力来源、情感倾向、组成成分等。第二，基于品牌依恋内部工作模式，从远景动机与近景动机两方面对生成动机的层次结构进行系统分析，进而剖析品牌依恋对生成动机的内在作用机理。第三，借鉴心理学、营销学领域对品牌依恋强度的测度方法，分析品牌依恋情感与生成动机间的共变关系。重点关注在线评论信息生成感性动机与理性动机的主导地位及演变过程。

（二）品牌依恋对用户在线评论信息生成质量的影响及实证研究

本书将采取定性与定量相结合的方式，通过实证分析方法探明品牌依恋对用户在线评论信息生成质量的影响方式及作用规律。具体研究包含以下两个方面：第一，借鉴网络信息质量评价、用户生成内容质量管理等相关研究成果，从信息形式、长度、情感强度等方面对评论信息质量进行定性分析。第二，在对评论信息质量定性分析的基础上，获取品牌社区用户生成的高质量在线评论，运用文本挖掘技术对用户生成评论的主题及情感进行深层次挖掘，并结合依恋理论，对用户生成高质量的内容特征进行分析，进而探明用户品牌依恋对用户生成评论质量的影响。

（三）基于品牌依恋的用户在线评论信息生成模式

本书从品牌依恋行为特征角度对用户在线评论信息生成模式进行抽象概括与系统分析，并在此基础上深入剖析品牌依恋对在线评论信息生成模式的驱动方式与作用规律。以网络环境下用户品牌依恋行为特征为基础，结合用户生成动机与生成质量研究成果，从用户品牌依恋类型、依恋方式等方面对用户在线评论信息生成目的、生成意愿、生成内容、生成方式及生成效果等进行系统分析。

（四）品牌依恋驱动下的用户在线评论信息生成机制优化路径及策略

本书将以上述三个部分研究为基础，从生成动机、生成质量、生成模式等角度分析用户在线评论信息生成机制的优化原则，以激发用户形成良性动机、增强用户发起及参与评论意愿、提升评论信息质量及扩大评论信息效用、引导用户合理选择生成方式与传播对象等为主要目标提出具体方案，并以此方案为基础提出具体的优化路径及策略。

二 研究重点和难点

本书研究的重点包括三个方面。

第一，品牌依恋对用户在线评论信息生成动机的内在作用机理。探明两者间的作用机理，是提出品牌依恋因素对在线评论信息生成质量存在影响观点的研究基础，也是分析品牌依恋驱动下用户在线评论信息生成模式的关键支撑。

第二，用户品牌依恋情感与评论信息生成质量间的作用关系。明确品牌依恋影响因素与其的作用关系，是构建基于品牌依恋情感的用户在线评论信息生成行为系统的先决条件，是分析用户在线评论信息生成模式的重要前提。

第三，抽象概括基于品牌依恋的用户在线评论信息生成模式。把握用户在品牌依恋驱动下的在线评论信息生成行为特征及规律，既是对用户在线评论信息生成行为的重要提炼与归纳，同时也是分析内在驱动机制的必要前提。

本书研究的难点包括两个方面。

第一，用户在线评论信息生成质量评价标准。衡量用户在线评论信息生成质量不仅需要考虑传统信息质量评价标准所涵盖的相关因素，还需要考虑用户投入的情感、精力等隐含成本。

第二，品牌依恋对用户在线评论信息生成的驱动机制。品牌依恋情感从其构面、影响因素到行为特征可以看作用户心理活动因果关系链，而用户在线评论信息生成行为从动机、质量到生成模式则可看作一条信息行为因果关系链，明晰两条链间的内在关联与驱动机制既是品牌依恋与评论信息生成行为有机结合的关键，同时还是提出相应生成机制优化路径与策略的重要前提。

三 研究框架

本书研究框架如图1-1所示。

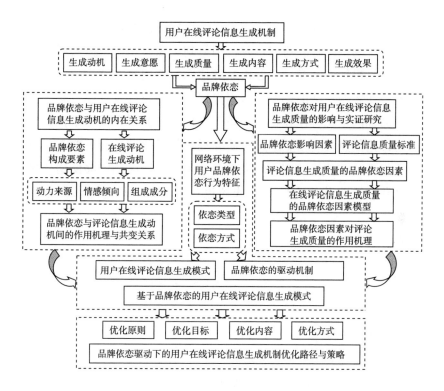

图 1-1 本书研究框架

四 研究创新

（一）理论创新

通过对品牌依恋驱动的用户在线评论信息生成动机、生成质量、生成模式等进行研究，全面细致地分析品牌依恋与在线评论信息生成行为的内在关联与驱动机制。首先，将品牌依恋这一营销学概念与用户生成内容行为理论有机结合，提出基于品牌依恋的在线评论信息生成机制观点；其次，在非理性因素驱动的用户信息行为研究方面，提出了较为新颖的理论观点；最后，通过实证研究提炼影响用户在线生成评论信息质量的情感因素，在参考和借鉴相关研究基础上设计品牌依恋情感维度下的用户评论信息质量观测量表，对理论分析得出的概念模型进行验证。

（二）应用创新

分析网络环境下用户品牌依恋情感的构成要素以及在线评论信息

生成动机，挖掘品牌依恋情感与生成动机间的内在作用机理与共变关系，为企业制定品牌战略与口碑营销策划，激发用户积极发起或参与评论的意愿提供参考指导。分析品牌依恋影响因素与评论信息生成质量间的内在影响，帮助企业了解用户评论行为特征及规律，对企业引导不同品牌的依恋群体在特定环境下形成内容真实、情感丰富、形式多样的评论信息具有借鉴意义。研究提出的优化路径与策略不仅有助于企业提升口碑传播效应、增强企业竞争力，同时还能够使用户更加便捷地获取更多优质高效的在线评论信息，从而促进电子商务活动发展。

第五节　研究方法与技术路线

一　研究方法

（一）文献分析与规范研究法

通过对国内外相关研究文献进行梳理，明确研究范围与研究对象，为本书提供理论依据。第一，品牌依恋理论、动机理论及计划行为理论等相关理论，为品牌依恋与用户生成评论意愿的驱动模型提供理论依据。第二，细粒度文本挖掘技术及文本情感分析方法，为本书中的文本挖掘实证分析提供技术路线。第三，品牌依恋理论与用户生成行为理论，为品牌依恋驱动下用户在线评论信息生成模式提供理论依据。第四，信息生态理论与信息质量评价理论为提出基于品牌依恋的在线评论信息质量优化策略提供理论支撑。

（二）内容分析与演绎推理法

本书对采集和筛选出的用户生成评论信息内容进行了深度分析。从用户生成评论文本内容包含的词频、词性、主题及情感等方面内容进行深度挖掘，并在此基础上采用逻辑推理的方式将用户品牌依恋心理与生成评论行为进行有机结合，从而构建完整的基于品牌依恋的用户生成评论行为链路。

（三）实证分析与统计分析法

第一，采用专家调查法对用户生成在线评论信息的主要动机进行了归纳与筛选，并在此基础上采用结构方程，对用户生成评论动机在品牌依恋与用户评论意愿作用过程中的中介作用进行深入分析。第二，运用 Word2vec、TF-IDF 与 HDBSCAN 方法对用户生成在线评论信息进行深度挖掘，探究高质量用户生成评论信息的内容特征，及其与用户品牌依恋的内在关联。

（四）行为事件访谈法与案例分析法

运用行为事件访谈法提炼并归纳基于品牌依恋的用户在线评论信息生成模式。运用案例分析法提出品牌依恋驱动下的用户在线评论信息生成机制的优化路径与对策。

二　技术路线

本书研究技术路线如图 1-2 所示。

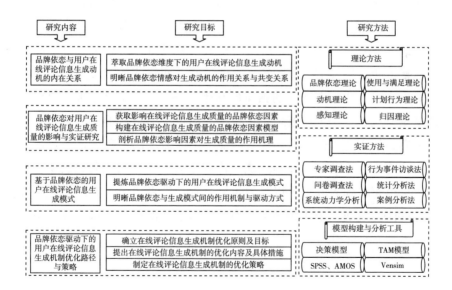

图 1-2　技术路线

第二章　理论基础

第一节　品牌依恋

一　品牌依恋的概念

依恋理论起源于心理学对母婴关系的研究，是指婴儿与母亲之间存在的一种特殊情感关系。Bowlby 的相关研究指出，依恋是婴儿和母亲之间存在的一种特殊情感关系，婴儿会根据母亲对自己日常需求的反应速度和方式，建立起一套行为模式，其具有寻求亲近、分离焦虑与选择依恋目标等依恋行为特征，该研究进而将依恋定义为个体与特定对象之间一种充满情感的独特的纽带关系。[①] 人际依恋研究提出了两个主要观点：①个体依恋是在长期互动过程中形成的；②依恋在个体内有其特定的内部工作模式。因此，个体需求的不断满足会形成以情感依恋为主导的行为控制系统与特有行为模式。相关研究表明，依恋也可以拓展到人际关系以外的情境，营销学者通过对人际依恋主要观点的研究发现，个体在与所有物的长期互动所形成的亲密关系中同

[①]　Bowlby J, *Attachment and Loss*（Vol. 1），New York：Basic Books，1969.

样能够存在情感依恋。①②③④ Schultz 等认为，个体对所有物的依恋是指个体通过所有物来定义自我的程度。⑤ Ball 和 Tasaki 认为，依恋是消费者利用占有的、期望占有的或曾经占有的消费对象来支撑其自我概念的程度。⑥ Park 等对品牌依恋进行了深入系统的研究，并将品牌依恋定义为品牌与自我间联结纽带的关系强度。⑦⑧ 已有研究表明，品牌依恋理论的建立及发展与传统人际依恋理论、消费者—品牌关系理论、对象—自我一致理论有着密切关联。Fournier 从 7 个维度考量了消费者与品牌间的关系质量，并认为消费者对品牌的"依恋感"（feeling of attachment）反映了消费者与品牌间的高层次关系。⑨ 此外，Sirgy 和 Aaker 的研究也指出，消费者对品牌的认同（如品牌形象、品牌个性）能够使消费者产生对品牌的高度自我一致性，进而对品牌产

————————

　　① Lastovicka J R, Gardner D M, "Components of Involvement", *in Attitude Research Plays for High Stakes*, 1979.

　　② Wallendorf M, Arnould E J, "'My Favorite Things': A Cross-Cultural Inquiry into Object Attachment, Possessiveness, and Social Linkage", *Journal of Consumer Research*, Vol. 14, No. 4, 1988.

　　③ Feeney B C, Cassidy J, Ramos-Marcuse F, "The Generalization of Attachment Representations to New Social Situations: Predicting Behavior During Initial Interactions with Strangers", *Journal of Personality & Social Psychology*, Vol. 95, No. 6, 2008.

　　④ Proksch M, Orth U R, Cornwell T B, "Competence Enhancement and Anticipated Emotion as Motivational Drivers of Brand Attachment", *Psychology & Marketing*, Vol. 32, No. 9, 2015.

　　⑤ Schultz S E, Kleine R E, Kernan J B, "These are a Few of My Favorite Things: Towards an Explication of Attachment as a Consumer Behavior Construct", *Advances in Consumer Research*, Vol. 16, No. 1, 1989.

　　⑥ Ball A D, Tasaki L H, "The Role and Measurement of Attachment in Behavior", *Journal of Consumer Psychology*, Vol. 1, 1992.

　　⑦ Park C W, Macinnis D J, Priester J, "Beyond Attitudes: Attachment and Consumer Behavior", *Seoul Journal of Business*, Vol. 12, No. 2, 2006.

　　⑧ Park C W, MacInnis D J, Priester J, et al, "Brand Attachment and Brand Attitude Strength: Conceptual and Empirical Differentiation of Two Critical Brand Equity Drivers", *Social Science Electronic Publishing*, Vol. 74, No. 6, 2010.

　　⑨ Fournier S, "Consumers and Their Brands: Developing Relationships Theory in Consumer Research", *Journal of Consumer Research*, Vol. 24, No. 4, 1998.

生积极的情感与态度。①② 国内外诸多学者也试图通过相关的深层理论渊源，对用户品牌依恋的形成进行深入细致的研究。当品牌特性能够与用户的自我概念相结合时，用户能够借助品牌来表达和强化自我概念，从用户的内在建立和形成一种归属感。③ 因此，一些学者认为，用户倾向与那些能够迎合用户自我概念的品牌建立强烈的情感依恋，通过对品牌的依恋间接表达自我身份与独特个性，实现自我展示④；关于用户品牌依恋的形成路径研究中，情感是品牌依恋关系构念中的关键要素，在用户与品牌间互动过程中，用户与能够让其产生积极快乐情感的品牌更能够建立亲密的依恋关系⑤；情感依恋并非一种瞬时情感，而是经过长期与品牌互动而形成的一种趋于理性稳定的深层次情感，因而外部环境等（如用户与品牌互动体验过程、外部环境认同等）因素也是用户对品牌形成依恋的重要影响因素。

二 品牌依恋的维度

通过对已有相关研究进行梳理可以发现，国内外学者已经普遍接受 Park 等对品牌依恋概念的定义和描述⑥，但对品牌依恋这一概念所包含的维度要素的观点仍未一致。品牌依恋是一个多维度构念。例如，Schultz 等认为，个体将依恋对象视为自我的延伸，这种延伸满足了用户对于定义自我与控制环境的需要，因此依恋强度决定了个体将依恋对象纳入自我的程度，也反映了个体将自我与依恋对象进行整合

---

① Sirgy Joseph M, "Self-Concept in Consumer Behavior: A Critical Review", *Journal of Consumer Research*, Vol. 9, No. 3, 1982.

② Aaker J L, "The Malleable Self: The Role of Self-Expression in Persuasion", *Journal of Consumer Research*, Vol. 36, No. 1, 1999.

③ Ball A D, Tasaki L H, "The Role and Measurement of Attachment in Behavior", *Journal of Consumer Psychology*, Vol. 1, 1992.

④ Mugge R, Schifferstein H N J, Schoormans J P L, "Product Attachment and Satisfaction: Understanding Consumers' Post-Purchase Behavior", *Journal of Consumer Marketing*, Vol. 27, No. 3, 2010.

⑤ Carroll B A, Ahuvia A C, "Some Antecedents and Outcomes of Brand Love", *Marketing Letters*, Vol. 17, No. 2, 2006.

⑥ Park C W, MacInnis D J, Priester J, et al, "Brand Attachment and Brand Attitude Strength: Conceptual and Empirical Differentiation of Two Critical Brand Equity Drivers", *Social Science Electronic Publishing*, Vol. 74, No. 6, 2010.

的程度，由此依恋应当包含整合（integration）、个性（individuation）与时间取向（temporal orientation）三个维度。[①] Thomson 等则更为强调依恋的情感作用，认为依恋是消费者与对象间存在充满情感的纽带关系，因此应当包含情感（affection）、热情（passion）和联结（connection）三个维度，其中情感是指消费者对品牌产生的一种充满温暖的感觉，热情反映消费者对品牌产生的热切的、积极的感觉[②]，联结是指消费者感受到的自我与品牌之间的联结。[③] Park 等的研究则对Thomson 等观点进行了认真细致的讨论和修正。首先，他认同消费者对品牌所充满的积极情感是品牌依恋概念的重要内容，然而不同个体与对象的自我关联以及对象特征差异会导致消费者产生不同类型的情感，例如兴奋、骄傲、满足、解脱、怀旧等；其次，尽管 Thomson 等提出的热情能够表征消费者品牌依恋的强度，然而品牌依恋的强度仍然可能取决于消费者与品牌间关系的进化程度，同时这种关系的进化程度与消费者对品牌所表现出的热情和激情也并非简单的正（或负）相关，因而单纯从情感层面判定消费者品牌依恋强度，可能无法完全捕捉到消费者所有高度依恋情感下的行为特征。Park 等在开发品牌依恋量表的过程中，提出了依恋对象的显著特性与品牌—自我关联两个维度。依恋对象的显著性特征是指依恋对象具有的较为特殊的、有别于其他事物的特征属性，是能够让用户产生深刻印象，并能够借助这一特性自然地识别和回忆依恋对象的关键要素。品牌—自我关联则反映了用户与依恋对象间的认知层面与情感层面的纽带关系。虽然一些学者将品牌依恋这一构念从不同的维度对其内涵进行了深入的研究，也有一些学者将品牌依恋作为一个整体的概念进行了阐述，认为品牌

---

① Schultz S E, Kleine R E, Kernan J B, "These are a Few of My Favorite Tthings: Towards an Explication of Attachment as a Consumer Behavior Construct", *Advances in Consumer Research*, Vol. 16, No. 1, 1989.

② Thomson M, Macinnis D J, Park C W, "The Ties That Bind: Measuring the Strength of Consumers' Emotional Attachments to Brands", *Journal of Consumer Psychology*, Vol. 15, No. 1, 2005.

③ 吴丽丽、石筱璇、王贝依等：《品牌依恋：理论、测量及与相关变量的关系》，《心理科学进展》2017 年第 8 期。

依恋从整体来看反映了用户对依恋品牌的情感联系，体现出对品牌的一种心理上的亲密持久关系。从已有关于品牌依恋理论及后续相关的实践应用研究来看，国内外学者普遍认为品牌依恋是一个多维度的构念。本书将主要遵循 Park 等的理论观点，将品牌依恋概念视为包含对象—自我关联、依恋对象显著性特征两个维度。

三 品牌依恋的测度

国外学者较早地对品牌依恋的测度及量表的设计进行了较为细致的研究，不同学者从各自的理论视角出发，在概括并阐述品牌依恋概念内涵的基础上，提出了相应的测度量表。例如 Thomson 等列出 10种情感状态，包括深情的（affectionate）、友好的（friendly）、爱（loved）、平静的（peaceful）、激情的（passionate）、欣喜的（delighted）、迷人的（captivated）、有关联的（connected）、有黏连的（bonded）、依附的（attached），向受访者询问他们对品牌的上述 10 种感觉的贴合程度。[①] 通过因子分析发现，与单因子结构相比，将这 10 种感觉分为三个主要成分，进而反映三个潜在因子（有情感的、有激情的、有联结关系的）对品牌依恋的影响时，具有更好的解释力度。Ball 和 Tasaki 设计了 9 个题项向受访者询问对期望拥有、现在拥有和曾经拥有物品的依恋程度，进而发现用户与所有物间的关系在不同时期呈现出的依恋程度也存在差异。[②] Park 等设计了 8 个问项对品牌依恋进行了测量，其中 5 个问项反映对象—自我关联程度，3 个问项反映依恋对象显著性特征。为了提升量表的实用性，Park 等将量表简化为 4 个问项[③]，这一量表也被后续相关研究广泛应用。此外，不同学者结合用户所依恋事物的不同，各自开发了相应的依恋测度量表。例

---

① Thomson M, Macinnis D J, Park C W, "The Ties That Bind: Measuring the Strength of Consumers' Emotional Attachments to Brands", *Journal of Consumer Psychology*, Vol. 15, No. 1, 2005.

② Ball A D, Tasaki L H, "The Role and Measurement of Attachment in Behavior", *Journal of Consumer Psychology*, Vol. 1, 1992.

③ Park C W, MacInnis D J, Priester J, et al, "Brand Attachment and Brand Attitude Strength: Conceptual and Empirical Differentiation of Two Critical Brand Equity Drivers", *Social Science Electronic Publishing*, Vol. 74, No. 6, 2010.

如，Ren 等参考已有研究，设计出 11 个问项用于测量社区用户身份依恋（identity-based attachment）、关系依恋（bond-based attachment）以及社区依恋（community attachment）的程度。Choi 根据 Park 等的量表设计出用于测度用户对于信息系统（如搜索引擎）的依恋程度。[①]

有学者研究认为，文化差异可能导致不同地域消费者对品牌依恋概念及内涵的理解存在差异。[②] 我国学者对品牌依恋的测度也进行了相关的研究。例如，王海忠等结合国内外研究制定了手机品牌依恋的测度量表，共计包含 5 个问项。[③]

四　品牌依恋的影响因素

品牌依恋的影响因素主要可以从三个视角进行归纳：①品牌相关因素，即品牌形象、品牌故事以及品牌信息；②消费者—品牌关系因素，即品牌—自我一致性、消费者—品牌信任、消费者—品牌个性匹配；③消费者相关因素，即消费者体验、消费者怀旧以及消费者互动。

（一）品牌相关因素

从品牌自身角度考察品牌依恋的影响因素，主要是在依恋理论基础上，考察什么样的品牌可以与消费者建立品牌依恋。[④] 例如，品牌形象、品牌故事及品牌信息等。个体能够与对象形成依恋的主要原因是能够满足个体的某种特定功能需求[⑤]，例如自主性（autonomy）、关

---

① Choi N, "Information Systems Attachment: An Empirical Exploration of Its Antecedents and Its Impact on Community Participation Intention", *Journal of the American Society for Information Science and Technology*, Vol. 64, No. 11, 2013.

② Wallendorf M, Arnould E J, "'My Favorite Things': A Cross-Cultural Inquiry into Object Attachment, Possessiveness, and Social Linkage", *Journal of Consumer Research*, Vol. 14, No. 4, 1988.

③ 王海忠、闫怡、何朕鑫：《消费者参与新产品构思对线上社群成员自我—品牌联接和品牌依恋的影响》，《管理学报》2017 年第 3 期。

④ 吴丽丽、石筱璇、王贝依等：《品牌依恋：理论、测量及与相关变量的关系》，《心理科学进展》2017 年第 8 期。

⑤ Hazan C, Shaver P R, "Attachment as an Organizational Framework for Research on Close Relationships", *Psychological Inquiry*, Vol. 5, No. 1, 1994.

联（relatedness）和能力（competence）①②；或者如 Park 等提出的依恋对象能够满足个体在享乐、象征与功能性等方面的需求。③

1. 品牌形象

品牌形象在较大程度上反映了用户对品牌及其个性特征的整体印象及其认知状态。从品牌依恋的视角来看，品牌形象这一概念很好地契合了用户对于所依恋品牌的内在心理需求，即当品牌形象能够很好地匹配用户自身个性或偏好时，用户便可能对品牌产生依恋。已有的相关研究证实，用户对依恋对象的依恋程度会受到用户与品牌形象匹配程度的显著影响。④ 同时，与品牌形象近似的概念，如品牌个性，也被证实能够显著影响用户的依恋情感。⑤ 从用户的行为视角来看，用户自身因素以及外部环境因素是影响用户决策的关键因素，例如用户自身内在的自我概念及其兴趣偏好，以及外部环境中影响用户行为规范与认同归属等因素。在这些因素的共同作用下用户会产生"借物喻人"的行为方式，寻求那些能够符合自我需求、自我期待以及自我个性的事物来表达内在想法或需求。

2. 品牌故事

与品牌形象这一将品牌特征进行抽离和概括的形式化概念不同，品牌故事更倾向于将品牌描述为一种较为多元和复杂的情境。通过品牌故事，用户可以对品牌的经历及其发展历程有一个较为全面直观的了解。品牌故事所总结的是品牌发展中的经历和感悟，同时将这种思

---

① Ryan R M, Deci E L, "Self-Determination Theory and the Facilitation of Intrinsic Motivation, Social Development, and Well-Being", *American Psychologist*, Vol. 55, No. 1, 2000.

② Thomson M, "Human Brands: Investigating Antecedents to Consumers' Strong Attachments to Celebrities", *Journal of Marketing*, Vol. 70, No. 3, 2006.

③ Park C W, Macinnis D J, Priester J, "Beyond Attitudes: Attachment and Consumer Behavior", *Seoul Journal of Business*, Vol. 12, No. 2, 2006.

④ Mugge R, Schifferstein H N J, Schoormans J P L, "Product Attachment and Satisfaction: Understanding Consumers' Post-Purchase Behavior", *Journal of Cnsumer Mrketing*, Vol. 27, No. 3, 2010.

⑤ Malär L, Krohmer H, Hoyer W D, et al, "Emotional Brand Attachment and Brand Personality: The Relative Importance of the Actual and the Ideal Self", *Journal of Marketing*, Vol. 75, No. 4, 2011.

想传递给每个用户，并在用户的脑海中进行拓展和深化。品牌故事的传播可以通过传统或者现代媒介渠道，将品牌内在特征与特定时期包含的文化或社会现象相融合，潜在地表达出品牌的实质内涵、文化背景或价值理念等。[1] 品牌故事的最大特点在于，通过情景化的表达方式将用户带入其描述的历史或现代情境中，通过故事中包含的诸多元素启迪和激发用户内心想法。通过品牌故事让用户积极地产生回忆和联想，并在这种思绪中形成具有特定情境因素的情感要素，从而激发出用户对品牌积极热烈的情感态度[2]，驱动用户产生相应的行为决策。[3][4]

3. 品牌信息

近年来，部分学者开始关注品牌信息对用户品牌依恋所产生的影响。电子商务环境下，用户只能通过网络获取相关产品或品牌的信息。尽管在信息的获取渠道上显得更为便捷，却也加剧了用户与品牌企业间的信息不对称。为了能够更好地销售产品和为消费者提供更好的服务，企业会提供更加全面完整的企业、品牌及产品等信息，如产品的功能信息、享乐信息及社会责任信息。[5] Ballester 和 Munuer-Alemán 等认为，企业积极地提供更多的品牌信息，分享品牌价值能够拉近用户与品牌间的关系，使用户对品牌产生信任，进而增强与品牌的联系。[6] 随着用户—品牌关系理论的不断发展，品牌信息的作用和意义已经不限于降低或消除用户与品牌间的信息不对称，同时也成为维系用户与品牌联系的重要纽带。一些学者也从品牌信息的视角，

---

① Leventhal R C, Papadatos C, "The Art of Storytelling: How Loyalty Marketers can Build Emotional Connections to Their Brands", *Journal of Consumer Marketing*, Vol. 23, No. 7, 2006.

② Mattila A S, "The Role of Narratives in the Advertising of Experiential Services", *Journal of Service Research*, Vol. 3, No. 1, 2000.

③ Mark M, Pearson C S, *The Hero and The Outlaw: Building Extraordinary Brands Through the Power of Archetypes*, New York: McGraw-Hill, 2001.

④ Adaval R, Wyer R S, "The Role of Narratives in Consumer Information Processing", *Journal of Consumer Psychology*, Vol. 7, No. 3, 1998.

⑤ 古安伟、王向阳、洪超：《品牌信息对消费者品牌依恋的影响研究》，《现代管理科学》2013 年第 9 期。

⑥ Ballester D E, Munuer-Alemán J L, "Brand Trust in the Context of Consumer Loyalty", *European Journal of Marketing*, Vol. 35, No. 11, 2001.

对用户品牌依恋的影响进行了较为深入的研究，例如鲁雁翎从信息的内容、质量及传播方式、传播对象等维度出发，分析了品牌信息对用户品牌依恋的影响及作用机理。①

（二）消费者—品牌关系因素

一些学者从消费者—品牌关系理论出发，认为消费者与品牌间的联结关系同样是影响品牌依恋的重要因素②③④，例如品牌—自我一致性、消费者—品牌信任以及消费者—品牌个性匹配等。

1. 品牌—自我一致性

Sirgy 首次从消费者与品牌自我概念一致性的角度，提出了品牌个性理论，认为消费者在比较自我概念和品牌形象之后，如果二者一致度高，则其消费态度就会积极，与品牌的亲密程度也就更高。⑤ Escalas 认为，当消费者感知其自我形象与品牌一致时，他就会进行自我与品牌的连结⑥；Phua 和 Kim 认为，当品牌能够维持消费者的自我形象（self-image）或提升消费者自尊（self-esteem）时，消费者和品牌间便会形成品牌自我一致（brand-self congruity）。⑦ 进一步的，Sirgy 等将自我概念划分为四个维度：①真实自我（actual self），即现实中消费者是如何看待和评价自我的；②理想自我（ideal self），即消费者希望自我能够成为一个什么样的人；③社会自我（social self），即消

---

① 鲁雁翎：《品牌信息对品牌依恋影响的实证研究》，硕士学位论文，华中师范大学，2018 年。

② Japutra A, Ekinci Y, Simkin L, "Exploring Brand Attachment, Its Determinants and Outcomes", *Journal of Strategic Marketing*, Vol. 22, No. 7, 2014.

③ Park C W, Macinnis D J, Priester J, "Beyond Attitudes: Attachment and Consumer Behavior", *Seoul Journal of Business*, Vol. 12, No. 2, 2006.

④ Thomson M, Macinnis D J, Park C W, "The Ties That Bind: Measuring the Strength of Consumers' Emotional Attachments to Brands", *Journal of Consumer Psychology*, Vol. 15, No. 1, 2005.

⑤ Sirgy Joseph M, "Self-Concept in Consumer Behavior: A Critical Review", *Journal of Consumer Research*, Vol. 9, No. 3, 1982.

⑥ Escalas J E, "Narrative Processing: Building Consumer Connections to Brands", *Journal of Consumer Psychology*, Vol. 14, No. 1-2, 2014.

⑦ Phua J, Kim J, "Starring in Your Own Snapchat Advertisement: Influence of Self-Brand Congruity, Self-Referencing and Perceived Humor on Brand Attitude and Purchase Intention of Advertised Brands", *Telematics Inform*, Vol. 35, No. 5, 2018.

费者认为自我在其他人眼中是一个什么样的人；④理想的社会自我（ideal social self），即消费者希望自己在别人眼中成为什么样的人。① 自我概念对消费者的决策有着重要的影响，消费者更加倾向于选择和购买那些能够代表或者展示自我概念和形象的产品或品牌。② 对于拥有不同自我概念的消费者而言，选择和购买产品的行为特征也会存在差异。自我概念的存在会通过自我形象表达这一路径，进而影响消费者购买产品的选择，消费者也会通过购买和使用与自我概念相一致的产品这种便捷的方式展示和表达自我。③

2. 消费者—品牌信任

品牌信任反映了消费者对品牌企业履行承诺的认可程度，是用户认可品牌企业的行为与承诺的主观意愿。④⑤ 品牌信任是消费者对品牌的一种更为深层次的认知状态，是在对品牌的认识与理解基础上建立的一种信赖关系，其本质是将品牌进行人格化。消费者与品牌间能够形成亲密关系是营销的终极目的，信任则是构成这一关系的重要中介变量。⑥ 消费者可以像信任人的方式一样信任他们认可或抱有积极态度的品牌。⑦⑧ 从品牌依恋与品牌关系理论来看，消费者对品牌的满意与信任是构成依恋关系的前提，或者说，相对于对品牌的信任关系而言，用户与品牌间的依恋关系属于更为高层次的亲密关系。尽管品牌信任并非消费者对品牌形成依恋关系的唯一路径，然而品牌信任却在其中发挥着重要的作用。相应地，品牌依恋的形成也会反向地增

① Sirgy Joseph M, Grewal, et al, "Retail Environment, Self-Congruity, and Retail Patronage: An Integrative Model and a Research Agenda", *Journal of Business Research*, Vol. 49, No. 2, 2004.

② Levy S J, "Symbols for Sale", *Harvard Business Review*, Vol. 37, 1959.

③ Graeff T R, "Image Congruence Effects on Product Evaluations: The Role of Self-Monitoring and Public/Private Consumption", *Psychology & Marketing*, Vol. 13, No. 5, 1996.

④ 袁登华：《品牌信任研究脉络与展望》，《心理科学》2007年第2期。

⑤ 周松：《品牌依恋影响因素的实证研究》，硕士学位论文，上海交通大学，2012年。

⑥ Hiscock J, "Most Trusted Brands", *Marketing*, Vol. 1, 2001.

⑦ Aker J L, "Dimensions of Brand Personality", *Journal of Marketing Research*, Vol. 34, No. 3, 1997.

⑧ Fournier S, "Consumers and Their Brands: Developing Relationships Theory in Consumer Research", *Journal of Consumer Research*, Vol. 24, No. 4, 1998.

强消费者对品牌的信任。①

3. 消费者—品牌个性匹配

品牌个性是一个拟人化的概念，它从人际视角将品牌特性传递给消费者，消费者在认知基础上形成与品牌间的共鸣。消费者与品牌个性的匹配，一方面反映了消费者在对品牌特征的认识与理解基础上对品牌的接受能力，另一方面也反映了消费者基于品牌个性所展现出的表达自我的状态。例如，一些消费者期望通过品牌个性特征表达出自身对曾经、此时及未来的某种情感状态（如怀旧、满足或期盼）。②当消费者与品牌个性较大程度上得到匹配，即消费者的自我表达、个性偏好等很好地通过品牌个性得到满足，他也会自然地对品牌形成和建立一种情感上的偏好。③ Aaker 的实证研究也印证了前述假设。④ 此外，还有学者研究了消费者与品牌间的个性匹配程度对消费者品牌依恋的影响。朱七光、李安周基于建构水平理论，认为消费者与品牌间的个性匹配程度越高，则越有可能形成品牌依恋。⑤

（三）消费者相关因素

这一类因素主要从消费者个体特征及差异、感知体验以及消费者关系等方面进行相关的分析。

1. 消费者体验

消费者体验也可以称为品牌体验，是消费者主观上和内在的，在

---

① Belaid S, Behi A T, "The Role of Attachment in Building Consumer-Brand Relationships: An Empirical Investigation in the Utilitarian Consumption Context", *Journal of Product & Brand Management*, Vol. 20, No. 1, 2011.

② Kleine S S, Baker S M, "An Integrative Review of Material Possession Attachment", *Academy of Marketing Science Review*, Vol. 1, 2009.

③ Sirgy Joseph M, "Self-Concept in Consumer Behavior: A Critical Review", *Journal of Consumer Research*, Vol. 9, No. 3, 1982.

④ Aker J L, "Dimensions of Brand Personality", *Journal of Marketing Research*, Vol. 34, No. 3, 1997.

⑤ 朱七光、李安周：《中国企业情景下品牌依恋形成机理研究——基于消费者与品牌个性匹配的视角》，《统计与信息论坛》2012 年第 2 期。

品牌购买前、够买过程中以及购买后对品牌的感观、认知与情感体验。①② 积极的消费体验能够从认知、情感及行为等层面促进消费者对品牌保持积极态度。③ 品牌体验是消费者通过与品牌和产品间的互动而获得的满足程度④，而消费者所感知的品牌价值、品牌个性等均可以看作消费者品牌体验的表现形式。⑤ 从消费者行为过程来看，从产品认知到决策购买，再到产品使用，都可以看作消费者的品牌体验过程。⑥ 一些消费者品牌体验与品牌依恋关系的相关研究，证实了积极的品牌体验能够显著地促进消费者品牌依恋。例如，田阳等研究发现，消费者的情感体验与感知体验对品牌依恋的影响路径存在直接和间接的差异。⑦

2. 消费者怀旧

怀旧，即怀旧情绪。消费者怀旧是对早先年代事物的喜爱⑧⑨，是一种唤起亲密感、舒适感和安全感的感觉。怀旧除了是一种文化、社会、心理现象外，还渗透到个人消费、企业营销等诸多方面⑩，怀旧营销已经成为一种新的、有效的营销手段。Baker 等认为，怀旧是指

---

① Brakus J J, Schmitt B H, Zarantonello L, "Brand Experience: What is It? How is It Measured? Does It Affect Loyalty", *Journal of Marketing*, Vol. 73, No. 3, 2009.

② Bennett R, Charmine E J, Janet R, "Experience as a Moderator of Involvement and Satisfaction on Brand Loyalty in a Business‐to‐Business Setting", *Industrial Marketing Management*, Vol. 34, No. 1, 2005.

③ Schmitt B H, *Experiential Marketing: How to Get Customer to Sense, Feel, Think, Act, Relate to Your Company and Brands*, New York: The Free Press, 1999.

④ 朱世平：《体验营销及其模型构造》，《商业经济与管理》2003 年第 5 期。

⑤ 张红明：《品牌体验类别及其营销启示》，《商业经济与管理》2003 年第 12 期。

⑥ 仲伟林：《品牌体验的管理策略企业改革与管理》，《企业改革与管理》2003 年第 7 期。

⑦ 田阳、王海忠、王静一：《虚拟品牌社群与品牌依恋之间关系的实证研究》，《经济管理》2010 年第 11 期。

⑧ Holbrook M B, Schindler R M, "Echoes of the Dear Departed Past: Some Work in Progress on Nostalgia", *Advances in Consumer Research*, Vol. 18, 1991.

⑨ Holbrook M B, "Nostalgia and Consumption Preferences: Some Emerging Patterns of Consumer Tastes", *Journal of Consumer Research*, Vol. 20, No. 2, 1993.

⑩ Wen T, Qin T, "The Impact of Nostalgic Emotion on Brand Trust and Brand Attachment: An Empirical Study From China", *Asia Pacific Journal of Marketing and Logistics*, Vol. 31, No. 4, 2019.

对曾经的经历和体验的一种期望和向往。① 个体怀旧既可以包含对过往美好事物的憧憬和向往（如怀念曾经幸福美好的时光），也包含了对曾经酸涩和艰苦经历的怀念和回忆（如怀念曾经艰苦奋斗的经历）。诸多不同的学者对怀旧的类型进行了广泛和深入的研究，Havlena 和 Holak 从个体与集体、直接与间接两个维度将怀旧分为四种不同的类型：个人怀旧（personal nostalgia）、人际怀旧（interpersonal nostalgia）、文化怀旧（cultural nostalgia）和虚拟怀旧（virtual nostalgia）。② Srivastava 等认为，怀旧可以分为个人怀旧（personal nostalgia）与替代怀旧（vicarious nostalgia）。③ 何佳讯将怀旧分为个人怀旧、人际怀旧与家庭怀旧三种类型，并开发了中国情境下的怀旧量表。④ Wen 和 Qin 通过构建中国怀旧主题餐厅的怀旧量表进行研究，将怀旧分为氛围怀旧、人际怀旧、家庭怀旧和个人怀旧。⑤ 其中，氛围怀旧是指消费者在所身处的环境中所体验到的怀旧情绪，包括回忆、感动和时光飞逝的感觉。人际怀旧是指消费者根据自己和他人的经验对当前人的评价。他们的评价是基于对现在人和过去人在功利主义和奢侈方面的比较。家庭怀旧是指消费者对以前的家庭生活，包括童年和家庭照顾的怀念。个人怀旧是指对与自己过去有关的人、事、地的怀旧，包括经典的老歌、难忘的事件、曾经生活过的地方等。消费者的怀旧情绪能够对品牌依恋产生积极的影响⑥，诸多学者在阐述品牌依恋的内涵与形成机制时，也强

---

① Baker S M, Kennedy P F, "Death by Nostalgia: A Diagnosis of Context Specific Cases", *Advances in Consumer Research*, Vol. 21, 1994.

② Havlena W J, Holak S L, "Exploring Nostalgia Imagery Through the Use of Consumer Collages", *Advances in Consumer Research*, Vol. 23, 1996.

③ Srivastava E, Maheswarappa S S, Sivakumaran B, "Nostalgic Advertising in India: A Content Analysis of Indian TV Advertisements", *Asia Pacific Journal of Marketing and Logistics*, Vol. 29, No. 1, 2017.

④ 何佳讯：《长期品牌管理》，上海世纪出版集团 2016 年版。

⑤ Wen T, Qin T, "The Impact of Nostalgic Emotion on Brand Trust and Brand Attachment: An Empirical Study from China", *Asia Pacific Journal of Marketing and Logistics*, Vol. 31, No. 4, 2019.

⑥ Wildschut T, Sedikides C, Arndt J, Routledge, "Nostalgia: Content, Triggers, Functions", *Journal of Personality and Social Psychology*, Vol. 91, No. 5, 2006.

调了时间与怀旧是衡量品牌依恋的重要因素。①② 从品牌依恋的内涵来看，时间取向是品牌依恋这一概念的重要维度，消费者能够通过长时间品牌体验与互动建立依恋关系。用户的怀旧情绪越强烈，则对品牌的依恋情感也就越为强烈和稳定。

3. 消费者互动

消费者互动是指对某种品牌拥有共同爱好的消费者之间形成的交流和互动。随着企业品牌营销的方式及手段的日益丰富多样，消费者互动的形式和内容也在不断拓展和变化。如消费者通过在线品牌社区参与品牌新产品设计和构思，或者消费者通过在线品牌社区的交流讨论与知识共享等。这些消费者互动行为能够增强消费者对品牌、产品以及其他品牌爱好者之间的互动关系，激发消费者的参与行为，从而提升消费者对品牌产品、品牌社区等的忠诚度和黏性，进而提升对品牌产品和品牌社区的依恋情感。③ 田阳等认为，消费者之间的互动也是品牌社群的重要组成部分④，他们可以通过品牌社群将自己的消费体验分享给社群中的其他消费者，这些互动活动强化了消费者之间的共同经历和共享的情感，让消费者对社群和品牌的体验进入一个更高的层次，并形成超越了对品牌共同兴趣之上的社会关系。⑤ 王海忠等认为，线上社群由品牌的消费者或利益相关者构成，社群成员对所加入的品牌往往具有很强的心理认同、联结或归属。⑥ 当消费者参与新产品构思情境启动时，社群成员与品牌之间的心理联结就会被激活，

---

① Schultz M, Hatch M J, Larsen M H, *The Expressive Organization：Linking Identity, Reputation, and the Corporate Brand*, Oxford：Oxford University Press, 2000.

② Reid C A, Green J D, Wildschut T, Sedikides C, "Scent-Evoked Nostalgia", *Memory*, Vol. 23, No. 2, 2015.

③ Schouten J W, Mcalexander J H, Koenig H F, "Transcendent Customer Experience and Brand Community", *Journal of the Academy of Marketing Science*, Vol. 35, No. 3, 2007.

④ 田阳、王海忠、王静一：《虚拟品牌社群与品牌依恋之间关系的实证研究》，《经济管理》2010 年第 11 期。

⑤ Mcalexander J H, Schouten J W, Koenig H F, "Building Brand Community", *Journal of Marketing*, Vol. 66, No. 1, 2002.

⑥ 王海忠、闫怡、何朕鑫：《消费者参与新产品构思对线上社群成员自我—品牌联接和品牌依恋的影响》，《管理学报》2017 年第 3 期。

进而增强社群成员对品牌的依恋情感。

五　品牌依恋的类型

相关研究证实了不同个体存在不同的依恋风格。Bowlby 在研究母婴依恋的过程中，将婴儿与母亲间的依恋行为分为四种：寻求亲近（proximity seeking）、安全基地（secure-base）、避风港（safe haven）和分离悲伤（separation distress）。随后诸多学者通过大量的相关研究，从依恋焦虑与依恋回避两个正交维度对个体依恋风格进行了划分。①②③ ①低回避—低焦虑型依恋，即安全型依恋（save attachment）。属于安全型依恋的个体（如婴儿）能够与依恋对象建立起积极的交往关系，并能够合理地寻求依恋对象（母亲）的鼓励。同时，当依恋对象没有出现时，个体探索和接触周围的事物及环境行为不会受到影响，个体也不会出现强烈的分离焦虑。此外，当依恋对象回归时，个体会积极主动地表现出亲密情感。②高回避—低焦虑型依恋，即回避型依恋（avoidant attachment）。属于回避型依恋的个体与依恋对象间缺乏积极的互动，同时和其他个体间建立关系时也保持着消极的态度。这一类个体较为独立，能够自主地对周围事物和环境进行探索和参与互动，但是依恋对象是否在场对他们的影响并不显著。③低回避—高焦虑型依恋，即焦虑型依恋（anxious attachment）。属于焦虑型依恋的个体对依恋对象具有严重的依赖，对周围环境和事物缺乏认知和探索的兴趣与动力，表现出对陌生事物的不信任和不安全感。当与依恋对象分离时，个体会产生严重的分离焦虑。④高回避—高焦虑型依恋，即不安全型依恋（unsafe attachment）。不安全型依恋的个体（婴儿）更习惯与依恋对象亲近，疏远和排斥外部环境和事物。Thom-

---

① Hazan C, Shaver P R, "Romantic Love Conceptualized as an Attachment Process", *Journal of Personality and Social Psychology*, Vol. 52, 1987.

② Fraley R C, Waller N G, Brennan K A, "An Item Response Theory Analysis of Self-Report Measures of Adult Attachment", *Journal of Personality & Social Psychology*, Vol. 78, No. 2, 2000.

③ Cameron J J, Finnegan H, Morry M M, "Orthogonal Dreams in an Oblique World: A Meta-Analysis of the Association between Attachment Anxiety and Avoidance", *Journal of Research in Personality*, Vol. 46, No. 5, 2012.

son 等的研究证实，不同的依恋风格同样存在于消费者对品牌的依恋行为当中。[①]

六 品牌依恋对消费者行为的影响

（一）品牌依恋对消费者品牌忠诚的影响

国内外学者对消费者的品牌忠诚有着较为广泛而丰富的研究。从消费者行为的视角来看，品牌忠诚衡量了消费者是否具有重复购买行为或维持与品牌间密切关系的意愿。[②③④⑤] 从消费者情感视角来看，品牌忠诚反映了消费者对品牌在整体上的一种态度倾向与情感偏好，这也反映了消费者在多大程度上会选择其他品牌产品。[⑥⑦⑧⑨] 也有学者将两个视角进行了整合，认为品牌忠诚是消费者在购买和长期使用

① Thomson M, Macinnis D J, Park C W, "The Ties That Bind: Measuring the Strength of Consumers' Emotional Attachments to Brands", *Journal of Consumer Psychology*, Vol. 15, No. 1, 2005.

② Tucker W T, "The Development of Brand Loyalty", *Journal of Marketing Research*, Vol. 1, No. 3, 1964.

③ Newman J W, Werbel R A, "Multivariate Analysis of Brand Loyalty for Major Household Appliances", *Journal of Marketing Research*, Vol. 10, No. 4, 1973.

④ Raj S P, "Striking a Balance between Brand 'Popularity' and Brand Loyalty", *Journal of Marketing*, Vol. 49, No. 1, 1985.

⑤ Zeithaml V A, Parasuraman L L B, "The Behavioral Consequences of Service Quality", *Journal of Marketing*, Vol. 60, No. 2, 1996.

⑥ Jacoby J, Chestnut R W, "Brand Loyalty Measurement and Management", *Journal of Marketing Research*, Vol. 15, No. 4, 1978.

⑦ Assael H, *Consumer Behavior and Marketing Action*, Boston: Kent Publishing Company, 1984.

⑧ Hallowell, Roger, "The Relationships of Customer Satisfaction, Customer Loyalty, and Profitability: An Empirical Study", *International Journal of Service Industry Management*, Vol. 7, No. 4, 1996.

⑨ Bennett, Roger, *International Marketing: Strategy Planning, Market Entry and Implementation*, Beijing: Higher Education Press, March, 2003.

品牌产品过程中对品牌产生偏好并产生重复购买行为。①②③④⑤

  品牌依恋既是消费者经历品牌偏好、品牌信任、品牌忠诚等阶段最终形成的一种高层次的品牌关系，同时也是驱动消费者维持和增强对品牌信任和忠诚的重要因素。Oliver 认为，在品牌依恋的驱动下，消费者对品牌所产生的忠诚能够促进消费者抵抗其他品牌的诱惑，进而降低可能发生的消费者品牌转换行为。⑥ Thomson 等通过研究分析，认为品牌依恋是衡量消费者品牌关系和承诺的重要指标，可以作为消费者品牌忠诚的预测变量，从而影响消费者的品牌忠诚和品牌溢价。⑦ Park 等（2006，2010）认为，一方面，品牌依恋是一种高层次的品牌关系。⑧⑨ 消费者与品牌间的关系强度从喜欢、偏爱、购买、重复购买，再到品牌社区参与、品牌夸耀等逐步加深，消费者与品牌间的关系可以看作从消费者的品牌偏好、品牌信任、品牌忠诚最终到品牌依恋的逐步进化过程。另一方面，当品牌能够契合消费者满足自我、实现自我和丰富自我的深层次需求时，便会唤醒消费者与品牌间的内在关联，使消费者投入更多的资源形成对品牌的承诺和忠诚。通常情况下，消费者需要在与对象建立信任的前提下才能付出更多的资源，

---

① Dick A S, Basu K, "Customer loyalty: Toward an Integrated Conceptual Framework", *Journal of the Academy of Marketing Science*, Vol. 22, No. 2, 1994.

② Baldinger A L, Rubinson J, "Brand Loyalty: The Link Between Attitude and Behavior", *Journal of Advertising Research*, Vol. 36, No. 6, 1996.

③ 袁登华:《品牌忠诚和品牌转换的心理动因探讨》,《心理科学》2009 年第 1 期。

④ 李华敏、李茸:《顾客体验、品牌认同与品牌忠诚的关系研究——以苹果手机的青年顾客体验为例》,《经济与管理》,2013 年第 8 期。

⑤ 薛云建、董向东:《品牌拟人化与消费者品牌忠诚关系分析——基于中介调节模型》,《商业经济研究》2018 年第 11 期。

⑥ Oliver R L, "Whence Consumer Loyalty?", *Journal of Marketing*, Vol. 63, No. 34, 1999.

⑦ Thomson M, Macinnis D J, Park C W, "The Ties That Bind: Measuring the Strength of Consumers' Emotional Attachments to Brands", *Journal of Consumer Psychology*, Vol. 15, No. 1, 2005.

⑧ Park C W, Macinnis D J, Priester J, "Beyond Attitudes: Attachment and Consumer Behavior", *Seoul Journal of Business*, Vol. 12, No. 2, 2006.

⑨ Park C W, MacInnis D J, Priester J et al, "Brand Attachment and Brand Attitude Strength: Conceptual and Empirical Differentiation of Two Critical Brand Equity Drivers", *Social Science Electronic Publishing*, Vol. 74, No. 6, 2010.

甚至达到某种牺牲自我的程度。① 一些学者也在更为细致和特定的情境下，对品牌依恋影响品牌忠诚的作用机理进行了深入的研究。在行业领域研究方面，Pedeliento 等基于自我扩张理论，证实了工业情景下消费者的品牌依恋能够直接影响品牌忠诚②；薛云健等通过对食品行业的实证分析，认为消费者—品牌关联能够积极地促进消费者品牌忠诚③；So 等的研究以及 Bahri-Ammari 等的研究，分别证实了品牌依恋在时尚产业和餐饮产业中对消费者的品牌忠诚有着重要影响。④⑤在消费者群体研究方面，Lee 和 Workman 研究发现，美国大学生群体品牌依恋对品牌忠诚有着重要的影响⑥；Dennis 等的研究发现，在美国高校学生群体中，品牌依恋不仅对学生品牌满意与品牌承诺有着重要影响，对于应届毕业生而言，品牌依恋对品牌资产也有着重要的影响。⑦ 曹园园等基于对用户 SNS 持续使用行为进行实证分析，认为用户对 SNS 的持续使用意愿及使用行为会受到情感依恋的显著影响。⑧

（二）品牌依恋对消费者口碑的影响

品牌依恋能够促使消费者投入更多的精力维持和增强与品牌间的

①　Morgan R M, Hunt S D, "The Commitment-Trust Theory of Relationship Marketing", *Journal of Marketing*, Vol. 58, No. 3, 1994.

②　Pedeliento G, Andreini D, Bergamaschi M et al, "Brand and Product Attachment in an Industrial Context: The Effects on Brand Loyalty", *Industrial Marketing Management*, Vol. 53, 2015.

③　薛云建、董向东：《品牌拟人化与消费者品牌忠诚关系分析——基于中介调节模型》，《商业经济研究》2018 年第 11 期。

④　So J T, Parsons A G, Yap S F, "Corporate Branding, Emotional Attachment and Brand Loyalty: The Case of Luxury Fashion Branding", *Journal of Fashion Marketing and Management*, Vol. 17, No. 4, 2013.

⑤　Bahri-Ammari N, Niekerk M V, Khelil H B et al, "The Effects of Brand Attachment on Behavioral Loyalty in the Luxury Restaurant Sector", *International Journal of Contemporary Hospitality Management*, Vol. 28, No. 3, 2016.

⑥　Lee S H, Workman J E, "Determinants of Brand Loyalty: Self-Construal, Self-Expressive Brands, and Brand Attachment", *International Journal of Fashion Design, Technology and Education*, Vol. 8, No. 1, 2015.

⑦　Dennis C, Papagiannidis S, Alamanos E et al, "The Role of Brand Attachment Strength in Higher Education", *Journal of Business Research*, Vol. 69, No. 8, 2016.

⑧　曹园园、李君君、秦星红：《SNS 采纳后阶段用户持续使用行为研究——基于情感依恋与 ECM-IS 的整合模型》，《现代情报》2016 年第 36 期。

纽带关系，这也包括消费者在品牌依恋的驱动下能够积极宣传和共享他们所依恋的品牌和产品。VanMeter 等将消费者品牌依恋相关的社交媒体行为划分为两类：一类是象征性行为（token behavior）。象征性行为是指用户仅仅是由于兴趣或意向所表现出的较为粗略的行为模式，包括浏览该品牌社交媒体网站、通过该网站学习并了解到相关信息、对该品牌网站产生偏好。另一类是意义性行为（meaningful behavior）。意义性行为则是一种更深层次的行为。[①] 当消费者参与其中，并为组织（如品牌或社群）投入或贡献更多资源时，便会发生这种行为，包括通过浏览网站的相关信息了解和学习相关内容和知识以及购买产品等。通过实证分析，VanMeter 等发现，虽然消费者并不是品牌的线下宣传者，但是消费者品牌依恋能够有效地促进消费者线下口碑宣传，消费者对社交媒体的依恋也能够有效地促进其通过社交媒体来宣传他们依恋的品牌产品，Shan 和 King 认为，消费者与品牌间的密切关系，对其在社交媒体上共享所接收到的该品牌信息的态度和意愿有着积极的影响，因而从营销的角度来看，用户的品牌依恋对营销人员试图通过用户的社交媒体进行品牌推广与宣传有着重要价值。[②]

已有的相关研究，不仅证实了品牌依恋能够使消费者产生积极的口碑推荐，同时也发现品牌依恋能够消化和抑制部分负面信息对消费者所产生的影响。Schmalz 和 Orth 结合动机推理和依恋理论，通过实证分析发现，用户的情感依恋削弱了对品牌企业不道德行为的判断，使用户产生情感矛盾，进而影响购买意愿。[③] 然而，这种情感依恋所发挥的缓冲作用，仅限于用户处理适度的企业伦理信息，而无法消除极度负面信息所带来的消极影响。

---

① VanMeter R, Syrdal H A, Powell-Mantel S et al, "Don't Just 'Like' Me, Promote Me: How Attachment and Attitude Influence Brand Related Behaviors on Social Media", *Journal of Interactive Marketing*, Vol. 43, 2018.

② Shan Y, King K W, "The Effects of Interpersonal Tie Strength and Subjective Norms on Consumers' Brand-Related eWOM Referral Intentions", *Journal of Interactive Advertising*, Vol. 15, No. 1, 2015.

③ Schmalz S, Orth U R, "Brand Attachment and Consumer Emotional Response to Unethical Firm Behavior", *Psychology & Marketing*, Vol. 29, No. 11, 2012.

第二节 用户生成内容

一 用户生成内容的概念

用户生成内容（user-generated content，UGC），也称为用户创建内容（user-created content，UCC）或消费者生成媒体（consumer-generated media，CGM）。目前，国内外学者对这一概念尚无统一的界定，随着网络环境与信息技术不断发展，用户在网络上创作和共享的信息内容和形式不断丰富与多样，用户生成内容这一概念的内涵与外延也在不断深化与拓展。整体上，可以从信息与行为视角对 UGC 概念的内涵进行划分。

（一）信息视角下 UGC 的内涵

早期关于用户生成内容这一概念的界定，主要是关注"内容"一词，从用户生成内容的特征、质量、价值及效用等方面对其内涵进行深入的探讨。经济合作与发展组织（Organization for Economic Co-operation and Development，OECD）在 2007 年将用户生成内容概括为由非专业人士在网络上公开发表的，具有原创性的内容。[①] Daugherty 等认为，UGC 是指由公众而非付费专业人士创建或制作的主要在互联网上发布的媒体内容。[②] 2009 年，欧盟委员会的研究报告 *User-Created-Content：Supporting a Participative Information Society* 中提出，用户生成内容是指个体可以在网络上创作（creat）、修改（modify）、整编（aggregation）及发表（publish）的任何性质的内容，包括但不限于图片、图像、视频、音频、文本等各类虚拟对象（virtual objects）。报告中从内容类型、社交和经济三个方面制定了用户生成内容的标准。Shim 和

---

① Vickery G, Wunsch-Vincent S, *Participative Web and User-Created Content：Web* 2.0，*Wikis and Social Networking*，Paris：Organization for Economic Cooperation and Development（OECD），Paris，2007.

② Daugherty T, Eastin M S, Bright L, "Exploring Consumer Motivations for Creating User-Generated Content"，*Journal of Interactive Advertising*，Vol. 8，No. 2，2008.

Lee 认为，用户生成内容是指在网络环境下由一般的网站或平台用户（而非网站运营和管理人员）原创或源于其他内容复制而来的内容。[①] Östman 认为，UGC 至少应具备两个特征：首先，它是业余者制作的，包含一定的创新内容，或者是对已有内容的修改和编辑；其次，它能通过网络或个人日志的方式与他人共享。[②]

从相关学者对 UGC 的定义可以看出，信息视角下 UGC 的内涵包括三个方面。第一，强调内容的非专业性，这里的非专业性是指由非专业人士制作；第二，内容应当具有可共享性，即按照一定的权限可以分享给其他用户；第三，内容具有一定的价值性，即共享的内容能够产生一定的（经济或非经济）价值。进一步的，一些学者从更为广义的视角对用户生成内容及其相关的要素进行了深入研究。

（二）行为视角下 UGC 的内涵

用户生成内容与用户属性特征、行为特征以及所处环境特征等有着重要的内在关联，因此有学者将用户生成内容看作信息的生成过程或用户的一种信息行为，认为需要把用户、环境等因素纳入研究范畴来剖析 UGC 的内涵。Krishnamurthy 从用户生成内容的行为过程视角出发，认为 UGC 既可以指个人生成内容的行为，也可以是群体生成内容的行为。[③] 赵宇翔等认为，用户生成内容是指以任何形式在网络上发表的由用户创作的文字、图片、音频、视频等内容，是 Web2.0 环境下一种新兴的网络信息资源创作与组织模式，既可以理解为用户创造的静态网络信息资源，也可以理解为用户生成创作的动态行为模式。[④]

尽管早期关于用户生成内容概念的定义多偏向于用户生成内容本

---

① Shim S, Lee B, "Internet Portals' Strategic Utilization of UCC and Web 2.0 Ecology", *Decision Support Systems*, Vol. 47, No. 4, 2009.

② Östman J, "Information, Expression, Participation: How Involvement in User-Generated Content Relates to Democratic Engagement among Young People", *New Media & Society*, Vol. 14, No. 6, 2012.

③ Krishnamurthy S, "Case: Mozilla vs Godzilla—The Launch of the Mozilla Firefox Browser", *Journal of Interactive Marketing*, Vol. 23, No. 3, 2009.

④ 赵宇翔、范哲、朱庆华：《用户生成内容（UGC）概念解析及研究进展》，《中国图书馆学报》2012 年第 9 期。

身，然而内容的原创性、用户的专业性等要素的边界较为模糊，使严格的 UGC 概念会在较大程度上限制研究的情景，而更多关于 UGC 的相关研究成果也并未严格遵循这一标准。同时，在考虑现实环境下实际的 UGC 问题时，人们无法忽视用户个体或群体的动机、心理、情感及行为等用户因素以及社交、商务等特定环境因素的影响。因此，更多的学者及相关研究普遍接受并采纳了更为广义的 UGC 定义。

二　用户生成内容的主要类型

如前所述，不同学者在不同时期对 UGC 内涵的理解和界定，直接决定了对 UGC 这一概念外延的拓展和划分，目前国内外学者主要从信息内容与信息行为两个视角出发，对 UGC 的类型进行了相应的划分。

（一）基于内容的 UGC 分类

从内容的角度来看，OECD 将用户生成内容分为 8 个类别。欧盟委员会的研究报告在定义了 UGC 概念的同时，也从内容类型、共享性及经济性等维度对 UGC 规定了相应的标准并进行了细致的分类。首先，内容类型标准（type of content）规定了信息内容的编辑化（editorialisation）和场景化（scenarization）的程度。其中，一类内容是较为粗糙的，不含任何附加值或并非为了共享而特意创建的个人内容（personal content）；另一类内容是经过整理、加工和精雕细琢（e-laborated）后，类似于像"讲述故事"（tell a story）的方式所呈现的内容。其次，社交标准规定了内容的创建者希望其生成内容的共享程度，这一标准与 UGC 和 Web2.0 的主要特征，即信息的共享与社区意识（share and the sense of community），有着显著的关联。这一标准同样从两个方面进行了细分：一方面，权限访问（happy few），即内容的访问者需要经过创建者授予权限对内容进行访问；另一方面，大规模/开放获取（large/open access），即任何具有访问平台（无论是否经过认证和注册）的用户都能够获得绝大部分或全部的内容。最后，经济标准则衡量了创建者能否通过其所创建的内容来获得经济收益的可能性，这一标准不仅可以衡量通过所谓的参与式网络提升 UGC 平台和服务商经济发展的能力，同时也强调了内容为其创建和贡献者本身所带来的经济收益能力。这方面的标准从有收益（revenue）和无收益（no revenue）两个方面将用户生成内容的类型进行了划分，其中有收益是指用户生成内容能够为用户带来收益，无收益是指用户无法从其生成的内容中获得经济收益（即使 UGC 平台和服务商能够通过这些内容获得收益）。

（二）基于用户的 UGC 分类

从用户维度来看，用户既是 UGC 的创造者也是接受者，既是生产者也是消费者[1]，不同类型的用户具有不同的属性特征，例如个体用户、组织与群体用户间的差异也会导致 UGC 的内容类型存在差异。因此从用户的关系属性来看，UGC 可以分为个体 UGC、组织 UGC 以及群体 UGC。[2] Krishnamurthy 认为，按照参与 UGC 行为的用户数量，可将 UGC 分为诸如维基、社区论坛等的团体协作 UGC，以及类似专家播客、消费者评论等的个体 UGC，同时也可以按照用户的理性与感性特征，将 UGC 分为以创作、分享知识及发起倡议为主要目的的理性 UGC 和以社交、娱乐为主要目的的感性 UGC。[3]

（三）基于媒介的 UGC 分类

不同媒介和平台上，用户发布的 UGC 内容也会存在一定的差异。初期用户生成内容主要出现在诸如论坛博客、Wikipedia、YouTube 等各类社交媒体和视频网站，这些 UGC 主要以个人生成的内容为主。随着电子商务、社交网络以及移动互联网的发展，个人生成的 UGC 内容爆发式增长，大量出现在 Facebook、微博、亚马逊、百度贴吧等各类媒体，同时以组织、虚拟社区为单位的用户生成内容也在不断涌现。赵宇翔等在探讨用户生成内容的类型与属性时，借鉴了 Armstrong 和 Hagel 关于虚拟社区类型的划分[4]，将 UGC 分为享乐型、社交型、

---

[1] Dijck V J, "Users Like You? Theorizing Agency in User-Generated Content", *Media, Culture & Society*, Vol. 31, No. 1, 2009.

[2] 赵宇翔、范哲、朱庆华：《用户生成内容（UGC）概念解析及研究进展》，《中国图书馆学报》2012 年第 9 期。

[3] Krishnamurthy S, "Case: Mozilla vs Godzilla—The Launch of the Mozilla Firefox Browser", *Journal of Interactive Marketing*, Vol. 23, No. 3, 2009.

[4] Armstrong A, Hagel J, "The Real Value of Online Communities", *Harvard Business Reviews*, Vol. 74, No. 3, 1996.

商业型、兴趣型和舆论型。卢玉清将 UGC 网站分为好友社交网站、视频分享网站、图片共享网站、知识分享网站、销售类网站以及社区论坛。[①] 张世颖通过梳理国内外相关研究，将用户生成内容归纳为播客、博客和虚拟社区三类。[②]

三　用户生成内容质量管理

随着用户生成内容的大量出现，用户生成内容的质量也会良莠不齐。如前所述，UGC 的类型纷繁复杂，内容的深度及效用也有着巨大差异。一些学者认为，UGC 中包含着的大量虚假和垃圾信息是目前 UGC 质量低下的主要问题[③④]，面对这些问题，国内外学者也从 UGC 质量特征、评价、监控及预测、影响因素等方面[⑤]进行了较为全面的研究。

（一）用户生成内容质量特征

不同学者从不同的视角与分类标准，对用户生成内容质量特征进行了深入的分析。阮光册和夏磊采用 LDA 主题分析模型，对亚马逊网上书店的书评数据进行主题挖掘，所获得的数据经过亚马逊网上书店系统识别、用户对评论的评分以及人工识别三个途径后，将用户生成内容按照不同质量分为 3 个数据集，研究发现：①高质量用户评论与高概率主题之间存在较高的正相关性；②包含高权重主题词的用户评论更容易被识别为有价值的评论；③评论字数并不是网络用户认为高质量评论的必要条件，高质量的用户评论要符合用

① 卢玉清：《用户信誉度与用户生成内容质量评估模型研究》，硕士学位论文，清华大学，2014 年。

② 张世颖：《移动互联网用户生成内容动机分析与质量评价研究》，博士学位论文，吉林大学，2014 年。

③ Schneider J R S, Pobocik R S, "Credibility and Quality of Breast Feeding Information From YouTube Videos: A Content Analysis", *Journal of the Academy of Nutrition and Dietetics*, Vol. 113, No. 9, 2013.

④ Paul André, Bernstein M S, Luther K, "Who Gives a Tweet? Evaluating Microblog Content Value", in *Proceedings of the ACM* 2012 *Conference on Computer Supported Cooperative Work*, Seattle: ACM Press, 2012.

⑤ Hayati P, Potdar V, Talevski A et al, "Definition of Spam 2. 0: New Spamming Boom", *Digital Ecosystems and Technologies*, 2010.

户对信息的需求。① 丁晟春等根据微博评论的句式特征、句内特征及隐式特征，运用 SVM 算法识别出微博评论中的观点句，并从观点句中的情感特征、词性特征、句式特征及句间特征四个方面来分析微博。② 胡海峰将社区问答中的用户生成内容质量特征分为文本特征与非文本特征两类。③ 由于社区问答系统中用户生成的文本内容具有短文本居多、语言随意化和口语化的特点，因此文本特征按照内容特征粒度的大小可以分为词语特征与主题特征。非文本特征包括表层语言学特征与社会化特征，其中表层语言学特征包括问答长度、句子长度以及问答对重叠词数，社会化特征包括用户属性特征与社区结构特征。王国华等以新浪微博作为研究对象，采用内容分析法从发布的时间、主体、内容以及态度倾向等方面，对热门微博的内容特征进行了实证分析，发现热门微博相对于一般微博而言在时间上具有更长的影响力，同时热门微博大量关注社会的负面信息。④

（二）用户生成内容质量评价

在用户生成内容质量的评价研究方面，Wang 和 Strong 提出了包含 17 个维度的全面数据质量描述框架。⑤ Barry 和 Schamber 从准确、及时、特异、可信、可证实、可获得、动态、表达清晰等十个方面，构建了信息质量评价指标体系。⑥ Kim 等从用户的感知价值角度，将

---

① 阮光册、夏磊：《高质量用户生成内容主题分布特征研究》，《图书馆杂志》2018 年第 4 期。

② 丁晟春、吴靓婵媛、李红梅：《基于 SVM 的中文微博观点倾向性识别》，《情报学报》2016 年第 12 期。

③ 胡海峰：《用户生成答案质量评价中的特征表示及融合研究》，硕士学位论文，哈尔滨工业大学，2013 年。

④ 王国华、郑全海、王雅蕾等：《新浪热门微博的特征及用户转发规律研究》，《情报杂志》2014 年第 4 期。

⑤ Wang R Y, Strong D M, "Beyond Accuracy: What Data Quality Means to Data Consumers", *Journal of Management Information Systems*, Vol. 12, No. 4, 1996.

⑥ Barry C L, Schamber L, "Users' Criteria for Relevance Evaluation: A Cross-Situational Comparison", *Information Processing & Management*, Vol. 34, No. 2-3, 1998.

UGC 质量涵盖内容、设计和技术三个要素。① 其中 UGC 质量的内容要素包括内容的可理解性、创新性、受欢迎程度以及相关性；设计要素包括不同形式信息的协调效果、组织结构的合理性；技术要素包括内容共享及交互界面的友好性、内容的可共享性以及互动的及时性。沈旺等发现，信息的全面性、正确性与真实性等因素是评价信息质量时较为普遍选取的指标，而信息发布者的声誉、专业性以及信息的可识别性则是衡量信息可靠程度的主要指标。② 孙佳佳从外显形式、内在含义以及效用价值三个方面制定了 UGC 的评价体系，其中外在形式包括准确性、完整性和原创性；内在含义包括权威性、理解性和客观性；效用价值包括易用性、价值性和时效性。③

（三）用户生成内容质量控制与预测

从 UGC 创建过程角度出发，金燕和李丹从数据的采集、存储以及质量监控三个层面构建了 UGC 质量实时监控框架。④ 王赛威从制作水平、内容本身、观看体验、内容效用四个维度，对视频 UGC 质量设计了 20 个质量评价指标，对视频 UGC 进行了量化，之后采用决策树算法构建了基于分类算法的视频 UGC 质量分类模型。⑤ 孙佳佳首先通过 BaiduNLP 算法与敏感词库，识别出微博中用户生成的低质量 UGC，再通过机器学习算法 iForest，构建了基于用户 UGC 异常行为识别的低质量 UGC 预测模型。⑥ 詹丽华运用 SWOT 框架对当前 UGC 质量进行了分析，并提出了相应的 UGC 质量控制策略。⑦ 其

---

① Kim C，Jin M，Kim J et al，"User Perception of the Quality，Value，and Utility of User-Generated Content"，*Journal of Electronic Commerce Research*，Vol. 13，No. 4，2012.

② 沈旺、国佳、李贺：《网络社区信息质量及可靠性评价研究——基于用户视角》，《现代图书情报技术》2013 年第 1 期。

③ 孙佳佳：《基于用户画像的 UGC 质量预判方法》，硕士学位论文，郑州大学，2019 年。

④ 金燕、李丹：《基于 SPC 的用户生成内容质量监控研究》，《情报科学》2016 年第 5 期。

⑤ 王赛威：《基于分类算法的移动互联网视频 UGC 质量评价研究》，硕士学位论文，北京邮电大学，2016 年。

⑥ 孙佳佳：《基于用户画像的 UGC 质量预判方法》，硕士学位论文，郑州大学，2019 年。

⑦ 詹丽华：《SWOT 分析的 UGC 质量控制策略研究》，《情报科学》2016 年第 9 期。

中 UGC 的硬件平台及模式的快速发展，UGC 的社会及商业价值是当前 UGC 的主要优势；内容繁杂、动态性强、大量垃圾信息以及非文本内容的质量控制是 UGC 质量控制所面临的主要劣势；大数据、机器学习等相关技术的发展，用户规模的迅速增长以及 UGC 商业模式受到的社会认可是 UGC 所面临的主要机遇；UGC 社区间的激烈竞争以及用户黏性低则是当前 UGC 所面临的主要威胁。李伟伟认为，从移动互联网图书馆用户生成内容的特征出发，制定了包含控制层、数据层和资源层三个层级的 UGC 质量控制框架，进而提出了移动互联网用户生成内容的质量控制流程。①

（四）用户生成内容质量的影响因素

用户生成内容质量的影响因素可以从生成内容与生成行为两个方面进行梳理，这两个方面同时也是用户生成内容质量的直接影响因素与间接影响因素。在生成内容方面，用户生成内容质量的影响因素也可以认为是用于评价质量高低的评价指标，是直接衡量和影响用户生成内容的主要因素，可参考前文关于用户生成内容质量评价的相关研究梳理与总结。关于用户生成内容质量的间接影响因素，国内外学者普遍从用户个体特征、行为模式与用户感知三个方面，对用户生成内容质量的影响因素进行了概况和梳理。

在用户个体特征对 UGC 质量影响的研究方面，一些学者根据心理学中的人格特质五因素模型理论，就个体人格特质对信息生成、贡献及分享等行为的影响进行了分析。人格特质五因素模型理论将个体的人格特质分为五个维度：外向性（extraversion）、开放性（openness）、神经质（neuroticism）、亲和性（agreeableness）、尽责性（conscientiousness）。每个维度反映了不同的人格特质。Hamburger 等通过对维基百科会员与非会员间的实证对比分析，发现与非会员相比，维基百科会员具有更高的亲和性、外向性和责任心。同时，性别也和维基百科会员身份存在着关联，与外向的女性相比，内向的女性

---

① 李伟伟：《数字图书馆用户生成信息的质量控制研究》，《图书馆学刊》2015 年第 8 期。

更有可能成为维基百科的会员。Marcus 等认为，高开放性—低外向性
人格特质尽管在社交方面缺乏自信，然而在工作和职业方面往往能够
表现得较为自信，并且能够花费更多的时间和精力。[①] Guadagno 等也
认为，人格特质因素也是影响博客用户行为的重要因素。[②]

　　从行为模式的角度来看，不同类型的 UGC 行为也会对其质量产
生不同的影响。例如闫婧将用户的 UGC 行为划分为直接行为与间接
行为，其中直接行为包括创建、转发和评论行为，间接行为包括关
注、点赞、收藏等行为，并在此基础上分析了不同行为下的 UGC 质
量影响因素。[③] 袁毅和杨莉通过对百度知道问答社区的 UGC 质量影响
因素进行实证分析发现，在其提出的匿名性、专业媒体、问题类型、
财富值和采纳率五个变量中，匿名性是制约问答社区用户提供高质量
内容的重要因素，专业媒体以及具有高财富值的用户生成的内容质量
更高。[④]

　　从用户感知的视角来看，一些学者借鉴了技术接受模型，从感知
有用、感知易用等方面对 UGC 质量的影响因素进行了分析。刘清民
等通过问卷调查的方式从用户、社会和技术三个方面归纳了 UGC 质
量的影响因素。用户方面的因素，包括用户个体特征、创作水平与个
人荣誉；社会方面的因素，包括人们的社会与道德诉求、他人的认
可、个人形象提升与组织群体归属感；技术方的因素包含网络 APP
的普及与分享功能等。万力勇等采用扩展的 ACSI 模型，从用户对
UGC 的感知质量、期望质量、感知价值等方面，对教育类 UGC 质量

————————

　　① Marcus B, Machilek F, Schütz, Astrid, "Personality in Cyberspace: Personal Web Sites as Media for Personality Expressions and Impressions", *Journal of Personality and Social Psychology*, Vol. 90, No. 6, 2006.

　　② Guadagno R E, Okdie B M, Eno C A, "Who Blogs? Personality Predictors of Blogging", *Computers in Human Behavior*, Vol. 24, No. 5, 2008.

　　③ 闫婧：《基于用户信誉评级的 UGC 质量预判方法》，硕士学位论文，郑州大学，2017 年。

　　④ 袁毅、杨莉：《问答社区用户生成资源行为及影响因素分析——以百度知道为例》，《图书情报工作》2017 年第 22 期。

满意度的影响因素进行了实证分析。① 顾润德和陈媛媛借鉴了大众传播场理论，采用因子分析法归纳出用户从众心理、外界噪声干扰、自身次要需求因素以及用户社交媒体倦怠情绪四类影响因素。②

第三节　用户在线评论与电子口碑

一　用户在线评论的概念

在线评论（online review），早期被认为是电子口碑（electronic word of mouth，eWOM）的一种。电子口碑是推动销售的一种重要方式，在这种方式中，来自同行消费者的产品代言具有强大的可信度，而广告商在传统的广告活动中无法复制这种可信度。③④ 学者普遍认为，口碑是一种不以营利为目的的行为，相对于传统口碑的人际口头交流⑤⑥⑦，电子口碑不仅从口头的语言表述转变为文字⑧，同时由于互联网的低成本与交流的双向性等特点，其传播的范围与产生的影响

---

① 万力勇、杜静、舒艾：《教育类 UGC 质量满意度影响因素实证研究——基于扩展的 ACSI 模型》，《中国电化教育》2019 年第 3 期。

② 顾润德、陈媛媛：《社交媒体平台 UGC 质量影响因素研究》，《图书馆理论与实践》2019 年第 3 期。

③ Chu S C，"Viral Advertising in Social Media：Participation in Facebook Groups and Responses Among College-Aged Users"，*Journal of Interactive Advertising*，Vol. 12，No. 1，2011.

④ Chu S C，Kim Y，"Determinants of Consumer Engagement in Electronic Word of Mouth（eWOM）in Social Networking Sites"，*International Journal of Advertising*，Vol. 30，No. 1，2011.

⑤ Arndt，Johan，"Role of Product-Related Conversations in the Diffusion of a New Product"，*Journal of Marketing Research*，Vol. 4，No. 3，1967.

⑥ Matos C A D，Rossi C A V，"Word-of-Mouth Communications in Marketing：A Meta-Analytic Review of the Antecedents and Moderators"，*Journal of the Academy of Marketing Science*，Vol. 36，No. 4，2008.

⑦ Villanueva J，Yoo S，Hanssens D M，"The Impact of Marketing-Induced Versus Word-of-Mouth Customer Acquisition on Customer Equity Growth"，*Journal of Marketing Research*，Vol. 45，No. 1，2008.

⑧ Christiansen T，Tax S S，"Measuring Word of Mouth：The Questions of Who and When？"，*Journal of Marketing Communications*，Vol. 6，No. 3，2000.

均有了大幅的提升。①②③④ 随着互联网的迅速发展，电子口碑也在通过诸如电子邮件、用户社区、在线论坛、网站讨论区、电子商务网站等各类平台和渠道进行传播。Hennig-Thurau 等将电子口碑定义为，潜在的、当前的或曾经的消费者向其他人或组织提供的，关于产品或企业正面或负面的陈述。⑤ Kim 和 Lee 认为，电子口碑是指具有丰富经验的消费者通过网络向缺少经验的消费者传播购买商品的信息。⑥ Dellarocas 则从企业的视角认为，在线口碑是消费者对企业产品的反馈系统，因而也可称为声誉系统。⑦ Mudambi 和 Schuff 将消费者在线评论定义为，消费者在公司或第三方网站上生成的关于产品的评论。⑧随着电子商务活动的日益频繁与社交网络的迅速发展，消费者对产品的评价与态度的生成环境、传播途径、表现形式和表达方式等都愈加多样、灵活和丰富。在线评论已经成为电子口碑的一种重要的表现形式。⑨ Park 和 Lee 将在线评论定义为，消费者对网络购物场所提供产

① Brown J J, Reingen P H, "Scoial Ties and Word-of-Mouth Referral Behavior", *Journal of Consumer Research*, Vol. 14, No. 3, 1987.

② Glenn E, Drew F, "Word-of-Mouth Communication and Social Learning", *Quarterly Journal of Economics*, Vol. 110, No. 1, 1995.

③ McFadden D L, Train K E, "Consumers' Evaluation of New Products: Learning From Self and Others", *Journal of Political Economy*, Vol. 104, No. 4, 1996.

④ Bhatnagar A, Ghose S, "Online Information Search Termination Patterns Across Product Categories and Consumer Demographics", *Journal of Retailing*, Vol. 80, No. 3, 2004.

⑤ Hennig-Thurau T, Gwinner K P, Walsh G, Gremler D D, "Electronic Word-of-Mouth via Consumer-Opinion Platforms: What Motivates Consumers to Articulate Themselves on the Internet?", *Journal of Interactive Marketing*, Vol. 18, No. 1, 2004.

⑥ Kim E, Lee B, "e-CRM and Digitization of Word of Mouth", *Management Science & Financial Engineering*, Vol. 11, No. 3, 2005.

⑦ Dellarocas C, "The Digitization of Word-of-Mouth: Promise and Challenges of Online Feedback Mechanisms", *Social Science Electronic Publishing*, Vol. 49, No. 10, 2003.

⑧ Mudambi S M, Schuff D, *What Makes a Helpful Online Review? A Study of Customer Reviews on Amazon. com*, Mount Laurel: Society for Information Management and the Management Information Systems Research Center, 2010.

⑨ 龚艳萍、张晓丹、张琴:《行为视角下的网络口碑国外研究综述与展望》,《情报杂志》2016 年第 5 期。

品的正面或负面评价。① Picazo-Vela 等认为，在线评论是消费者之间交流的所有关于产品和服务的属性、体验或商家信息。② 随着电子商务活动的广泛兴起与日益频繁，用户发表的关于消费产品的评价和态度的内容及形式也愈加灵活丰富，这也使用户在线评论的内涵不断深化和拓展。用户生成的在线评论信息，既可以指在商务网络环境下用户对购买或关注商品的积极或消极评价，也可以是社交网络环境下用户对特定事件或事物的认知与态度。

二 用户生成在线评论行为的影响因素

归因理论认为，个体会受到个人主观因素或外部环境因素的影响，运用自我知识推断自己或者他人行为规律的因果关系③；从信息处理的视角来看，用户在线评论信息的传播过程是一个信息输入和输出的双向信息处理过程，这一过程会受到用户个体内在特征与外部环境因素的影响。④

部分学者从动机的视角，对用户评论行为的影响因素进行了分析，认为个体从口碑传播行为过程中可以获得两个方面的收获：一方面是自身内在获得的回报，例如通过口碑传播获得的自我提升与自我认同⑤；另一方面是通过口碑的传播获得自身与外部环境间的关系回报，例如社交比较与社交联结。⑥ 此外，不同类型的口碑（如积极或

① Park D H, Lee J, "eWOM Overload and Its Effect on Consumer Behavioral Intention Depending on Consumer Involvement", *Electronic Commerce Research and Applications*, Vol. 7, No. 4, 2008.

② Picazo-Vela S, Chou S Y, Melcher A J et al, "Why Provide an Online Review? An Extended Theory of Planned Behavior and the Role of Big-Five Personality Traits", *Computers in Human Behavior*, Vol. 26, No. 4, 2010.

③ Hunt J M, Domzal T J, Kernan J B, "Causal Attribution and Persuasion: The Case of Disconfirmed Expectancies", *Advances in Consumer Research*, Vol. 9, No. 1, 1982.

④ Buttle F A, "Word of Mouth-Understanding and Managing the Referral Marketing", *Journal of Strategic Marketing*, Vol. 6, No. 3, 1998.

⑤ Angelis M D, Bonezzi A, Peluso A M et al, "On Braggarts and Gossips: A Self-Enhancement Account of Word-of-Mouth Generation and Transmission", *Journal of Marketing Research*, Vol. 49, No. 4, 2012.

⑥ Alexandrov A, Lilly B, Babakus E, "The Effects of Social-and Self-Motives on the Intentions to Share Positive and Negative Word of Mouth", *Journal of the Academy of Marketing Science*, Vol. 41, No. 5, 2013.

者消极）的传播动机也存在差异。① 从用户对评论对象所表达的态度，可以将口碑动机分为正面口碑动机与负面口碑动机。例如，Dichter 认为，正面口碑动机主要包含缓和紧张、情感释放、信息分享、兴趣等②；Sundaram 等认为，正面口碑动机包含利他主义、产品卷入度、自我提升和帮助公司。③ 相应的，Wetzer 等认为，负面口碑动机主要包含心理慰藉、情绪发泄、寻求帮助、拉近距离、自娱自乐、自我展示、警告其他用户和报复商家。④ Kim 和 Lee 则发现，负面口碑的比例对产品的销量有着显著的消极影响。⑤ Engel 在 Dichter 研究的基础上，认为存在减少失调这一负面口碑动机。Hennig-Thurau 对正负两方面的口碑动机进行了综合性的研究，并归纳出用户网络口碑传播的八个动机：①平台求助；②释放负面情绪；③帮助他人；④自我提升；⑤社会地位提升；⑥经济回报；⑦支持企业；⑧寻求建议。Hennig-Thurau 团队的实证分析表明，网络口碑的传播动机主要集中在利他、提升自我、关注社会属性和物质奖励方面。⑥

也有一部分学者从用户行为的视角，审视了用户评论行为的影响因素。例如，张圣亮、钱玉霞通过对网络虚拟社区的实证研究得出，消费者性别、年龄及网络角色对口碑传播动机有显著影响。⑦ 谢毅和

---

① De Matos C A, Rossi C A V, "Word-of-Mouth Communications in Marketing: A Meta-Analytic Review of the Antecedents and Moderators", *Journal of the Academy of Marketing Science*, Vol. 36, No. 4, 2008.

② Dichter E, "How Word-of-Mouth Advertising Works", *Harvard Business Review*, Vol. 16, No. 6, 1966.

③ Sundaram D S, Mitra K, Webster C, "Word-of-Mouth Communications: A Motivational Analysis", *Advances in Consumer Research*, Vol. 25, No. 1, 1998.

④ Wetzer I M, Zeelenberg M, Pieters R, "'Never Eat in That Restaurant, I did!': Exploring Why People Engage in Negative Word-of-Mouth Communication", *Psychology & Marketing*, Vol. 24, No. 8, 2007.

⑤ Kim E, Lee B, "e-CRM and Digitization of Word of Mouth", *Management Science & Financial Engineering*, Vol. 11, No. 3, 2005.

⑥ Hennig-Thurau T, Gwinner K P, Walsh G, Gremler D D, "Electronic Word-of-Mouth via Consumer-Opinion Platforms: What Motivates Consumers to Articulate Themselves on the Internet?", *Journal of Interactive Marketing*, Vol. 18, No. 1, 2004.

⑦ 张圣亮、钱玉霞：《消费者电子口碑传播动机探析——基于网络型虚拟社区的实证研究》，《管理现代化》2014 年第 3 期。

彭泗清以 3C 产品用户作为调查群体，研究证实了用户在线评论意愿受到用户的品牌信任与品牌情感的共同影响。[①] 网络口碑的传播过程，本质上是口碑生成者与口碑接收者之间的信息交流过程，即口碑生成者将口碑信息输出给口碑接收者，口碑接收者接收到口碑信息后进行信息摄入的过程。Bansal 和 Voyer 通过建立服务购买决策情境模型，深入分析了影响用户在线评论传播的主要因素，认为影响在线评论传播的非人际关系因素包括三方面，即评论发送者的专业知识、评论接收者的专业知识以及感知风险；人际关系因素包含两方面，即评论发送者与评论接收者间的关系强度，以及评论接收者寻求在线评论的积极程度。[②]

三 用户在线评论质量管理

（一）用户在线评论的内容特征

1. 在线评论内容的特征维度

内容特征维度的划分是对用户生成在线评论内容的半结构化表示，它是从信息质量与效用的角度对评论内容进行评价与分类的标准。叶恒等认为，用户在线评论内容特征包含相关性、可靠性与完整性三个维度。[③] 沈璐等根据使用与满足理论，结合 Liu 等以及 Ducoffe 等的研究[④][⑤]，认为在 SNS 情境下品牌帖子信息特征包含临场感、信息性和趣味性三个方面，进而证实了这些信息特征对用户转发评论行为的影响。[⑥] 刘宪立和赵昆在参考了相关研究的基础上，认为在线评

① 谢毅、彭泗清：《品牌信任和品牌情感对口碑传播的影响：态度和态度不确定性的作用》，《管理评论》2014 年第 2 期。

② Bansal H S, Voyer P A, "Word-of-Mouth Processes within a Services Purchase Decision Context", *Journal of Service Research*, Vol. 3, No. 2, 2000.

③ 叶恒、林志扬、许栋梁：《网络口碑的内容特征对购买意愿的影响研究》，《现代管理科学》2014 年第 6 期。

④ Liu, Sinkovics, Pezderka, et al, "Determinants of Consumer Perceptions toward Mobile Advertising: A Comparison Between Japan and Austria", *Journal of Interactive Marketing*, Vol. 26, 2012.

⑤ Ducoffe, "Advertising Value and Advertising on the Web", *Journal of Advertising Research*, Vol. 36, No. 5, 1996.

⑥ 沈璐、庄贵军、姝曼等：《SNS 中品牌帖子的信息特征对消费者口碑传播行为的影响》，《软科学》2014 年第 11 期。

论内容主要包含六个维度：评论的长度、星级、语义、写作风格、及时性及评论信息完整性。① 郝媛媛等从评论情感、观点、载体及标题四个方面，对电影评论的用户感知有用性影响因素进行了实证分析。②

2. 在线评论内容的效价

效价是口碑研究领域普遍较为关注的评论内容特征之一。张玥和朱庆华认为，效价是一种反映消费者对于某种品牌或服务满意度的指标。③ 网络口碑效价（valence）可以分为积极（正面）的或者消极（负面）的评论。积极或消极评论的产生，根本上源于用户对于产品或服务的满意或不满意，这种满意度的评价则是由消费者的心理期望与实际体验过程中的不一致性造成的。诸多研究发现，尽管积极（消极）评论能够通过影响用户的认知与感知进而促进（抑制）产品的销量，但是消极评论对用户决策产生的影响往往强于积极评论所产生的影响。④⑤⑥⑦ 例如，Doh 和 Hwang 通过实验研究方法发现，大多数受调查者对积极评论占绝大多数的平台产生怀疑和警惕。⑧ 诸多研究表明，相对于积极评论，消极评论具有更强的诊断能力，原因有两方面。一方面，大多数积极评论其内容总体较为宽泛，而消极评论往往突出了用户对产品或服务不满意的具体细节，因而具有更强的指导和启示性；另一方面，对于阅读评论的用户而言，积极评论相对于消极

① 刘宪立、赵昆：《在线评论有用性关键影响因素识别研究》，《现代情报》2017 年第 1 期。

② 郝媛媛、叶强、李一军：《基于影评数据的在线评论有用性影响因素研究》，《管理科学学报》2010 年 13 第。

③ 张玥、朱庆华：《网络口碑传播效应研究综述》，《图书情报工作》2012 年第 10 期。

④ Herr P，Kardes F，Kim J，"Effects of Word-of-Mouth and Product-Attribute Information on Persuasion：An Accessibility - Diagnosticity Perspective"，*Journal of Consumer Research*，Vol. 17，No. 4，1991.

⑤ Bone P F，"Word-of-Mouth Effects on Short-Term and Long-Term Product Judgments"，*Journal of Business Research*，Vol. 32，No. 3，1995.

⑥ Basuroy，Suman，Chatterjee S et al，"How Critical are Critical Reviews？The Box Office Effects of Film Critics，Star Power，and Budgets"，*Journal of Marketing*，Vol. 67，No. 4，2003.

⑦ Chevalier J A，Mayzlin D，"The Effect of Word of Mouth on Sales Online Book Reviews"，*Journal of Marketing Research*，Vol. 8，2006.

⑧ Doh S J，Hwang J S，"How Consumers Evaluate eWOM"，*Cyber-Psychology & Behavior*，Vol. 12，No. 2，2009.

评论往往被更多地归因于评论者本身，而非对产品的体验。[①]

3. 在线评论内容的风格

在线评论的风格包含了用户生成评论的语言风格与内容风格。语言风格是指用户生成评论信息时运用词汇、句式等行为方式，例如诙谐幽默、引经据典、专业理性等。内容风格是指用户生成评论信息在内容描述上所采用的习惯方式，如叙事型评论、发泄式评论、描述型评论等。通常的，在线评论可以分为功能评价型评论与使用体验型评论[②]，其中功能评价型评论更多偏向于对产品的属性、功效、具体参数等方面进行较为客观的评论，使用体验型评论则更倾向于表达评论者在使用和体验产品后的感受与满足程度。邓卫华等在梳理国内外用户在线评论相关研究的基础上，从几个不同的视角对在线评论的类型进行了归纳。[③] 从语言的表达方式与信息处理策略两个维度，分别将在线评论分为主观再现型评论与客观推荐型评论，以及启发型评论与系统型评论。在此基础上，学者将两个维度两两正交得出四个象限区间的具体类型划分。Harmon 和 Coney 认为，有别于他人的经过独立思考的在线评论具有更高的可信度，而仿照或雷同的评论则更容易受到他人的质疑。[④]

（二）在线评论质量识别及其影响因素

在线评论质量是用户对评论信息的评价和采纳的决定因素。影响用户生成在线评论质量的影响因素，整体上可以分为在线评论的评分、评论数量、文本长度以及信息源质量四个部分。

1. 评论评分

产品评分系统是早期较为流行和通用的一种量化用户评论的评价

---

① Chen Z, Lurie N H, "Temporal Contiguity and Negativity Bias in the Impact of Online Word-of-Mouth", *Journal of Marketing Research*, Vol. 50, No. 4, 2013.

② Park D H, Lee J, "eWOM Overload and Its Effect on Consumer Behavioral Intention Depending on Consumer Involvement", *Electronic Commerce Research and Applications*, Vol. 7, No. 4, 2008.

③ 邓卫华、张宇、易明：《在线口碑信息内容的结构和类型研究》，《情报科学》2018年第4期。

④ Harmon R R, Coney K A, "The Persuasive Effects of Source Credibility in Buy and Lease Situations", *Journal of Marketing Research*, Vol. 9, No. 2, 1982.

方式，用户可以通过网站给出的评分选项（通常1—5分）对购买或使用的产品及服务等进行评价。通常来讲，消费者会更加关注和倾向那些评分较高的商品，因此这些商品的销量也更高。例如，Clemons等通过分析2001—2003年的啤酒销量发现，销量高的啤酒其在线评论的分数也普遍较高。[1] Chevalier和Mayzlin从Amazon和B&N网站中收集了2387条关于图书的消费者在线评论，通过实证分析发现，评论分数对图书销量有显著的积极影响。[2] 此外，邓卫华和张宇认为，在线评论的评分对评论有用性的影响也存在着阶段性的差异，这是由于评论是一个从无到有、从少到多的积累的过程，因此通过评分来衡量评论的质量需要通过时间的累积来反映。[3]

2. 评论数量

用户关于产品或服务的评论数量也是影响其他用户采纳的重要因素。某件产品及其相关属性的评论数量较多，也意味着购买和使用者的数量较多，从而形成影响产品评论质量的群体效应。Liu通过研究电影在线评论对消费者购买决策的影响时发现，电影的在线评论数量对票房收入具有积极影响。[4] Duan等的相关研究也证实，评论数量对电影票房存在显著的影响。[5][6] 卢向华和冯越通过建立回归模型，对大众点评网用户评论进行实证分析发现，用户的评论数量、评分以及负面点评率显著影响产品销量，对于高价位的产品而言，用户评分具

① Clemons E, Gao G-D, Hittl L M, "When Online Reviews Meet Hyper Differentiation: A Study of the Craft Beer Industry", *Journal of Management Information System*, Vol. 23, No. 2, 2006.

② Chevalier J A, Mayzlin D, "The Effect of Word of Mouth on Sales Online Book Reviews", *Journal of Marketing Research*, Vol. 8, 2006.

③ 邓卫华、张宇：《在线评论信息内容对阶段性有用性评价的影响研究》，《情报理论与实践》2018年第8期。

④ Liu Y, "Word of Mouth for Movies: Its Dynamics and Impact on Box Office Revenue", *Journal of Marketing*, Vol. 70, No. 3, 2006.

⑤ Duan W, Gu B, Whinston A B, "Do Online Reviews Matter? —An Empirical Investigation of Panel Data", *Decision Support Systems*, Vol. 45, No. 4, 2008.

⑥ Duan W, Gu B, Whinston A B, "The Dynamics of Online Word-of-Mouth and Product Sales: an Empirical Investigation of the Movie Industry", *Journal of Retailing*, Vol. 84, No. 2, 2008b.

有更为重要的影响，然而随着产品价格的不断提升，用户评论数量的影响则会大幅度减弱，甚至产生负面影响。① Cui 等证实，评论数量对体验性产品的销量有显著影响。②

3. 在线评论文本长度

在线评论文本长度是能够直观反映评论质量的一个重要因素。较长的在线评论文本意味着字数多，往往具备更强的寓意深度③，相对于短文本而言，用户可以从内容较为丰富、逻辑性较强的长文本评论获得大量与产品相关的信息。④ 与之相似，郝媛媛等对影评数据进行分析后发现，在线评论内容中观点句的主客观表达方式对用户感知有用性具有显著影响，当在线评论中既包含主观表达又包含客观评价时，用户对评论的感知有用性更高，这也从侧面证实，评论内容的深度和长度是影响在线评论质量的重要因素。⑤ Pan 和 Zhang 认为，评论的长度对用户感知评论的有用性具有积极的影响，同时还强调了体验型产品与功能型产品在这种影响关系上具有调节作用。⑥

4. 信息源质量

通常情况下，用户在阅读在线评论信息时，在产品及服务特征和评论者生成评论意图两个方面存在不确定性⑦，因此用户会通过不同

---

① 卢向华、冯越：《网络口碑的价值——基于在线餐馆点评的实证研究》，《管理世界》2009 年第 7 期。

② Cui G, Liu H K, Guo X, "The Effect of Online Consumer Reviews on New Product Sales", *International Journal of Electronic Commerce*, Vol. 17, No. 1, 2012.

③ Mudambi S M, Schuff D, "What Makes a Helpful Online Review? A Study of Customer Reviews on Amazon. com", Mount Laurel: Society for Information Management and the Management Information Systems Research Center, 2010.

④ Chevalier J A, Mayzlin D, "The Effect of Word of Mouth on Sales Online Book Reviews", *Journal of Marketing Research*, Vol. 8, 2006.

⑤ 郝媛媛、叶强、李一军：《基于影评数据的在线评论有用性影响因素研究》，《管理科学学报》2010 年第 8 期。

⑥ Pan Y, Zhang J Q, "Born Unequal: A Study of the Helpfulness of User-Generated Product Reviews", *Journal of Retailing*, Vol. 87, No. 4, 2011.

⑦ Racherla P, Friske W, "Perceived 'Usefulness' of Online Consumer Reviews: An Exploratory Investigation across Three Services Categories", *Electronic Commerce Research and Applications*, Vol. 11, No. 6, 2012.

的线索来识别和判断在线评论信息的有效性和有用性。[①] 信息源是在线评论传播的源头，对于没有产品体验或专业认知的评论接收者而言，评论生成者的质量在很大程度上决定了生成内容的有效性和有用性。有学者认为，评论生成者的权威性或专业性能够影响生成评论的质量。[②] 换句话说，具有更强专业性或权威性的评论生成者，其内容的被认可程度也普遍较高。诸多研究也通过分析这类意见领袖或领域专家对其他用户行为决策的影响，来验证评论者的专业性与影响力。D'Astous 和 Touil 则通过归因理论（attribution theory），证实专业影评人能够影响消费者的观影决策，进而证明了口碑发送者的专业性是口碑效应的重要因素。[③] Forman 等认为，评论者披露更多的身份识别描述性信息能够有效促进图书的销量，但同时强调社区规范是评论者个人信息披露的重要前提。[④] 李念武和岳蓉通过对高校学生对大众点评网评论感知进行实证调查发现，评论者的专业性在正面评论中对评论的可信度具有显著影响，而对负面评论则不具有显著影响。同时，网站可信度对在线评论的可信度也具有显著影响。[⑤] 刘宪立和赵昆采用模糊集与 DEMATEL 方法，通过时针分析发现，影响在线评论有用性的主要因素包括评论者的专业知识、评论信息的及时性以及评论的披露内容。[⑥]

---

① Forman C, Ghose A, Wiesenfeld B, "Examining the Relationship Between Reviews and Sales: The Role of Reviewer Identity Disclosure in Electronic Markets", *Information Systems Research*, Vol. 19, No. 3, 2008.

② Gilly M C, Graham J L, Wolfinbarger M F et al, "A Dyadic Study of Interpersonal Information Search", *Journal of the Academy of Marketing Science*, Vol. 2, 1998.

③ D'Astous A, Touil N, "Consumer Evaluations of Movies on the Basis of Critics' Judgments", *Psychology & Marketing*, Vol. 16, No. 8, 1999.

④ Forman C, Ghose A, Wiesenfeld B, "Examining the Relationship between Reviews and Sales: The Role of Reviewer Identity Disclosure in Electronic Markets", *Information Systems Research*, Vol. 19, No. 3, 2008.

⑤ 李念武、岳蓉：《网络口碑可信度及其对购买行为之影响的实证研究》，《图书情报工作》2009 年第 22 期。

⑥ 刘宪立、赵昆：《在线评论有用性关键影响因素识别研究》，《现代情报》2017 年第 1 期。

四　用户在线评论文本挖掘

整体上看，目前已有的关于用户在线评论文本挖掘研究的主要任务，大体可以概括为三点。一是通过特定的方法对在线评论中的产品特征与观点进行抽取；二是采用机器学习的方法，按照特定的规则（如顺序、情感等）进行文本分类或主题识别；三是对用户生成在线评论的观点及情感的极性与强度进行分析。

（一）产品评论中的特征提取

产品特征提取是指从评论中提取用户所评价的产品部件或该部件的性能信息。[①] Hu 和 Liu 采用关联规则算法，对评论中出现的名词或名词短语等固定搭配进行文本挖掘。[②] Popescu 和 Etzioni 则在此基础上，通过计算点互信息值，对统计出的能够表示特征的名词或固定短语进行过滤。[③] 相似地，林钦和也利用关联规则对评论中的名词进行挖掘，并从句法结构和领域相关性等方面对名词进行筛选。[④] 一些学者采用了 TF-IDF 算法对在线评论文本进行了特征抽取。例如，Ku 等在篇章和句子等粗粒度层面对评论文本的特征进行了抽取[⑤]；史伟等则通过加权 TF-IDF 算法，在词这一细粒度层面提取评论文本中具有代表性的名词。[⑥] 郜亚辉针对现有基于句法依存关系的观点挖掘方法的不足，在增加了间接句法依存关系模式和动词产品特征的基础上采用改进的双向传播算法，对用户在线评论中的特征及观点抽取方法进

① 颜端武、杨雄飞、李铁军：《基于产品特征树和 LSTM 模型的产品评论情感分析》，《情报理论与实践》2019 年第 12 期。

② Hu M Q, Liu B, "Mining and Summarizing Customer Reviews", *Proceedings of the Tenth ACM SIGKDD International Conference on Knowledge Discovery and Data Mining*, Seattle：ACM，2004.

③ Popescu A, Etzioni O, "Extracting Product Features and Opinions From Reviews", in *Proceedings of the 2005 Conference on Human Language Technology and Empirical Methods in Natural Language Processing*, Vancouver：ACL，2005.

④ 林钦和：《基于情感计算的商品评论分析系统》，《计算机应用与软件》2014 年第 12 期。

⑤ Ku L W, Liang Y T, Chen H H, "Opinion Extraction, Summarization and Tracking in News and Blog Corpora", *Proceedings of the 2006 AAAI Spring Symposium-Technical Report*, California：AAAI，2006.

⑥ 史伟、王洪伟、何绍义：《基于微博的产品评论挖掘：情感分析的方法》，《情报学报》2014 年第 12 期。

行了优化，提高了准确率。① 也有一些学者采用机器学习的方法，对评论文本特征抽取进行了探索和尝试。Wang 等首先对少量训练集中的评论样本进行了人工标注，采用朴素贝叶斯算法构建了一个包含产品特征与观点的分类器，用于未标注的评论语料库，并将可信度最高的产品特征与观点加入分类器中进行训练，最后采用 Bootstrapping 迭代处理获取所有评论语料中的产品特征和观点。② Somprasertsri 和 Lalitrojwong 首先对训练集数据中的评论产品特征进行了标注，以设定窗口距离参数的形式抽取产品特征周围出现的词和词性，并采用最大熵算法构建分类器进行机器学习。③

（二）文本分类与主题挖掘

董爽等利用文本挖掘技术提取 3 个电子商务平台的在线评论内容特征，并对其相关性等指标进行分析。④ Liu 等采用评论数据的信息量、主观性及可持续性作为评论质量的特征维度，以评论质量为标签构建 SVM 分类模型。⑤ 陈江涛等通过文本挖掘的方法，以手机用户评论数据为分析对象，探究了在线评论有用性的影响因素。⑥ 主要的过程：首先，通过对文本进行分词预处理，构建文本—词频矩阵；其次，通过采用奇异值分解的方法对词频矩阵进行降噪处理，并对降噪后的矩阵进行主成分分析；最后，对主成分分析结果进行 Logistic 回归，最终得到对用户在线评论有用性具有显著影响的 15 个因子。通

---

① 郗亚辉：《产品评论特征及观点抽取研究》，《情报学报》2014 年第 3 期。

② Wang B, Wang H, "Bootstrapping both Product Prosperities and Opinion Words from Chinese Reviews with Cross-Training", in *Proceedings of the IEEE/WIC/ACM International Conference on Web Intelligence*, Washington：IEEE Computer Society，2007.

③ Somprasertsri G, Lalitrojwong P, "A Maximum Entropy Model for Product Feature Extraction in Online Customer Reviews", in *Proceedings of the 3rd IEEE International Conference on Cybernetics & Intelligent Systems*, Washington：IEEE，2008.

④ 董爽、王晓红、葛争红：《基于文本挖掘的 B2C 购物网站在线评论内容特征分析》，《图书馆理论与实践》2017 年第 6 期。

⑤ Liu J, Cao Y, Lin C et al, "Low-Quality Product Review Detection in Opinion Summarization", in *Proceedings of the 2007 Joint Conference on Empirical Methods in Natural Language Processing and Computational Natural Language Learning*, Prague，Czech Republic，2007.

⑥ 陈江涛、张金隆、张亚军：《在线商品评论有用性影响因素研究：基于文本语义视角》，《图书情报工作》2012 年第 10 期。

过上述的文本挖掘分析发现，手机用户评论有用性的影响因素主要包括三方面，即手机的主要功能、附属功能以及商家服务三类词汇。

（三）用户生成文本中的情感分析

何有世和何述芳首先构建了评论产品的领域本体，根据评论信息中出现的产品属性建立层次模型，进一步通过运用领域情感词表，从产品总体、属性类、单个属性三个层次识别在线评论的细粒度情感倾向。[①] 王祖辉等通过采用互信息和平均互信息、粗糙集两种策略，抽取用户在线评论信息中的固定搭配作为最大熵、支持向量机、朴素贝叶斯等机器学习模型的特征输入，有效提升了情感分类模型的准确度。[②] 刘丽娜等根据相关研究，对评论情感进行了进一步的细化，并采用 Doc2vec 模型对文本进行向量化，通过分析发现，不同的机器学习模型（逻辑回归、K 近邻、朴素贝叶斯、决策树）中在线评论的不同类型情感（满意、失望、赞美、谴责、喜爱、讨厌）的分类效果存在差异。[③]

颜端武等采用长短期记忆模型（LSTM）对在线汽车评论文本的情感进行分析，通过 Word2vec 模型将训练好的文本向量代入 LSTM 模型，得到了汽车外观、动力性、经济性等 7 个属性评价中的正负情感比例。[④] Wilson 等通过构建情感分析的层次模型并采用机器学习的方式，对评论中出现短文本的上下文语境进行情感极性分析[⑤]；Turney 和 Littman 以搜索引擎数据库为资源基础，提出一种识别词语情感强度和情感倾向的无监督学习方法。[⑥]

---

① 何有世、何述芳：《基于领域本体的产品网络口碑信息多层次细粒度情感挖掘》，《数据分析与知识发现》2018 年第 8 期。

② 王祖辉、姜维、李一军：《在线评论情感分析中固定搭配特征提取方法研究》，《管理工程学报》2014 年第 4 期。

③ 刘丽娜、齐佳音、齐宏伟等：《在线评论中离散情感的分布研究》，《情报科学》2017 年第 8 期。

④ 颜端武、杨雄飞、李铁军：《基于产品特征树和 LSTM 模型的产品评论情感分析》，《情报理论与实践》2019 年第 12 期。

⑤ Wilson T, Wiebe J, Hoffmann P, "Recognizing Contextual Polarity in Phrase-Level Sentiment Analysis", in *Proceedings of the Human Language Technology Conference and the Conference on Empirical Methods in Natural Language Processing*（*HLT/EMNLP*）, 2005.

⑥ Turney P, Littman M L, "Measuring Praise and Criticism: Inference of Semantic Orientation from Association", *ACM Transactions on Information Systems*, Vol. 21, No. 4, 2003.

第三章　品牌依恋与用户在线评论
信息生成动机的内在关系

第一节　用户生成在线评论动机的相关理论

一　电子口碑传播理论

在线评论早期也被称为电子口碑（electric word－of－mouth，
eWOM）。Hennig-Thurau 等将电子口碑定义为：潜在的、当前的或曾
经购买过某个产品的消费者对产品、公司及服务做出的，可以被其他
网络用户或机构获取的正面或负面的声明。[1] 消费者可以通过电子口
碑交流这种非正式信息渠道，分享和交换他们对于产品所有者、使用
及利用情况、产品及服务特点以及卖家等方面的态度与观点。[2][3][4]
Hennig-Thurau 较早地对消费者口碑动机进行了分析与研究，设计了
28 个关于消费者口碑动机的问题，通过因子分析归纳出 8 类动机，即

① Hennig-Thurau T, Gwinner K P, Walsh G et al, "Electronic Word－of－Mouth via Con-
sumer－Opinion Platforms: What Motivates Consumers to Articulate Themselves on the Internet?",
Journal of Interactive Marketing, Vol. 18, No. 1, 2004.

② Westbrook R A, "Product/Consumption－based Affective Responses and Post Purchase
Processes", *Journal of Marketing Research*, Vol. 24, No. 3, 1987.

③ De Matos C A, Rossi C A V, "Word－of－Mouth Communications in Marketing: A Meta-
Analytic Review of the Antecedents and Moderators", *Journal of the Academy of Marketing Science*,
Vol. 36, No. 4, 2008.

④ Dierkes T, Bichler M, Krishnan R, "Estimating the Effect of Word of Mouth on Churn
and Cross－Buying in the Mobile Phone Market with Markov Logic Networks", *Decision Support Sys-
tems*, Vol. 51, No. 3, 2011.

平台协助（platform assistance）、发泄负面情绪（venting negative feelings）、关心他人（concern for other consumers）、积极的自我提升（extraversion/positive self-enhancement）、社交收益（social benefits）、经济激励（economic incentives）、帮助公司（helping the company）以及寻求建议（advice seeking），并通过回归分析发现，关心他人、积极的自我提升、社交收益、经济激励以及寻求建议 5 类动机能够对用户生成口碑产生显著的积极影响。Wetzer 等发现，可以根据用户的情感状态（愤怒、失望）、口碑关注（自我、他人）以及口碑倾向（建设性、破坏性）对负面口碑进行分类，不同类型的负面口碑也对应了用户不同的负面口碑动机，例如用户在愤怒的情感状态下会产生发泄负面情绪或者报复商家的口碑动机，而在失望的情感状态下会产生寻求安慰、警告他人等。[①] 阎俊等通过设计 32 个题项向受访者询问网上发帖评论的原因，通过因子分析得出 9 种口碑动机，即情感分享、获得奖励、个人娱乐、社区兴盛、改进服务、社区力量、信息回报、支持/惩罚商家、提升自我形象。[②] 陈君和何梦婷则从即时/持续口碑传播意愿的视角分析得出，乐于助人、经济奖励与归属感是消费者口碑传播的主要动机。[③] 表 3-1 列出了相关学者对用户口碑动机研究的主要观点。

表 3-1　　　　　　　已有用户口碑动机的主要理论观点

学者	口碑类型	口碑动机
Hennig-Thurau 等[④]	正面/负面	平台协助、发泄负面情绪、关心他人、积极自我提升、社交收益、经济激励、帮助公司、寻求建议

① Wetzer I M, Zeelenberg M, Pieters R, "'Never Eat in That Restaurant, I did!': Exploring Why People Engage in Negative Word-of-Mouth Communication", *Psychology & Marketing*, Vol. 24, No. 8, 2007.

② 阎俊、蒋音波、常亚平：《网络口碑动机与口碑行为的关系研究》，《管理评论》2011 年第 12 期。

③ 陈君、何梦婷：《基于动机视角的虚拟社区即时/持续网络口碑传播研究》，《情报科学》2017 年第 11 期。

④ Hennig-Thurau T, Gwinner K P, Walsh G et al, "Electronic Word-of-Mouth via Consumer-Opinion Platforms: What Motivates Consumers to Articulate Themselves on the Internet?" *Journal of Interactive Marketing*, Vol. 18, No. 1, 2004.

续表

学者	口碑类型	口碑动机
Wetzer 等[1]	负面	寻求安慰、发泄负面情绪、寻求建议、增强关系、娱乐、自我表达、警告他人、报复商家
Cheung 和 Lee[2]	正面	声望、帮助他人、社区归属
Dichter[3]	正面	缓和紧张、情感释放、信息分享、兴趣
Sundaram 等[4]	正面/负面	正面：利他主义、产品卷入度、自我提升、帮助公司 负面：利他主义、减轻忧虑、报复公司、寻求建议
Luarn 等[5]	正面	关系强度、表达自我、社交收益、关系管理、主观规范、信息分享、利他主义、自我欣赏、塑造形象、成就感
阎俊等[6]	正面/负面	情感分享、获得奖励、个人娱乐、社区兴盛、改进服务、社区力量、信息回报、支持/惩罚商家、提升自我形象
陈君、何梦婷[7]	正面/负面	乐于助人、经济奖励、归属感

二　动机理论

一直以来，学术界对个体行为动机的总体认识趋于一致，但对动机概念的具体阐述则有着诸多不同的认识和理解，如 Mitchell 认为，动机是个体想要执行某种特定行为的意愿程度。[8] Gagne 和 Medsker 则

---

[1]　Wetzer I M, Zeelenberg M, Pieters R, "'Never Eat in That Restaurant, I did!'：Exploring Why People Engage in Negative Word-of-Mouth Communication", *Psychology & Marketing*, Vol. 24, No. 8, 2007.

[2]　Cheung C M K, Lee M K O, "What Drives Consumers to Spread Electronic Word of Mouth in Online Consumer-Opinion Platforms", *Decision Support Systems*, Vol. 53, No. 1, 2012.

[3]　Dichter E, "How Word-of-Mouth Advertising Works", *Harvard Business Review*, Vol. 16, No. 6, 1966.

[4]　Sundaram D S, Mitra K, Webster C, "Word-of-Mouth Communications：A Motivational Analysis", *Advances in Consumer Research*, Vol. 25, No. 1, 1998.

[5]　Luarn P, Huang P, Chiu Y P et al, "Motivations to Engage in Word-of-Mouth Behavior on Social Network Sites", *Information Development*, Vol. 32, No. 4, 2016.

[6]　阎俊、蒋音波、常亚平：《网络口碑动机与口碑行为的关系研究》，《管理评论》2011 年第 12 期。

[7]　陈君、何梦婷：《基于动机视角的虚拟社区即时/持续网络口碑传播研究》，《情报科学》2017 年第 11 期

[8]　Mitchell T R, "Motivation：New Directions for Theory, Research, and Practice", *The Academy of Management Review*, Vol. 7, No. 1, 1982.

从个体行为质量的角度认为，动机是个体承担某项任务在认知上的坚持、动力和意愿，以及为了高质量地完成任务所付出的努力。[①] 结合已有学者对动机相关研究的认识和理解，可以认为动机是指个体行为的方向和目标，以及个体为了使行为朝着特定方向并达到目标所具有的行为动力。在诸多的动机研究当中，Maslow 的需求层次理论[②]与 Deci 和 Ryan 提出的自我决定理论[③]是动机理论领域研究中两个较为经典的基础理论。

Maslow 提出的需求层次理论（hierarchy of needs）被认为是个体动机研究的经典基础理论之一。他认为，个体行为动机是满足个体对于生理（physiological need）、安全（security）、社交（love and be loved）、获得尊重（esteem need to be respected）、自我实现（self-actualization）五个层次的基本需求。其中，生理需求是指个体对生存和保证身体机能稳定的需求，在五个层次中属于最底层的基础需求；当生理需求得到满足时个体便会产生更为高层次的安全需求，即通过秩序、制度等手段获得对自身安全、稳定、受保护等方面的需求；当安全需求得到满足时个体便会产生与他人进行交往，建立良好社交关系的需求；进一步地，在满足"爱与被爱"的社交需求后，个体便会希望获得别人的认可与尊重；最终，当获得尊重的需求得到满足时，便会希望能够通过发挥自我潜能，展示和实现自我能力和价值的最高级需求。在信息系统领域，需求层次理论常被用于解释不同群体（如大学生、老年人、图书馆用户等）的信息需求行为。[④⑤⑥]

---

① Gagne R M, Medsker K L, *The Conditions of Learning: Training Applications*, New York: Harcourct Brace College Publishers, 1996.

② Maslow A H, "A Theory of Human Motivation", *Psychological Review*, Vol. 50, No. 4, 1943.

③ Deci E L, Ryan R M, "The General Causality Orientations Scale: Self-Determination in Personality", *Journal of Research in Personality*, Vol. 19, No. 2, 1985.

④ 刘军、金淑娜:《KaaS 知识即服务：面向读者需求的分层知识服务模型及实践》,《情报科学》2014 年第 3 期。

⑤ 魏巍、黄丽霞:《基于马斯洛需求层次理论的农民工信息需求分析》,《图书馆学研究》2016 年第 5 期。

⑥ 孙云峰、张宇、周中林:《基于信息需求层次理论的大学生信息需求影响因素研究》,《情报杂志》2015 年第 1 期。

　　Deci 和 Ryan 强调奖励对于个体行为的重要性，认为内在动机（intrinsic motivation）和外在动机（extrinsic motivation）都是促使个体产生特定行为的重要驱动因素。内在动机则是指个体产生特定行为的原因源自个体内部，例如用户个体兴趣、喜好，并且在内部动机的作用下用户在行为过程中能够不断地自我鼓励。外在动机则是指驱动个体行为的外部因素，外部动机高度依恋个体行为发生的条件、情景及原因，包括经济奖励和非经济奖励。外在动机又可以进一步地区分为四类动机：①内射动机（introjected motivation），即个体行为的动机是源于个体内在的，例如从心理上获得奖励或惩罚。而这种奖励或惩罚的根本诱因则源于外部环境。②认同动机（identified motivation），即个体行为产生源于对行为目标及价值的强烈认同。③整合动机（integrated motivation），即个体行为的目标及价值被深度的自我内化，甚至与个体的自我价值体系高度一致。④外部动机（external motivation），即通常意义的外部奖励或激励动机。自我决定理论在信息系统领域用于解释个体行为动机同样有着广泛的应用与研究，例如知识共享[1]、虚拟社区用户持续的知识贡献行为[2]、图书馆用户阅读行为[3]等。

三　使用与满足理论

　　使用与满足理论（uses and gratifications theory，U&G Theory）被广泛应用于信息传播与人机交互领域，如社交网站[4][5]、传统及移动

　　① Stenius M，Hankonen N，Ravaja N et al，"Why Share Expertise? A Closer Look at the Quality of Motivation to Share or Withhold Knowledge"，*Journal of Knowledge Management*，Vol. 20，No. 2，2016.

　　② 万莉、程慧平：《基于自我决定理论的虚拟知识社区用户持续知识贡献行为动机研究》，《情报科学》2016 年第 10 期。

　　③ 韩丽：《自我决定理论视角下高校读者阅读意愿影响因素探究》，《图书情报工作》2018 年第 14 期。

　　④ Doty J，Dworkin J，"Parents' of Adolescents Use of Social Networking Sites"，*Computers in Human Behavior*，Vol. 33，No. 4，2014.

　　⑤ Pornsakulvanich V，Dumrongsiri N，"Internal and External Influences on Social Networking Site Usage in Thailand"，*Computers in Human Behavior*，Vol. 29，No. 6，2013.

设备①②、移动社交网络③等，为用户对于媒介的使用动机研究提供了一个较为完善的理论框架。Katz 等认为，用户使用媒介是由于媒介能够满足他们的社会和心理需求④，这一理论的前提是信息系统或媒体越能够满足用户的特定需求，用户的使用意愿便会越强。⑤ 个体会在动机的驱动下使用社交网络进而满足他们特定的心理需求⑥，因而使用与满足理论能够用于解释信息系统与社交媒体为什么以及如何满足用户的使用需求，进而分析用户的使用意愿与使用行为。使用与满足理论总体上提出了用户使用媒介的四种基本需要：①认知需要，即通过媒介发布和获取信息、知识等；②社交需要，即通过媒介形成与他人和社会的交往并建立社交关系；③自我整合需要，即通过使用媒介树立自我形象和身份，增强自我影响等；④情感与享乐需要，即通过使用媒介获得精神和情感上的愉悦和放松。国内外诸多学者在这一理论框架基础上，对用户不同类型的网络环境与信息媒介的使用动机进行了理论与实证分析。如 Lien 和 Cao 通过实证发现，获取和发布信息、社交互动与享乐是中国用户通过微信进行口碑社交行为的主要动机。⑦ Kim 等对英国与韩国学生的实证分析发现，寻找朋友、享乐与

---

① Reychav I, Wu D, "Exploring Mobile Tablet Training for Road Safety: A Uses and Gratifications Perspective", *Computers & Education*, Vol. 71, 2014.

② Wei P S, Lu H P, "Why do People Play Mobile Social Games? An Examination of Network Externalities and of Uses and Gratifications", *Internet Research*, Vol. 24, No. 3, 2014.

③ Ha Y W, Kim J, Libaque-Saenz C F et al, "Use and Gratifications of Mobile SNSs: Facebook and KakaoTalk in Korea", *Telematics and Informatics*, Vol. 32, No. 3, 2015.

④ Katz E, Blumler J G, Gurevitch M, "Uses and Gratifications Research", *Public Opinion Quarterly*, Vol. 37, No. 4, 1973.

⑤ Stafford T F, Stafford M R, Schkade L L, "Determining Uses and Gratifications for the Internet", *Decision Sciences*, Vol. 35, No. 2, 2004.

⑥ Kim Y, Sohn D, Choi S M, "Cultural Difference in Motivations for Using Social Network Sites: A Comparative Study of American and Korean College Students", *Computers in Human Behavior*, Vol. 27, No. 1, 2011.

⑦ Lien C H, Cao Y, "Examining WeChat Users' Motivations, Trust, Attitudes, and Positive Word-of-Mouth: Evidence from China", *Computers in Human Behavior*, Vol. 41, 2014.

易用是两国学生使用 SNS 的主要动机。①

第二节　品牌依恋情境下用户在线
评论信息生成动机的结构

一　在线评论信息生成动机的内容结构

通过对已有相关理论与文献进行分析，结合用户生成评论信息行为特征可以认为，用户在线评论信息生成动机主要包含以下十种。

（一）表达观点

表达观点动机是指用户通过生成评论信息表达自己对于依恋品牌的观点与看法。相关研究表明，社交网络情境下用户会通过移动设备与社交软件与其他人分享他们对于品牌产品或服务体验的态度与看法。②③ 观点与评价是在线评论信息的核心内容，与一般的社交互动相比，用户生成评论具有一定的立场与倾向性，评论信息中的态度与观点是用户通过生成评论所主要表达的目的与内容之一。

（二）帮助他人

帮助他人动机是指用户通过对依恋品牌产品的属性、功能、性能、体验等方面的介绍，帮助他人更好地与依恋品牌产品进行互动，进而提升用户体验。与已有相关研究侧重于用户传播负面品牌或产品

---

① Kim Y, Sohn D, Choi S M, "Cultural Difference in Motivation to Use Social Network Sites: A Comparative Study of Korean and American College Students", *Computers in Human Behavior*, Vol. 27, No. 1, 2011.

② Kaplan A M, "If You Love Something, Let It Go Mobile: Mobile Marketing and Mobile Social Media 4×4", *Business Horizons*, Vol. 55, No. 2, 2012.

③ Lin Y H, Hsu C L, Chen M F et al, "New Gratifications for Social Word-of-Mouth Spread via Mobile SNSs: Uses and Gratifications Approach with a Perspective of Media Technology", *Telematics and Informatics*, Vol. 34, No. 8, 2017.

评论时警告和关心他人的评论动机[1][2]不同，用户在品牌依恋情境下能够产生对品牌产品的积极情感，进而形成积极正面的评论生成动机，因而用户在品牌依恋情感状态下去帮助他人目的是使其他用户更加深入地认识和了解依恋的品牌，进而提升用户体验。

（三）信息回报

信息回报动机，是指用户期望通过正面积极的在线评论帮助平台、商家及品牌产品进行宣传，表达对依恋品牌的支持。当用户对品牌产品或体验服务感到满意进而产生积极的情感状态时，会倾向通过传播正面的口碑来回馈商家和公司。[3] 特别是在社交网络情境下，高质量的在线评论所带来的口碑效应已经成为企业品牌市场营销战略的重要内容，进而成为企业商业成功的关键因素[4][5]，因此用户也会为依恋品牌产品进行积极的推广和宣传，来帮助和回报商家及公司。

（四）获得奖励

获得奖励动机，是指用户通过生成关于依恋品牌产品的在线评论是为了能够获得平台或商家提供的与品牌产品相关的奖励，包括新产品体验机会、参加产品交流活动、参与品牌与产品共创等。用户在在线品牌社区中的知识贡献已经成为企业和商家了解和把握品牌用户需求的重要信息来源，为了能够更好地激励用户参与品牌创意、产品设计等方面的话题互动，从而提升用户品牌忠诚，在线品牌社区管理者与品牌公司会通过设置相关奖励来激发用户评论意愿，例如对用户发

---

① Hennig-Thurau T, Gwinner K P, Walsh G et al, "Electronic Word-of-Mouth via Con-sumer-Opinion Platforms: What Motivates Consumers to Articulate Themselves on the Internet?", *Journal of Interactive Marketing*, Vol. 18, No. 1, 2004.

② Wetzer I M, Zeelenberg M, Pieters R, "'Never Eat in That Restaurant, I did!': Explo-ring Why People Engage in Negative Word-of-Mouth Communication", *Psychology & Marketing*, Vol. 24, No. 8, 2007.

③ Sundaram D S, Mitra K, Webster C, "Word-of-Mouth Communications: A Motivational Analysis", *Advances in Consumer Research*, Vol. 25, No. 1, 1998.

④ Hajli N, Lin X, Featherman M et al, "Social Word of Mouth: How Trust Develops in the Market", *International Journal of Market Research*, Vol. 56, No. 5, 2014.

⑤ Wang X, Yu C, Wei Y, "Social Media Peer Communication and Impacts on Purchase In-tentions: A Consumer Socialization Framework", *Journal of Interactive Marketing*, Vol. 26, No. 4, 2012.

表的帖子或留言进行评价，按照点赞数进行排名，评论排名靠前的用户能够获得与依恋品牌和产品近距离接触与互动的奖励机会。

（五）经济激励

经济激励动机，是指用户通过生成关于依恋品牌产品的在线评论来获得平台或商家的经济奖励，如品牌价格折扣、论坛及平台积分或虚拟货币等。已有关于电子商务环境下用户产品评论动机的研究普遍认为，经济激励是用户生成在线评论的重要动机之一。[①][②] 购物网站、品牌社区、用户意见与观点平台等均通过不同形式、不同内容的经济奖励措施激励用户社区参与意愿。

（六）社会交往

社会交往动机，是指用户期望通过生成在线评论信息实现与其他陌生用户的社交互动，包括结识新朋友、建立新的社交关系等。相关研究表明，社会交往是用户使用社交网络的主要动机之一。[③] 社交网络情境下用户生成在线评论信息同样具备一定的社交功能。用户通过生成对依恋品牌的评论与看法，形成品牌社区用户感兴趣的共同话题，通过评论表达用户各自的经历、理解、认识等，从而实现社交网络环境下与其他用户间的在线互动，结识新的朋友，建立社交关系网络。

（七）维持关系

维持关系动机，是指用户通过生成在线评论保持在社交网络中的活跃程度，从而维持与他人熟悉或密切的社交关系。已有研究主要从在线社区特征及其成员关系的角度，对用户的社区归属、社区兴盛、

---

① Hennig-Thurau T, Gwinner K P, Walsh G et al, "Electronic Word-of-Mouth via Consumer-Opinion Platforms: What Motivates Consumers to Articulate Themselves on the Internet?", *Journal of Interactive Marketing*, Vol. 18, No. 1, 2004.

② 阎俊、蒋音波、常亚平：《网络口碑动机与口碑行为的关系研究》，《管理评论》2011 年第 12 期。

③ Chang Y P, Zhu D H, "Understanding Social Networking Sites Adoption in China: A Comparison of Pre-adoption and Post-adoption", *Computers in Human Behavior*, Vol. 27, No. 5, 2011.

社区关系等动机进行了分析。①②③ 泛在社交网络环境下，社区形式与边界较为模糊，社区成员间的共同归属感在逐步淡化的同时，用户普遍关注维持网络用户彼此间的人际关系，因而本书将已有研究中所提出的社区归属、社区兴盛、社区关系等用户评论参与动机进行整合，提出维持关系这一用户生成评论动机。

（八）提升形象

提升形象动机，是指用户生成关于依恋品牌或产品的在线评论，通过表达对品牌产品的认识与理解展现自己的专业性及身份的象征性。具有深度的在线评论信息反映了用户对于评论对象较为深入全面的认识与了解，体现出用户对于品牌所具有的一定的专业性。用户会通过对依恋品牌深入地介绍和评价来表达自己对于品牌的热爱与专业，进而保持和提升自己在品牌爱好者社群当中的良好形象。

（九）情感分享

情感分享动机，是指用户通过生成在线评论信息与其他人分享对依恋品牌产品的情感。用户对依恋的品牌产品会产生诸如兴奋、骄傲、满足、解脱、怀旧等不同类型的特定情感④，这种积极的情感也会通过用户生成评论信息表达出来。用户的情感倾向与情感强度是在线评论信息中的核心要素之一，积极的情感倾向与情感强度所反映的是用户对评论对象所包含的情感状态，用户在情感依恋的驱动下会更愿意通过生成评论信息来表达自己当前的情感状态。

（十）愉悦享乐

愉悦享乐动机，是指用户通过生成评论信息寻求精神愉悦和享受

① Cheung C M K, Lee M K O, "What Drives Consumers to Spread Electronic Word of Mouth in Online Consumer-Opinion Platforms", *Decision Support Systems*, Vol. 53, No. 1, 2012.

② Luarn P, Huang P, Chiu Y P et al, "Motivations to Engage in Word-of-Mouth Behavior on Social Network Sites", *Information Development*, Vol. 32, No. 4, 2016.

③ 陈君、何梦婷：《基于动机视角的虚拟社区即时/持续网络口碑传播研究》，《情报科学》2017 年第 11 期。

④ Park C W, MacInnis D J, Priester J et al, "Brand Attachment and Brand Attitude Strength: Conceptual and Empirical Differentiation of Two Critical Brand Equity Drivers", *Social Science Electronic Publishing*, Vol. 74, No. 6, 2010.

快乐。用户的兴趣以及寻求娱乐能够增强用户口碑传播的意愿①②，用户依恋的品牌和产品能够为用户带来积极的情感体验，而生成在线评论则是将用户品牌行为所产生的情感状态延伸至信息行为中，用户通过生成关于依恋品牌和产品的在线评论同样能够为用户带来精神上的愉悦与满足。

二　在线评论信息生成动机的类型结构

通过对已有研究进行梳理可以发现，个体行为的产生往往并非受到某种特定单一的动机驱动，而是在多种动机共同作用下进行的。换言之，个体行为动机不仅存在丰富的内容结构，同时还存在一定维度区分的类型结构。例如，诸多关于用户行为动机的实证分析，均是将大量的动机问项通过因子分析进行整合和归纳，得出相对较为具体的某一种动机。用户在品牌依恋的驱动下，生成在线评论信息往往也并非某种单一动机的驱使，因此本书通过参考已有相关动机量表，通过对实际获得的问卷数据进行因子分析，对品牌依恋驱动下用户在线评论信息生成动机的类型结构进行了划分。

（一）用户生成动机的量表设计

本书关于用户在线评论信息生成动机的量表，参考了口碑动机、用户生成内容动机、信息共享动机等相关研究量表，结合在线评论生成行为特征，对相关量表的问题进行调整，经过反复的预调研之后，设计出能够符合测度用户在线评论信息生成动机的测度量表。为了保证问项能够准确反映被测量动机，同时顾及问题数量对于受访者填写问卷时的专注度与严谨度的影响，每一种生成动机均设置了两项问题，量表中所有问项均采用李克特（Likert）七级量表，受调查者在"1分"（完全不符合）至"7分"（完全符合）中根据自身情况对提出的问题进行打分。在参考国外成熟量表时，采用双向翻译的方式确保在翻译过程中语义的准确性。本书设计的关于用户在线评论信息生

---

① Dichter E，"How Word – of – Mouth Advertising Works"，*Harvard Business Review*，Vol. 16，No. 6，1966.

② 阎俊、蒋音波、常亚平：《网络口碑动机与口碑行为的关系研究》，《管理评论》2011 年第 12 期。

成动机的测度量表如表 3-2 所示。

表 3-2　　　　　用户在线评论信息生成动机、量表及来源

潜变量	问题描述	来源
表达观点	表达我的看法	Luarn 等①；阎俊等②；Wetzer 等③
	表达我的态度	
帮助他人	给其他人一些建议	Hennig-Thurau 等④；Cheung 和 Lee⑤
	给其他人一些帮助	
信息回报	介绍和宣传这个品牌	Sundaram 等⑥；Hennig-Thurau⑦
	支持和帮助这个品牌	
获得奖励	可以获得一些奖励，例如新产品体验机会、参与品牌互动	Hennig-Thurau 等⑧；阎俊等⑨
	可以获得和品牌或产品相关的奖励，例如产品抽奖	
经济激励	获得一些经济奖励，例如产品折扣	
	获得品牌商家或平台提供的优惠	

---

① Luarn P，Huang P，Chiu Y P et al，"Motivations to Engage in Word-of-Mouth Behavior on Social Network Sites"，*Information Development*，Vol. 32，No. 4，2016.

② 阎俊、蒋音波、常亚平：《网络口碑动机与口碑行为的关系研究》，《管理评论》2011 年第 12 期。

③ Wetzer I M，Zeelenberg M，Pieters R，"'Never Eat in That Restaurant，I did！'：Exploring Why People Engage in Negative Word-of-Mouth Communication"，*Psychology & Marketing*，Vol. 24，No. 8，2007.

④ Hennig-Thurau T，Gwinner K P，Walsh G et al，"Electronic Word-of-Mouth via Consumer-Opinion Platforms：What Motivates Consumers to Articulate Themselves on the Internet？" *Journal of Interactive Marketing*，Vol. 18，No. 1，2004.

⑤ Cheung C M K，Lee M K O，"What Drives Consumers to Spread Electronic Word of Mouth in Online Consumer-Opinion Platforms"，*Decision Support Systems*，Vol. 53，No. 1，2012.

⑥ Sundaram D S，Mitra K，Webster C，"Word-of-Mouth Communications：A Motivational Analysis"，*Advances in Consumer Research*，Vol. 25，No. 1，1998.

⑦ Hennig-Thurau T，Gwinner K P，Walsh G et al，"Electronic Word-of-Mouth via Consumer-Opinion Platforms：What Motivates Consumers to Articulate Themselves on the Internet？" *Journal of Interactive Marketing*，Vol. 18，No. 1，2004.

⑧ Hennig-Thurau T，Gwinner K P，Walsh G et al，"Electronic Word-of-Mouth via Consumer-Opinion Platforms：What Motivates Consumers to Articulate Themselves on the Internet？" *Journal of Interactive Marketing*，Vol. 18，No. 1，2004.

⑨ 阎俊、蒋音波、常亚平：《网络口碑动机与口碑行为的关系研究》，《管理评论》2011 年第 12 期。

续表

潜变量	问题描述	来源
社会交往	认识新的朋友	Wetzer 等①； Cheung & Lee②； Luarn 等③； 阎俊等④； 陈君、何梦婷⑤
	建立新的社交关系	
维持关系	保持和其他人的联系	
	拉近和其他人之间的关系	
提升形象	获得别人的赞许和认同	
	提升自己的专业形象	
情感分享	分享我对这个品牌的情感	Dichter⑥； 阎俊等⑦； 陈君、何梦婷⑧
	分享我对这个品牌的感受	
愉悦享乐	让我感到愉悦和轻松	
	让我觉得很快乐	

（二）数据获取

调查问卷采用网络与现场发放相结合的方式，现场问卷主要选择湖北省高校本科生以及部分企业的年轻职员作为受访者。主要原因在于，这一类群体用户有着丰富的网络评论经历，个性较为鲜明，容易理解并存在对某类品牌或产品的品牌依恋，同时具备一定水平的消费

---

① Wetzer I M, Zeelenberg M, Pieters R, "'Never Eat in That Restaurant, I Did!': Exploring Why People Engage in Negative Word-of-Mouth Communication", *Psychology & Marketing*, Vol. 24, No. 8, 2007.

② Cheung C M K, Lee M K O, "What Drives Consumers to Spread Electronic Word of Mouth in Online Consumer-Opinion Platforms", *Decision Support Systems*, Vol. 53, No. 1, 2012.

③ Luarn P, Huang P, Chiu Y P et al, "Motivations to Engage in Word-of-Mouth Behavior on Social Network Sites", *Information Development*, Vol. 32, No. 4, 2016.

④ 阎俊、蒋音波、常亚平：《网络口碑动机与口碑行为的关系研究》，《管理评论》2011 年第 12 期。

⑤ 陈君、何梦婷：《基于动机视角的虚拟社区即时/持续网络口碑传播研究》，《情报科学》2017 年第 11 期。

⑥ Dichter E, "How Word-of-Mouth Advertising Works", *Harvard Business Review*, Vol. 16, No. 6, 1966.

⑦ 阎俊、蒋音波、常亚平：《网络口碑动机与口碑行为的关系研究》，《管理评论》2011 年第 12 期。

⑧ 陈君、何梦婷：《基于动机视角的虚拟社区即时/持续网络口碑传播研究》，《情报科学》2017 年第 11 期。

能力。此次问卷发放共计300份，其中现场发放100份，有效回收95份，网络发放问卷200份，有效回收142份，共计有效问卷237份，有效回收率79%。样本数据的具体特征及分布如表3-3所示，其中在调查评论环境时采用多选题的方式，在询问受访者评论频率时强调"平均每周生成20字以上的评论次数"，以保证有效的用户评论生成行为频率。

表 3-3　　　　　　　　　样本数据的描述性统计（N＝237）

项目	分组	频数（百分比,%）	项目	分组	频数（百分比,%）
年龄	20 岁以下	35（14.9）	性别	男	102（43.2）
	20—29 岁	110（46.5）			
	30—39 岁	60（25.5）		女	135（56.8）
	40 岁及以上	32（13.2）			
学历	大专以下	9（4.0）	评论环境	微信朋友圈	208（87.6）
	大专	24（10.1）		微博	130（55）
	本科	150（63.4）		购物网站	151（63.6）
	研究生及以上	54（22.4）		社区论坛	118（49.6）
评论次数	每周 1 次	115（48.6）	评论品牌或产品属性	功能性产品	130（55.0）
	每周 2—3 次	78（32.8）		象征性产品	48（20.0）
	每周 4 次及以上	44（18.6）		享乐性产品	59（25.0）

注：因四舍五入导致的误差不做调整。

（三）因子分析

进行因子分析前需要先进行 KMO 值计算和 Bartlett 球形检验，通常认为 KMO 大于 0.7 表示变量间联系较为紧密，适合因子分析。表3-4 给出了用户在线评论生成动机样本数据的 KMO 值及 Bartlett 检验结果。

如表3-4 所示，样本数据 KMO 值为 0.928，远大于通常给定的标准值0.7，显著性水平远小于0.05，表明样本数据适合进行因子分析。

表 3-4　　　用户评论生成动机数据的 KMO 和 Bartlett 检验

KMO 和 Bartlett 的检验		
取样足够度的 Kaiser Meyer Olkin（KMO）度量		0.928
Bartlett 的球形度检验	近似卡方	5954.111
	自由度	190
	显著性水平	0.000

　　对样本数据进行因子分析，通过主成分分析法抽取特征值大于 1 的主成分，并通过最大方差法获得旋转成分矩阵，4 个主成分对样本数据总共解释的方差达到 72.803%，如表 3-5 所示。图 3-1 给出了生产动机的主成分分析的碎石图。通过对因子分析得出的 4 个主要成分进行分析发现，本书所提出的 10 种动机从整体上被划分为四类，可以分别概括为信息性动机（包含表达观点、帮助他人、信息回报）、收益性动机（包含获得奖励、经济激励）、关系性动机（包含社会交往、维持关系、提升形象）以及情感性动机（包含情感分享、愉悦享乐）。表 3-6 给出了各类评论生成动机的因子载荷、Cronbach's α 值、组合信度（CR）以及平均变异抽取量（AVE）。

表 3-5　　　在线评论生成动机主成分分析及解释的总方差

	解释的总方差								
成分	初始特征值			提取平方和载入			旋转平方和载入		
	特征值	方差解释率（%）	累积方差解释率（%）	特征值	方差解释率（%）	累积方差解释率（%）	特征值	方差解释率（%）	累积方差解释率（%）
1	6.869	34.343	34.343	6.869	34.343	34.343	4.606	23.031	23.031
2	3.985	19.925	54.268	3.985	19.925	54.268	4.052	20.259	43.290
3	2.132	10.659	64.927	2.132	10.659	64.927	3.019	15.096	58.386
4	1.575	7.877	72.803	1.575	7.877	72.803	2.883	14.417	72.803
5	0.571	2.854	75.657						
6	0.516	2.579	78.236						
7	0.488	2.438	80.674						
8	0.462	2.308	82.982						

续表

成分	初始特征值			提取平方和载入			旋转平方和载入		
	特征值	方差解释率（%）	累积方差解释率（%）	特征值	方差解释率（%）	累积方差解释率（%）	特征值	方差解释率（%）	累积方差解释率（%）
9	0.421	2.104	85.086						
10	0.389	1.943	87.029						
11	0.369	1.845	88.874						
12	0.340	1.699	90.573						
13	0.318	1.589	92.162						
14	0.297	1.486	93.648						
15	0.271	1.357	95.005						
16	0.247	1.234	96.239						
17	0.219	1.097	97.336						
18	0.199	0.994	98.330						
19	0.183	0.915	99.245						
20	0.151	0.755	100.000						

注：因四舍五入导致的误差，本书不做调整。

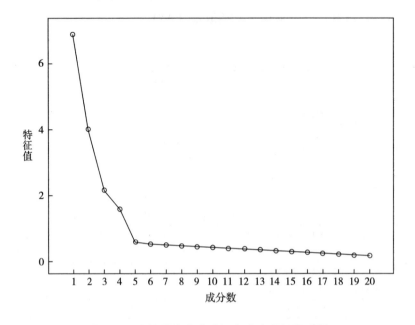

图3-1 在线评论生成动机主成分分析碎石图

表 3-6　　　各类生成动机的因子载荷、Cronbach's α、
CR 以及 AVE 值

	因子	编码	因子载荷	Cronbach's α	CR	AVE
信息性动机 （informational motivation，IM）	表达观点	IM1	0.780	0.901	0.913	0.637
		IM2	0.772			
	帮助他人	IM3	0.824			
		IM4	0.849			
	信息回报	IM5	0.782			
		IM6	0.778			
收益性动机 （profitable motivation，PM）	获得奖励	PM1	0.849	0.884	0.906	0.706
		PM2	0.817			
	经济激励	PM3	0.880			
		PM4	0.813			
关系性动机 （social motivation，SM）	社会交往	SM1	0.848	0.931	0.927	0.678
		SM2	0.764			
	维持关系	SM3	0.878			
		SM4	0.840			
	提升形象	SM5	0.849			
		SM6	0.754			
情感性动机 （emotional motivation，EM）	情感分享	EM1	0.835	0.864	0.866	0.619
		EM2	0.747			
	愉悦享乐	EM3	0.818			
		EM4	0.742			

　　表 3-6 中的数值显示，四类用户在线评论信息生成动机的因子载荷均处在大于 0.7 的水平上，信息性动机与关系性动机的 Cronbach's α 值大于 0.9（0.901、0.931），收益性动机与情感性动机的 Cronbach's α 均大于 0.8（0.884、0.864），均大于 Hair 给出的大于 0.7 的标准。信息性动机、收益性动机、关系性动机的组合信度（CR 值）均大于 0.9（0.913、0.906、0.927），情感性动机的 CR 值为 0.866，表明样本数据结果具有较好的信度。平均变异抽取量（AVE）用于反

映测度量表的收敛效度，通常认为 AVE 的值大于 0.5 时量表具有较好的收敛效度。表 3-6 显示，四类动机的 AVE 值均大于 0.5（0.637、0.706、0.678、0.619），表明样本数据具有较好的收敛效度。

通过选择和设计品牌依恋驱动下用户在线评论信息生成动机的量表，并进行实证数据分析可以发现，用户生成关于依恋品牌或产品的在线评论的 10 种动机从类型上可以划分为四类主要动机：①信息性动机，即主要通过发挥在线评论信息的作用表达自己的看法、给予他人建议或作为回报对品牌产品或商家进行宣传；②收益性动机，即主要通过生成评论信息来获得与品牌产品相关的外部收益，包括经济收益、物质奖励等；③关系性动机，即通过生成在线评论建立、维持和强化与其他人的社交关系；④情感性动机，即通过生成在线评论表达和分享对依恋品牌产品的情感。

第三节　生成动机对品牌依恋驱动用户生成评论意愿的中介作用

一　文献回顾与研究假设

（一）品牌依恋对用户生成在线评论意愿的影响

个体会对依恋的人或事物形成寻求亲近和分离焦虑等行为特征[1][2]，因而用户愿意付出更多的资源（如金钱、时间、精力等）来努力维持和依恋对象的亲密关系。[3] 已有诸多理论分析与实证研究，已经提出并验证了品牌依恋作为用户决策的前置因素，能够更好地预测用户对于品牌的特定行为，例如品牌承诺、品牌忠诚、溢价购

---

[1]　Bowlby J, *Attachment and Loss*, Vol. 1, New York: Basic Books, 1969.

[2]　Hazan C, Shaver P R, "Attachment as an Organizational Framework for Research on Close Relationships", *Psychological Inquiry*, Vol. 5, No. 1, 1994.

[3]　Park C W, MacInnis D J, Priester J et al, "Brand Attachment and Brand Attitude Strength: Conceptual and Empirical Differentiation of Two Critical Brand Equity Drivers", *Social Science Electronic Publishing*, Vol. 74, No. 6, 2010.

买等行为。①② 例如，Thomson 等认为，相对于品牌态度而言，品牌依恋能够更为准确和有效地预测用户的购买行为与品牌忠诚③；Park 在此研究基础上通过进一步的实证分析认为，与品牌态度相比，品牌依恋对于用户行为而言是一个更为重要的前置因素，能够驱动用户投入更多的意愿与努力从事更为复杂和困难的行为和任务。例如，用户并非只是简单地对品牌保持忠诚和购买承诺，还会积极地向他人推荐所依恋的品牌产品。随着电子商务与社交网络的迅速发展，信息系统领域的相关研究已经开始关注情感依恋与用户信息行为间的内在关系。Choi 认为，用户对信息系统产品或服务（如搜索引擎、网页浏览器等）的依恋（information system attachment，IS attachment）会使用户将信息系统当作他们自我的一部分，视作自我能力的延伸。例如，用户通过使用搜索引擎进行信息搜寻时，会自然地将搜索引擎检索信息的能力与结果视为自身查询信息的能力。④ 在虚拟社区中，用户不仅仅会通过对依恋对象的忠诚（持续使用或者较低的替换意愿）来保持对依恋对象的支持和维护，同时有更强的动力和意愿分享他们的经验⑤⑥，提供更有价值的回

①　Slater J S，"Collecting Brand Loyalty：A Comparative Analysis of How Coca Cola and Hallmark Use Collecting Behavior to Enhance Brand Loyalty"，*Advances in Consumer Research*，Vol. 28，No. 1，2001.

②　Thomson M，Macinnis D J，Park C W，"The Ties That Bind：Measuring the Strength of Consumers' Emotional Attachments to Brands"，*Journal of Consumer Psychology*，Vol. 15，No. 1，2005.

③　Belaid S，Behi A T，"The Role of Attachment in Building Consumer-Brand Relationships：An Empirical Investigation in the Utilitarian Consumption Context"，*Journal of Product & Brand Management*，Vol. 20，No. 1，2011.

④　Choi N，"Information Systems Attachment：An Empirical Exploration of Its Antecedents and Its Impact on Community Participation Intention"，*Journal of the American Society for Information Science and Technology*，Vol. 64，No. 11，2013.

⑤　Blanchard A，Markus M L，"The Experienced 'Sense' of a Virtual Community：Characteristics and Processes"，*The Data Base for Advances in Information Systems*，Vol. 35，No. 1，2004.

⑥　Rodgers S，Chen Q，"Internet Community Group Participation：Psychosocial Benefits for Women with Breast Cancer"，*Journal of Computer-Mediated Communication*，Vol. 10，No. 4，2005，doi. org/10. 1111/j. 1083-6101. 2005. tb00268. x.

答，贡献他们所掌握的知识和技能。[1][2] 通过对已有研究进行梳理可以发现，品牌依恋能够驱动用户更为积极地为依恋的品牌付出更多的资源，并有更为强烈的意愿从事与依恋品牌或产品相关的行为和任务，因而本书做出如下假设：

H1：用户的品牌依恋对评论生成意愿存在显著的正向影响。

（二）用户在线评论生成动机及其中介作用

相对于机械行为主义只关注外部环境刺激与个体行为间的直接关系，认知行为主义者强调认知与情感在个体响应外部刺激做出反应过程中发挥的重要作用[3]，明确提出行为的中介变量，把个体的主观过程纳入研究对象[4]，认为个体行为是个体对刺激所激发出的某种情绪动机做出的反应。[5] 从信息的处理过程来看，生成动机可以看作从信息接收与输入，到信息加工与输出的转换节点。具体来讲，用户在受到外部刺激的同时接收外部信息，通过对信息的认知与情感处理形成对刺激的总体认识，这种总体认识构成了用户心理的内部情境。它并不会直接指导用户的具体行为，而是在生成动机的中介作用下，将这种隐性的内部情境显性化、具体化、语义化，成为驱动评论信息生成行为的根本动力。品牌依恋是用户与品牌或产品互动过程中实现信息的收集与输入，进而形成对品牌或产品与自我概念一致性等方面的总体认识。在用户生成关于依恋对象的评论信息过程中，生成动机将这种内部情境转化为具体的生成评论信息的目标与动力，并通过文字、图片等多种信息形式构成评论信息中的语义情境。

---

① Krishnamurthy S, "Case: Mozilla vs. Godzilla—The Launch of the Mozilla Firefox Browser", *Journal of Interactive Marketing*, Vol. 23, No. 3, 2009.

② Ren Y, Harper F, Drenner S, "Building Member Attachment in Online Communities: Applying Theories of Group Identity and Interpersonal Bonds", *MIS Quarterly*, Vol. 36, No. 3, 2012.

③ Mehrabian A, Russell J A, "The Basic Emotional Impact of Environments", *Perceptual and Motor Skills*, Vol. 38, No. 1, 1974.

④ 谷传华、张文新：《情境的心理学内涵探微》，《山东师范大学学报》（人文社会科学版）2003 年第 5 期。

⑤ 卢强、付华：《品牌社会权力对购买意愿的影响——基于"评价—情感—应对"理论的实证》，《中国流通经济》2016 年第 7 期。

Park 等认为，用户心理依恋的形成是由于依恋对象从内心深层次上满足了用户对于愉悦自我、丰富自我及实现自我的根本需求。[①] 从用户生成视角来看，生成在线评论信息即这种需求得到满足的心理表征方式。首先，在线评论信息反映了依恋对象在认知与情感层面上是如何满足用户心理需求的。换言之，作为一个信息提供者，用户会有强烈的动力和意愿来分享和传播为什么这个依恋对象能够满足消费者的特定需求。例如，在线品牌社区中的一些成员，可能喜欢通过分享他们对于依恋品牌产品的认识和了解来展示和炫耀他们对于品牌产品的深入见解与专业的认识。[②] 其次，生成在线评论信息与他人进行交流、帮助拥有共同依恋对象的品牌爱好者，能够使用户获得身份上的认同感和成就感，使评论信息的提供者感受到自己价值的体现与能力的延伸。最后，从情感动机作为用户生成在线评论信息的重要驱动因素来看[③][④]，用户通过生成在线评论信息表达自身的情感状态，同样是一种满足愉悦自我这一心理需求的表达方式。

综合已有研究的理论分析与实证观点可以认为，用户在品牌依恋的驱动下应当具有更强烈的生成评论动力，同时用户生成评论动机越强，其生成评论信息的意愿也会更为强烈，因此本书提出如下假设：

H2：用户生成动机在品牌依恋对评论生成意愿的影响中产生显著正向影响。

H2-1：信息性动机在品牌依恋对评论生成意愿的影响中产生显著正向影响。

H2-1（a）：品牌依恋显著正向影响用户生成评论信息性动机。

---

① Park C W, MacInnis D J, Priester J et al, "Brand Attachment and Brand Attitude Strength: Conceptual and Empirical Differentiation of Two Critical Brand Equity Drivers", *Social Science Electronic Publishing*, Vol. 74, No. 6, 2010.

② Sloan S, Bodey K, Gyrdjones R, "Knowledge Sharing in Online Brand Communities", *Qualitative Market Research*, Vol. 18, No. 3, 2015.

③ Berger J, Schwartz E M, "What Drives Immediate and Ongoing Word of Mouth?", *Journal of Marketing Research*, Vol. 48, No. 5, 2011.

④ Kramer A D I, Guillory J E, Hancock J T, "Experimental Evidence of Massive-Scale Emotional Contagion through Social Networks", *Proceedings of the National Academy of Sciences*, Vol. 111, No. 24, 2014.

H2-1（b）：用户生成评论信息性动机显著正向影响评论生成意愿。

H2-2：收益性动机在品牌依恋对评论生成意愿的影响中产生显著正向影响。

H2-2（a）：品牌依恋显著正向影响用户生成评论收益性动机。

H2-2（b）：用户生成评论收益性动机显著正向影响评论生成意愿。

H2-3：关系性动机在品牌依恋对评论生成意愿的影响中产生显著正向影响。

H2-3（a）：品牌依恋显著正向影响用户生成评论关系性动机。

H2-3（b）：用户生成评论关系性动机显著正向影响评论生成意愿。

H2-4：情感性动机在品牌依恋对评论生成意愿的影响中产生显著正向影响。

H2-4（a）：品牌依恋显著正向影响用户生成评论情感性动机。

H2-4（b）：用户生成评论情感性动机显著正向影响评论生成意愿。

通过上述的理论分析并结合已有的实证结论，我们提出基于用户生成动机中介的品牌依恋对用户生成在线评论意愿影响的概念模型，如图3-2所示。

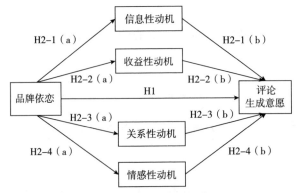

图3-2 基于用户生成动机中介的品牌依恋对用户生成在线评论意愿影响的概念模型

二　研究过程

（一）研究设计

本书关注用户生成在线评论信息的生成动机在生成意愿与品牌依恋情境间的中介效应，进而判别品牌依恋情境下用户在线评论信息生成的驱动路径，因而在获取调查数据前需要进行实证研究的情境设计，来预先排除可能存在的因素对本研究造成的干扰。首先，品牌依恋情境可以作为激发或促进用户在线评论信息生成动机的充分条件，但并非必要条件。换言之，用户在生成评论信息的过程中即使不具有品牌依恋同样会存在评论信息的生成动机。因此，在调查之前，先通过向受访者详细介绍品牌依恋的基本概念及主要表现，使受访者对品牌依恋有一个全面的了解，并要求受访者根据自身对于所依恋的品牌或产品的评论经历进行问卷作答。其次，为了排除由于受访者的评论习惯、情感表达方式等客观因素的干扰，问卷中设置了关于用户有无生成评论习惯以及平均一周生成评论或参与他人评论次数的问题，从而保证本研究的严谨性以及数据来源的可靠性。最后，考虑到品牌或产品的不同属性差异（功能型、象征型以及享乐型）可能会带来的干扰，在调查问卷中增加了关于用户评论品牌或产品的属性特征的提问，确保样本数据能够均衡覆盖各消费属性群体。

（二）量表设计

本书对品牌依恋的测量，选择使用 Park 设计的从对象—自我关联与对象显著性特征两个维度，反映用户品牌依恋的 4 个问题，其中"这个品牌（产品）是我的一部分""我能感到我和这个品牌（产品）有着密切的关系"两个问题用于反映对象—自我关联；"提到这个品牌，我对这个品牌的感觉便会自然而然地浮现在我的脑海中""提到这个品牌，我可以不假思索并发自内心地说出我对这个品牌的感觉"[①]反映了用户对依恋对象的显著性特征的记忆程度。用户生成在线评论动机的测度量表，则继续沿用先前所采用的测度题项。本书量表中所

---

① Park C W, MacInnis D J, Priester J et al, "Brand Attachment and Brand Attitude Strength: Conceptual and Empirical Differentiation of Two Critical Brand Equity Drivers", *Social Science Electronic Publishing*, Vol. 74, No. 6, 2010.

有问项均采用李克特（Likert）七级量表，受调查者在"1分"（完全不符合）至"7分"（完全符合）中根据自身情况对提出的问题进行打分。

（三）数据收集

调查问卷采用网络与现场发放相结合的方式，现场问卷主要选择高校本科生、研究生以及部分企业的年轻职员作为受访者。主要原因在于，这一类群体用户有着丰富的网络评论经历，个性较为鲜明，容易理解并存在对某类品牌或产品的品牌依恋，同时具备一定水平的消费能力。此次问卷发放共计450份，其中现场发放150份，有效回收145份，网络发放问卷300份，有效回收278份，共计有效问卷423份，有效回收率94%。样本数据的具体特征及分布如表3-7所示。

表3-7　　　　　　　　　样本数据的描述性统计分析

项目	分组	频数（百分比,%）	项目	分组	频数（百分比,%）
年龄	20岁以下	35（14.9）	性别	男	102（43.2）
	20—29岁	110（46.5）			
	30—39岁	60（25.5）		女	135（56.8）
	40岁及以上	32（13.2）			
学历	大专以下	9（4）	评论环境	微信朋友圈	208（87.6）
	大专	24（10.1）		微博	130（55）
	本科	150（63.4）		购物网站	151（63.6）
	研究生及以上	54（22.4）		社区论坛	118（49.6）
评论次数	每周1次	115（48.6）	评论品牌或产品属性	功能性产品	130（55.0）
	每周2—3次	78（32.8）		象征性产品	48（20.0）
	每周4次及以上	44（18.6）		享乐性产品	59（25.0）

注：因四舍五入导致的误差，本书不做调整。

（四）共同方法偏差检验

共同方法偏差（common method biases，CMB）检验是为了防止样本数据来源于相同的获取方式而导致变量间产生共变关系。[①] 目前比较通用的检测方法，一种是通过 Harman 单因素检验进行探索性因子分析，选取特征值≥1 对样本数据进行主成分抽取，若某个因子的方差解释率过高（通常认为大于 50%），则认为研究中设定的变量间存在较为显著的共同方法偏差[②]；另一种既是通过构建结构方程模型，将左右观测变量均指向同一潜变量，通过验证性因子分析观测模型的总体拟合程度，如果模型拟合良好则同样说明样本数据存在严重的共同方法偏差。[③] 为了确保样本数据及研究结果的有效性，本书首先采用 Harman 单因素检验，选取特征值≥1 的主成分，其中主成分 1 的方差解释率为 35.552%，明显低于 50% 的常规标准。接着，将研究中所有观测变量均指向同一潜变量，观测所构建的结构方程的各项拟合指标的适配程度，根据拟合的各项指标结果（$\chi^2 = 1362.362$，$df = 318$，$\chi^2/df = 4.284$，$RMSEA = 0.088$，$CFI = 0.875$），认为模型拟合远未达到标准水平，这进一步表明共同方法偏差所带来的影响不会干扰本书的分析结果。

（五）样本数据信度分析

对样本数据的信度及效度进行分析。信度分析通过计算各变量的 Cronbach's α 值进行测度，采用探索性因子分析（Exploratory Factor Analysis，EFA）得到各变量的因子载荷。本书选择使用 SPSS 21 软件进行探索性因子分析。表 3-8 给出了品牌依恋、评论动机及评论意愿下共计 7 个因子的因子载荷、Cronbach's α 值、组合信度（CR）及平均变异抽取量值（AVE）。

---

① 周浩、龙立荣：《共同方法偏差的统计检验与控制方法》，《心理科学进展》2004 年第 6 期。

② Livingstone L P, Nelson D L, Barr S H, "Person–Environment Fit and Creativity: An Examination of Supply–Value and Demand–Ability Versions of Fit", *Journal of Management*, Vol. 23, No. 2, 1997.

③ 龙立荣、方俐洛、凌文辁：《企业员工自我职业生涯管理的结构及关系》，《心理学报》2003 年第 2 期。

表 3-8　样本数据中品牌依恋、评论动机与评论意愿的信度分析

	因子	编码	因子载荷	Cronbach's α	CR
品牌依恋	品牌—自我关联（brand-self connection，BSC）	BSC1	0.812	0.802	0.772
		BSC2	0.832		
	品牌显著性特征（brand prominence，BP）	BP1	0.820	0.784	0.810
		BP2	0.830		
评论动机	信息性动机（informational motivation，IM）	IM1	0.755	0.894	0.895
		IM2	0.760		
		IM3	0.808		
		IM4	0.779		
		IM5	0.759		
		IM6	0.737		
	收益性动机（profitable motivation，PM）	PM1	0.824	0.898	0.899
		PM2	0.782		
		PM3	0.873		
		PM4	0.841		
	关系性动机（social motivation，SM）	SM1	0.814	0.945	0.920
		SM2	0.779		
		SM3	0.866		
		SM4	0.839		
		SM5	0.810		
		SM6	0.751		
	情感性动机（emotional motivation，EM）	EM1	0.805	0.913	0.862
		EM2	0.778		
		EM3	0.783		
		EM4	0.757		
评论意愿	评论意愿（generation intention，GI）	GI1	0.800	0.916	0.835
		GI2	0.819		
		GI3	0.756		

在抽取因子过程中，首先基于特征值≥1的标准进行因子分析，得出6个潜在因子，即品牌依恋概念下的两个维度共同包含在同一因

子中（4 个问项因子载荷分别为 0.764、0.715、0.691、0.616），这
6 个因子总共解释了样本 74.26% 的总方差。Park 等认为，尽管品牌
依恋通过因子分析可以作为单因子变量，但是通过两个维度的因子反
映品牌依恋具有更好的解释力度。[①] 本书则根据 Park 等的观点，对品
牌依恋做了进一步的因子分析，在抽取因子过程中选择固定抽取因子
数为 7，进行因子分析。7 个因子经过 25 次迭代，总共解释了样本数
据总方差的 78%，结果较之前略微提升，因此本书选择抽取 7 个因子
进行探索性因子分析。

（六）样本数据效度分析

根据表 3-8 的数据，品牌依恋的两个维度、四类在线评论生成动
机以及用户生成评论意愿的 Cronbach's α 值均大于 0.7，根据 Hair 等
提出的 Cronbach's α 应大于 0.7 这一建议[②]，收集到的调查数据具有
较好的信效度。表 3-9 为提出的 7 个潜变量的相关系数矩阵，对角线
值为潜变量间的平均变异抽取量（AVE）。表中数据显示，各因子
AVE 值均大于 0.5，并且均大于因子间的相关系数，表明量表具有较
好的收敛效度与区分效度。

表 3-9　　　　　　　　　样本数据的收敛效度与区分效度

变量	BSC	BP	IM	PM	SM	EM	GI
BSC	**0.629**						
BP	0.551***	**0.681**					
IM	0.311***	0.441***	**0.588**				
PM	0.332***	0.247***	0.125***	**0.690**			
SM	0.503***	0.368***	0.364***	0.593***	**0.657**		
EM	0.532***	0.530***	0.559***	0.242***	0.584***	**0.610**	
GI	0.457***	0.518***	0.657***	0.183***	0.414***	0.619***	**0.627**

注：对角线粗体数值为各潜变量 AVE 算术平方根，＊表示 $p < 0.05$；＊＊表示 $p < 0.01$；
＊＊＊表示 $p < 0.001$。

[①]　Park C W, MacInnis D J, Priester J et al, "Brand Attachment and Brand Attitude Strength: Conceptual and Empirical Differentiation of Two Critical Brand Equity Drivers", *Journal of Marketing*, Vol. 74, No. 6, 2010.

[②]　Hair J F, Black W C, Babin B J et al, *Multivariate Data Analysis*, 6th edition, Pearson, London, 2006.

三 数据分析

（一）数据分析的基本步骤及方法选择

根据温忠麟和叶宝娟提出的关于中介效应的分析思路与检验过程①，本书对数据的分析过程主要分为四个步骤：第一步，以用户品牌依恋强度为自变量，以用户在线评论信息生成意愿为因变量建立回归方程，检验品牌依恋与生成意愿是否存在显著相关关系，若品牌依恋对用户在线评论生成意愿影响不显著则停止检验。第二步，以品牌依恋强度为自变量，以用户在线评论生成动机为因变量，构建回归方程检验品牌依恋与各类生成动机间是否存在显著相关关系，若品牌依恋与各类生成动机不存在显著相关关系，则表明品牌依恋并不能够显著强化用户在线评论生成动机，停止检验。第三步，对用户评论动机在品牌依恋强度与用户评论生成意愿间的中介作用假设进行检验，即构建用户在线评论生成动机与生成意愿间的结构方程模型（模型M3），检验二者间是否存在显著相关关系。若生成动机对生成意愿的影响均不显著，则表明生成动机的中介作用不显著，停止检验。第四步，若上述假设均存在显著影响的结果，则可以初步判断在线评论生成动机在品牌依恋情境与用户评论生成意愿间存在中介效应，则通过采用 Bootstrap 方法对中介效应进行更进一步的详细检验。

目前用于处理结构方程以及中介效应分析较为流行的软件工具，主要包括 Amos、LISREL、Mplus 以及 SPSS process 插件。Amos 具有强大的图形界面功能，可以辅助研究者更加直观地分析与观测总体模型，同时内嵌的 Bootstrap 模块能够直接计算中介效应，但是 Amos 无法分析较为复杂的多重中介模型。而在本书中，通过对依恋情境下用户在线评论信息生产动机的探索性因子分析发现，可能存在多种动机同时发挥中介作用。Mplus 软件不仅能够分析处理较为复杂的多重中介效应模型，同时能够给出特定路径的中介效应值，便于对比不同路

---

① 温忠麟、叶宝娟：《中介效应分析：方法和模型发展》，《心理科学进展》2014 年第5 期。

径的中介效应。[①] 近年来，SPSS process 插件在分析中介效应与调节效应中得到广泛的应用。其优势在于相较于传统的中介效应分析而言，SPSS process 可以一步给出自变量对因变量的直接效应与中介效应量，操作过程大大简便，既省略了如 LISREL、Mplus 等软件的编程过程，同时也能够极大地简化数据操作过程。本书选择 SPSS process 插件对用户在线评论生成动机对品牌依恋与评论生成意愿间的中介效应进行分析。

（二）用户评论生成动机的中介作用分析及假设检验

根据上述的中介效应检验步骤，我们通过分别构建 6 个多元线性回归方程，对用户生成动机在品牌依恋对生成意愿影响的中介作用进行检验，同时选择性别、年龄、学历、职业以及评论习惯作为控制变量代入回归方程中。表 3-10 给出了 6 个回归模型的自变量、因变量以及控制变量的回归系数，以及回归模型的 R^2 值及 F 值。

表 3-10　　生成动机在品牌依恋对评论生成意愿影响中的中介作用分析

自变量	因变量					
	模型 1	模型 2	模型 3	模型 4	模型 5	模型 6
	评论生成意愿	信息性动机	收益性动机	关系性动机	情感性动机	评论生成意愿
控制变量						
性别	−0.076	−0.126	−0.177	−0.288*	−0.146	0.026
年龄	0.044	−0.276	−0.114	−0.087	−0.100*	0.086*
学历	−0.008	0.016	−0.082	−0.190	0.047	−0.025
职业	0.026	0.059	−0.012	0.003	0.034	−0.011
评论习惯	0.105**	0.065*	0.037	0.106*	0.056	0.058*
自变量						
品牌依恋	0.593***	0.367***	0.486***	0.782***	0.675***	0.230***

[①]　Preacher K J, Hayes A F, "Asymptotic and Resampling Strategies for Assessing and Comparing Indirect Effects in Multiple Mediator Models", *Behavior Research Methods*, Vol. 40, No. 3, 2008.

续表

自变量	因变量					
	模型 1	模型 2	模型 3	模型 4	模型 5	模型 6
	评论生成意愿	信息性动机	收益性动机	关系性动机	情感性动机	评论生成意愿
中介变量						
信息性动机						0.462***
收益性动机						0.008
关系性动机						0.012
情感性动机						0.268***
R^2	0.265	0.156	0.085	0.243	0.323	0.495
F	24.969***	12.826***	6.407***	22.247***	33.300***	40.441***

注: *表示 $p<0.05$; **表示 $p<0.01$; ***表示 $p<0.001$。

根据表 3-10 中模型 1 可以得出结论,用户的品牌依恋能够正向影响在线评论信息的生成意愿 ($\beta = 0.593$, $p<0.001$),因而假设 H1 成立。此外,用户是否具有经常生成在线评论信息的习惯 ($\beta = 0.105$, $p<0.01$)同样显著影响用户评论生成意愿。模型 2 至模型 5 分别给出了品牌依恋对四类动机影响的回归系数,可以发现,品牌依恋对信息性动机 ($\beta = 0.367$, $p<0.001$)、收益性动机 ($\beta = 0.486$, $p<0.001$)、关系性动机 ($\beta = 0.782$, $p<0.001$)以及情感性动机 ($\beta = 0.675$, $p<0.001$)均能够产生显著的正向影响。同时,评论习惯对用户信息性动机 ($\beta = 0.065$, $p<0.05$)和关系性动机 ($\beta = 0.106$, $p<0.05$)具有显著的正向影响,用户生成关于依恋品牌产品的评论次数越多,其生成评论信息时信息性动机和关系性动机就越强。模型 6 给出了将品牌依恋与四类生成动机同时代入回归方程后的结果。通过结果可以发现,用户生成依恋品牌产品在线评论的信息性动机 ($\beta = 0.462$, $p<0.001$)与情感性动机 ($\beta = 0.268$, $p<0.001$)能够显著增强在线评论信息的生成意愿,而收益性动机与关系性动机对评论生成意愿的影响未能获得统计学意义支持,因而假设 H2 部分成立。通过整合模型 1 至模型 6 的分析结果可以发现,用户生成在线

评论信息的信息性动机与情感性动机在品牌依恋驱动用户评论生成意愿中发挥了中介作用。根据模型 6 中品牌依恋对评论生成意愿的影响结果（β=0.230，p<0.001），可以认定两类动机未能完全反映用户品牌依恋对评论生成意愿的影响，属于部分中介作用。

（三）用户评论生成动机中介效应的进一步分析

我们在前一步研究的基础上，继续对信息性动机与情感性动机的中介效应及路径进行分析。运用 SPSS process 插件中 Bootstrap 方法对样本数据进行 1000 次抽样，得到偏差校正的 Bootstrap 置信区间，表 3-11 为各中介路径的平均效应量及偏差校正 95% 置信区间的下限值与上限值，若置信区间的下限与上限跨度包括 0，则表明中介效应不显著，反之则表示中介效应显著。

表 3-11 　　　　　　　　在线评论生成动机的中介路径

编号	路径	估计值	Z	BC 95% 置信区间	
				下限	上限
直接效应					
1	品牌依恋→评论生成意愿	0.237***		0.133	0.342
间接效应					
2	品牌依恋→信息性动机→评论生成意愿	0.170***	6.000	0.102	0.260
3	品牌依恋→情感性动机→评论生成意愿	0.185***	5.414	0.104	0.285

注：＊表示 p<0.05；＊＊表示 p<0.01；＊＊＊表示 p<0.001。

通过表 3-11 可以得出，品牌依恋对在线评论生成意愿的直接影响为 0.237，生成动机的中介效应量达到 0.351，其中信息性动机中介效应量为 0.170，情感性动机中介效应量为 0.185。由此可以得出，品牌依恋驱动对于评论生成意愿总的影响效应量为 0.588。由此我们得出了用户生成动机在品牌依恋驱动用户评论生成意愿的中介路径，如图 3-3 所示。

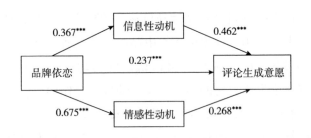

图3-3　基于用户生成动机中介的品牌依恋对在线评论生成意愿的影响路径

注：＊表示 p<0.05；＊＊表示 p<0.01；＊＊＊表示 p<0.001。

第四节　实证结果讨论

首先，根据相关理论基础，总体上归纳出 11 种用户在线评论信息生成动机，通过实证研究发现，品牌依恋情境下用户在线评论信息生成动机可以分为四个维度：主要包括通过评论的观点、内容等发挥信息效用的信息性动机（包括表达观点、帮助他人、信息回报）；通过评论获得外部奖励的收益性动机（获得奖励、经济激励）；通过评论与他人进行人际交往的关系性动机（社会交往、维持关系、提升形象）；通过评论表达或发泄情绪的情感性动机（情感分享、愉悦享乐）。这在现实环境中，用户在线评论生成动机有较大可能是多种动机共存的融合动机，这就需要对用户生成评论具体的主题及内容进行细致的分析，从而把握评论信息当中更多的用户隐含意图与潜在需求。

其次，通过对用户在线评论信息生成动机对生成意愿影响的回归分析发现，在品牌依恋驱动下，用户评论生成意愿主要受到信息性动机与情感性动机的显著影响。这表明，用户在评论依恋对象时可能会忽略外部环境的干扰与影响，例如外部的奖励或群体主流观点，而更多的关注对象特征或用户与依恋对象间的密切关联。这一结论同时印证了 Ball 提出的观点，即品牌依恋不应当与外部期望相关，因为这意味着对用户与品牌间依恋关系的玷污。① 由此可以推断，在线评论信息的主题与内容将更多地围绕用户的观点、体验与感受，相对一般的评论信息而言具有更强的真实性与可信性。

最后，从品牌依恋情境对用户生成在线评论信息的驱动路径来看，复杂情境下用户生成在线评论信息的激励路径可能存在差异，因而应当在准确把握特定情境特征的基础上，明确发生中介效应的动机类型与结构，进而才能够合理判定并预测用户的信息行为。结合本书研究结果来看，品牌依恋情境下，用户的信息性动机的中介作用效果显著，这表明用户通过生成在线评论表达自身的态度与观点方面更加倾向客观、理性地评价事物，对他人的经验建议与问题解答更加具有借鉴价值。

① Ball A D, Tasaki L H, "The Role and Measurement of Attachment in Behavior", *Journal of Consumer Psychology*, Vol. 1, 1992.

第四章　品牌依恋对用户生成在线评论信息质量的影响

第一节　品牌依恋视角下的在线评论文本挖掘方法

一　在线评论文本挖掘的相关研究

随着社交网络的迅速发展，企业对品牌社区的建立和维护已经成为企业发展战略的重要组成部分。品牌社区中大量内容和情感丰富的在线评论，一方面通过帮助其他用户降低购买产品的感知风险，进而辅助用户进行产品选择与购买决策；另一方面用户对品牌产品的评价与态度反映出用户对于品牌产品的心理归属与忠诚，进而刻画出用户与品牌产品在认知与情感层面的纽带关系。

观点是用户主观上对特定对象表达的态度和看法，在诸如电影评论、商品评论等用户生成在线评论信息中，评论的观点经常伴随用户的某种特定情绪和情感，因而对用户生成评论文本的观点挖掘（opinion mining）也称为情感分析（sentiment analysis）。用户生成文本观点挖掘是自然语言处理与文本挖掘领域的一个重要研究方向，是指通过自然语言处理方法和技术对用户生成文本中的主题及情感进行识别和抽取。早期用户在线评论文本挖掘的相关研究，主要关注文本的情感极性与情感强度，主要任务是通过各种方法识别文本的主要情感，进而对文本进行情感分类。随着大数据环境下数据可获得难度的急速下降，以及数据分析技术及方法的日益成熟，学者在对用户生成评论文本的情感挖掘基础上更加关注其评论内容的重要价值。

对用户生成在线评论的情感分析主要包含两个方面：粗粒度情感分析与细粒度情感分析。粗粒度情感分析主要是指从整篇文档的层面对文本进行情感分析，即文档级（document-level）情感分析以及对文本中的句子进行情感分析，即句子级（sentence-level）情感分析。细粒度情感分析主要是指从词的层面进行情感分词，即词级（word-level）情感分析，例如对评价对象及其属性词进行情感分析。

（一）粗粒度情感分析

对整篇文档的整体情感分析属于粗粒度情感分析。① 文档级情感分析的前提假设是文档总体上反映了某种积极或消极情感，因而这一层面情感分析的主要任务是通过识别文档的正负情感来实现文本分类。② 文档级情感分析是将整篇文档看作一个整体，并且不研究文档中具体的实体或属性，也不研究针对这些实体的情感倾向。③ 例如Pak 和 Paroubek 通过 TreeTagger 工具对具有不同情感倾向的微博数据集进行词性标注，并统计了不同词性在每个数据集中的概率分布，运用 SVM 模型构建情感分类器对 Twitter 评论进行情感分类。④ Yu 和Hatzivassiloglou 通过建立模型，识别观点句作为评论的主要情感倾向，通过 SVM 模型构建分类器实现对用户新闻评论文档的情感分类。⑤

（二）细粒度情感分析

细粒度情感分析是在粗粒度文本情感分析基础上，对文本中具体要素的更深层次的分析。相对粗粒度情感分析而言，细粒度情感分析主要关注评价者对评价对象在具体属性层面的情感倾向及强度。细粒

---

① Ronen Feldman, "Techniques and Applications for Sentiment Analysis", *Communications of the ACM*, Vol. 56, No. 4, 2013.

② 唐晓波、刘广超：《细粒度情感分析研究综述》，《图书情报工作》2017 年第 5 期。

③ Liu B, *Sentiment Analysis and Opinion Mining*, California：Morgan & Claypool Publishers, 2012.

④ Pak A, Paroubek P, "Twitter as a Corpus for Sentiment Analysis and Opinion Mining", *LREc*, Vol. 10, 2010.

⑤ Yu H, Hatzivassiloglou V, "Towards Answering Opinion Questions：Separating Facts from Opinions and Identifying the Polarity of Opinion Sentences", in *Proceedings of the Conference on Empirical Methods in Natural Language Processing*, Sapporo：ACL, 2003.

度文本挖掘的目的是通过一定的方法抽取出文本中诸如评论者、评论特征属性、评论情感等更为细致的文本要素，是建立在粗粒度文本挖掘基础上对文本内容的进一步细致分析。细粒度情感分析的一般步骤是首先对文本进行主客观分类，其次通过特定技术和方法抽取评论对象特征或属性以及对应的情感词，最后对评论对象属性的情感极性进行分类。①②③

通常地，细粒度文本情感分析主要可以分为句子级粒度和词级粒度。句子级文本挖掘的主要任务：一是对句子中提到的属性或观点进行抽取；二是通过分析句子情感识别句子极性进而对文本进行情感分类；三是在情感分类基础上进一步识别文本中句子的情感强度。李纲等认为，结合上文对词极性的判定、识别评价主题以及意见持有者是对句子进行情感分析的三个关键问题。④ 针对句子的主客观分类，Hu和Liu对文本中出现的名词或名词性短语进行了标注，通过抓取高频词旁的形容词来判定句子的主客观倾向。⑤ 针对句子的情感极性分析，Nasukawa和Yi通过设定特定的语言规则，从文档中提取高精度、观点清晰的主观句。⑥ 针对句子的情感强度计算，Yu和Hatzivassiloglou首先构建了种子情感集合，并运用词共现的思想，计算给定词汇与正向情感词和负向情感词之间的修正对数似然比（modified log-likelihood ratio），得出每个词的情感值，将句子中所有词的情感值取平均

① Schouten K，Frasincar F，"Web News Sentence Searching Using Linguistic Graph Similarity"，*International Baltic Conference on Databases & Information Systems*，Springer International Publishing，2016.

② 颜端武、杨雄飞、李铁军：《基于产品特征树和 LSTM 模型的产品评论情感分析》，《情报理论与实践》2019 年第 12 期。

③ Medhat W，Hassan A，Korashy H，"Sentiment Analysis Algorithms and Applications：A survey"，*Ain Shams Engineering Journal*，Vol. 5，No. 4，2014.

④ 李纲、程洋洋、寇广增：《句子情感分析及其关键问题》，《图书情报工作》2010 年第 11 期。

⑤ Hu M Q，Liu B，"Mining and Summarizing Customer Reviews"，in *Proceedings of the Tenth ACM SIGKDD International Conference on Knowledge Discovery and Data Mining*，Seattle：ACM，2004.

⑥ Nasukawa T，Yi J，"Sentiment Analysis：Capturing Favorability Using Natural Language Processing"，in *Proceedings of the 2nd International Conference on Knowledge Capture*，Florida，2003.

值作为句子的情感强度。①

从已有的研究来看，粗粒度文本情感分析主要针对诸如 Twitter、Facebook、中文微博等用户生成的短文本评论。由于短文本的字数限制，用户在表达自身的态度和观点上趋于表达某种单一类型的情感（如积极或消极情感）。随着 Web2.0 环境下用户生成行为的日趋活跃，用户在电商平台、虚拟社区、各类论坛等各类社交网络平台上经常生成大量篇幅较长的评论。用户对评论对象或事物的态度及观点经常伴随着诸如转折、递进等逻辑关系，单纯从篇章或段落的层面对文本情感进行分析和分类，显然无法很好地识别和分析用户评论情感，因此从评价对象的属性词以及属性词与情感词间的相互关系对文本进行细粒度的情感分析，则成为国内外学者普遍关注的热点。

二　基于词向量密度聚类与点互信息的文本挖掘方法

（一）Word2vec 神经网络语言模型

Word2vec 也称作词嵌入（word embedding），是 Mikolov 等在 2013 年开源的一种词向量计算工具。② Word2vec 本质上是在构建神经网络模型的基础上，通过大量的文本训练，从而获得词的向量化表示的一种技术。通过 Word2vec 训练获得的词向量，不仅能够得到词的向量化表示，同时也可以通过计算向量间的距离关系（如计算向量间的欧氏距离或余弦相似度）来反映不同词间的语义关联。采用 Word2vec 模型不仅能够获得文本的向量表示，同时还能够通过文本语料库的训练，将不同词间的语义相似性通过词向量间的空间距离进行表示，这更有利于进行深层次的文本语义挖掘。

Word2vec 神经网络语言模型主要以 n-gram 模型、基于统计的神经网络语言模型（neural probabilistic language model，NPLM）、神经网

---

①　Yu H, Hatzivassiloglou V, "Towards Answering Opinion Questions: Separating Facts from Opinions and Identifying the Polarity of Opinion Sentences", *Proceedings of the 2003 Conference on Empirical Methods in Natural Language Processing*, 2003.

②　Mikolov T, Corrado G, Chen K et al, "Efficient Estimation of Word Representations in Vector Space", *Proceedings of the International Conference on Learning Representations（ICLR 2013）*, 2013.

络语言模型（neural network language model，NNLM）等相关原理思想和技术方法为基础。在通过 Word2vec 神经网络语言模型对用户生成评论信息文本进行训练前，需要对相关原理及技术方法进行简要的梳理。

1. n-gram 模型

传统的文本分析通常采用词袋法（bag-of-words，BOW）构建向量空间模型（vector space model，VSM）对文本进行表示。所谓词袋法是通过所构建的词典，针对特定文本中出现的每个词的词频所构建的词向量来表示该文本的方法。词袋法相当于将所有的词统一放入一个无序的类似"袋子"的集合，因此词袋法并没有关注词与词间的顺序关系，而在实际情况中，语句都是在特定的语法规则下生成的，因此完全忽略文本中的词序、句法会直接影响对文本语义的理解以及在机器学习中的预测能力，因而在文本挖掘分析中随之出现了 n-gram 模型。

对于一段文本序列 $S = (w_1, w_2, \cdots, w_t)$，假设这条文本中每一个词 w_t 都依赖从第一个单词 w_1 到它之前的一个词 w_{t-1}，则文本 S 的概率 $p(S)$ 为：

$$p(S) = p(w_1, w_2, \cdots, w_t) = p(w_1)p(w_2 \mid w_1) \cdots p(w_t \mid w_{t-1}, \cdots, w_1) \tag{4-1}$$

或：

$$\hat{P}(W_1^T) = \prod_{t=1}^{T} \hat{p}(w_t \mid w_1^{t-1}) \tag{4-2}$$

对于式（4-2）而言，过多的参数导致计算量偏大，因此在式（4-1）的基础上引入马尔科夫假设（markov assumption）：一个词的出现仅与它之前的 n 个词有关，则文本 S 的概率 $p(S)$ 可以表示为：

$$p(w_1, w_2, \cdots, w_n) = \prod p(w_i \mid w_1, w_2, \cdots, w_{i-1})$$
$$\approx \prod p(w_i \mid w_{i-1}, w_{i-2}, \cdots, w_{i-n+1}) \tag{4-3}$$

当 $n = 2$ 时，称为 bi-gram：

$$p(S) = p(w_1, w_2, \cdots, w_n) = p(w_1)p(w_2 \mid w_1) \cdots p(w_n \mid w_{n-1}) \tag{4-4}$$

当 $n=3$ 时，称为 tri-gram：

$$p(S)=p(w_1,\ w_2,\ \cdots,\ w_n)=p(w_1)p(w_2\mid w_1)\ \cdot$$
$$p(w_3\mid w_2w_1)\cdots p(w_n\mid w_{n-1}w_{n-2}) \tag{4-5}$$

n-gram 模型在词性标注、语言翻译、信息检索等方面有着广泛的应用。尽管 n-gram 模型考虑到词序这一重要概念，将由多个词所构成的句子看作存在特定顺序的词序列，然而其本质仍然是将词看作一个个独立的原子单元进行处理，缺乏从语义层面对近义词、相似词，甚至在特定文本情境下的同义词的识别能力。为了解决文本分析中普遍存在的语义问题，随之出现了基于统计的神经网络语言模型。

2. 神经网络语言模型

Bengio 等提出了基于统计的神经网络语言模型[①]（nerual network language model，NNLM），NNLM 模型的基本思想可以概括如下：

Ⅰ：假定词表中的每一个词都对应着一个连续的特征向量。

Ⅱ：假定一个连续平滑的概率模型，输入一段词向量的序列，可以输出这段序列的联合概率。

Ⅲ：同时学习词向量的权重和概率模型里的参数。

对于给定的语料库中由词 w_1，w_2，$\cdots$，w_m 构成的词典 V，模型的输入是词 w_t 的前 $n-1$ 个词 w_{t-1}，w_{t-2}，$\cdots$，w_{t-n+1} 所组成的词序列，输出则是 w_t 的概率，模型构建的目标是寻找函数 $f(w_t,\ w_{t-1},\ \cdots,\ w_{t-n+1})=\hat{P}(w_t\mid w_1^{t-1})$，模型需要满足的约束条件是：①$f(w_t,\ w_{t-1},\ \cdots,\ w_{t-n+1})>0$；②同时：$\sum_i^{|V|}f(w_t,\ w_{t-1},\ \cdots,\ w_{t-n+1})=1$。

由于模型训练后输出的结果是一个向量，向量中的每个分量为对应词典中相应词的概率值，因此①的含义是通过网络后得出的每个词的概率均大于 0，即 $f>0$；②则是对于给定词 w_t 的前 $n-1$ 个词，词典中所有词 w_t 的概率总和为 1。

进一步地，为了能够获得词向量的分布式表达，可以将函数 f 拆分为两个部分——权重矩阵 C 和伴有参数集 w 的前馈神经网络函数

---

① Bengio Y, Ducharme R, Vincent P, "A Neural Probabilistic Language Model", *Journal of Machine Learning Research*, Vol. 3, 2003.

g，其中 C 是一个 $|V|\times m$ 的共享矩阵，矩阵 C 中的第 i 行向量 C_i 为词 w_i 的特征向量，模型总体参数集便可定义为 $\theta=(C, w)$。由此，模型训练的目标便是寻找参数集 θ 从而最大化对数似然函数：

$$L = \frac{1}{T}\sum_t \log f(w_t, w_{t-1}, \cdots, w_{t-n+1}; \theta) + R(\theta) \qquad (4-6)$$

其中，$R(\theta)$ 是一个正则化项，例如可以作为神经网络或权重矩阵 C 的惩罚因子。

由此构建的 NNLP 模型总体包含输入层、映射层、隐含层和输出层四个层次，如图 4-1 所示。

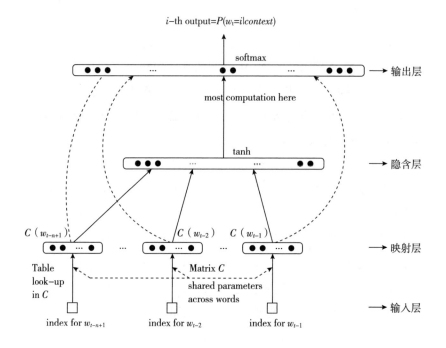

图 4-1　NNLP 模型

其中，映射层包含权重矩阵 C，隐含层为双曲正切函数 tanh［式（4-7）］，输出层通过 Softmax 函数［式（4-8）］对计算结果进行归一化。

$$\tanh x = \frac{\sin x}{\cos x} = \frac{e^x - e^{-x}}{e^x + e^{-x}} \qquad (4-7)$$

$$\sigma(z)_j = \frac{e^{z_j}}{\sum_{k=1}^{K} e^{z_k}} \tag{4-8}$$

模型计算的输出 y 可以表示为：

$$y = b + Wx + U\tanh(d + Hx) \tag{4-9}$$

其中，输出的非标准化对数概率结果 y 是关于（b，W，U，d，H）参数集合的函数。当存在隐含层时，权重矩阵 W 可为 0。x 为通过映射层权重矩阵加权后所得到的词特征向量：

$$x = [C(w_{t-1}), C(w_{t-2}), \cdots, C(w_{t-n+1})] \tag{4-10}$$

其中，b 为输出层偏置，d 为隐含层偏置，U 为隐含层到输出层的权重矩阵，H 为映射层到隐含层的权重矩阵。由此，参数集 θ 可确定为：

$$\theta = (b, d, W, U, H, C) \tag{4-11}$$

在神经网络的反向传输过程中，根据随机梯度上升来更新权重和偏置参数：

$$\theta \leftarrow \theta + \varepsilon \frac{\partial \log \hat{P}(w_t \mid w_{t-1}, w_{t-2}, \cdots, w_{t-n+1})}{\partial \theta} \tag{4-12}$$

其中，ε 为学习率。

NNLP 模型通过引入连续的词向量和平滑的概率模型，在一个连续空间对概率序列进行建模，通过嵌入的词向量有效缓解了数据系数性与维度灾难的问题。同时，对概率函数采用梯度提升进行反向传递更新词向量权重，使词向量表示具有更强的导向性。尽管 NNLP 模型通过训练神经网络模型，有效预测词序的同时，能够获得词的分布式表示向量，然而由于输出层通过 softmax 函数返回的是一个长度为全词典的概率分布，即使对于百万量级的数据集而言，也需要十分庞大的计算量，因此 T. Mikolov 团队在相关研究基础上提出了经典的 Word2vec 模型。

3. Word2vec

如前文已经所提到，Word2vec 本质上是在构建神经网络语言模型的基础上，通过大量的文本训练，从而获得词的向量化表示的一种技术。通过 Word2vec 训练获得的词向量不仅能够得到词的向量化表示，同时通过计算向量间的距离关系（如计算向量间的欧氏距离或余弦相似度）来反映不同词间的语义关联。采用 Word2vec 模型，不仅能够获得文本的向量表示，同时还能够通过文本语料库的训练，将不同词间的语义相似性通过词向量间的空间距离进行表示，这更有利于进行深层次的文本语义挖掘。Word2vec 在神经网络语言模型的基础上对其进行了简化。首先，Word2vec 在模型构建方面去掉了隐含层的转换函数，将词向量直接作为输出层的输入，从而简化了隐含层的计算量；其次，NNLP 中的输出层通过 softmax 函数将所有输出进行归一化，每一次通过训练调整参数后都要对所有词的输出概率重新进行计算，当词典数据量过大时将严重降低模型计算速度与训练效率。Word2vec 则在训练过程中采用 Hierarchical Softmax 或 Negative Sampling 两种方法降低模型复杂度，从而提升模型训练效率。Word2vec 提供了两种机器学习模型，即 CBOW 模型与 Skip-gram 模型，前者是在给定上下文作为输入来预测目标词，后者则是在给定特定目标词作为输入来预测其上下文词。两种学习模型结合两种训练方法，共有四种实现方式。

（1）CBOW+Hierarchical Softmax

CBOW（continuous bag-of-words model）模型是在已知上下文，例如给定 w_{t-2}、w_{t-1}、w_{t+1}、w_{t+2} 的前提下预测 w_t 的模型。学习的目标函数是最大化对数似然函数：

$$\mathcal{L} = \sum_{w \in C} \log p [w \mid Context(w)] \tag{4-13}$$

其中，词 w 为词典 C 中的任意一个词，$Context(w)$ 为词 w 前后若干个词所构成的连续词袋，即 w 所在的语境。

从图 4-2 中可以看到，CBOW 模型的输入层是 w 前后的若干个词，图中例子为前后两个词，映射层为输入词向量的加权求和，经过输出层权重矩阵转换后得到 w 的预测概率。在模型的输出层则是构建了一个霍夫曼树，并以最大化输出目标词概率为目标进行模型训练，Hierarchical Softmax 的总体模型如图 4-3 所示。

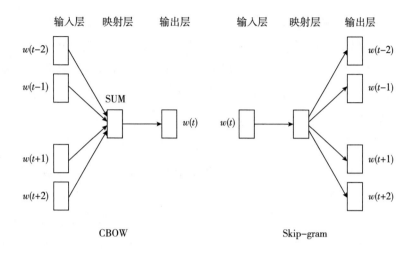

图 4-2 CBOW 模型与 Skip-gram 模型

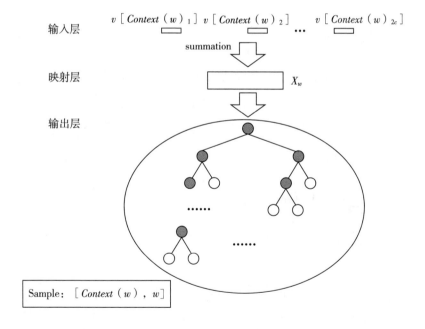

图 4-3 Hierarchical Softmax 模型

从图 4-3 中可以看出，采用 CBOW+Hierarchical Softmax 进行训练时，模型的输出层连接一个由词典 V 中所有词构成的霍夫曼树。每一个非叶子节点相当于输出层的一个神经元，二分类决策输出 1 或 0，分别代表向下左转或向下右转；每个叶子节点代表语料库中的一个词语。这样，语料库中所有的词都可以通过 01 编码的方式获得霍夫曼树中的唯一编码，因此便可在给定 $Context(w)$ 的前提下计算目标词 w 的输出概率：

$$p(w \mid Context(w)) = \prod_{j=2}^{l^w} p(d_j^w \mid x_w, \theta_{j-1}^w) \qquad (4\text{-}14)$$

令 p^w 表示从根节点到目标词叶子节点的路径，其中 l^w 表示路径中包含的节点数量，p_1^w，p_2^w，$\cdots$，$p_{l^w}^w$ 为路径 p^w 中的各个节点。$(d_2^w, d_3^w, \cdots, d_{l^w}^w) \in \{0, 1\}$ 为词 w 的编码，其中 d_j^w 为路径 p^w 中第 j 个节点的编码（根节点无编码），$(\theta_1^w, \theta_2^w, \cdots, \theta_{l^w}^w) \in R^m$ 为路径 p^w 中非叶子节点对应的参数向量。映射层向量 x_w 通过每一层非叶子节点参数向量 $\theta_{l^w}^w$ 时都进行一次逻辑斯蒂回归：

$$p(d_j^w \mid x_w, \theta_{j-1}^w) = \begin{cases} \sigma(x_w^\top \theta_{j-1}^w), & d_j^w = 0 \\ 1-\sigma(x_w^\top \theta_{j-1}^w), & d_j^w = 1 \end{cases} \qquad (4\text{-}15)$$

由于 d_j^w 属于 01 编码，因此可以将式（4-15）进一步合并：

$$p(d_j^w \mid x_w, \theta_{j-1}^w) = [\sigma(x_w^\top \theta_{j-1}^w)]^{1-d_j^w} [1-\sigma(x_w^\top \theta_{j-1}^w)]^{d_j^w} \qquad (4\text{-}16)$$

将式（4-16）代入目标函数，即式（4-13）：

$$\begin{aligned} \mathcal{L} &= \sum_{w \in C} \log p[w \mid Context(w)] \\ &= \sum_{w \in C} \log \prod_{j=2}^{l^w} \{[\sigma(x_w^\top \theta_{j-1}^w)]_j^{1-d^w} [1-\sigma(x_w^\top \theta_{j-1}^w)]^{d_j^w}\} \\ &= \sum_{w \in C} \sum_{j=2}^{l^w} \{(1-d_j^w)\log[\sigma(x_w^\top \theta_{j-1}^w)] + d_j^w \log[1-\sigma(x_w^\top \theta_{j-1}^w)]\} \end{aligned}$$

$$\qquad (4\text{-}17)$$

则对于目标词 w 的路径 p^w 中的每一个节点 j 可记为：

$$\mathcal{L}(w, j) = (1-d_j^w)\log[\sigma(x_w^\top \theta_{j-1}^w)] + d_j^w \log[1-\sigma(x_w^\top \theta_{j-1}^w)]$$

$$\qquad (4\text{-}18)$$

通过观察式（4-17）可以发现，对数似然函数 $\mathcal{L}$ 是关于 x_w 和 θ^w 的函数，对 L 取极大似然则变为近似求每一个 $\mathcal{L}(w, j)$ 的最大值，即求 $\mathcal{L}$ 关于 x_w 和 θ_{j-1}^w 的极值，因此分别对 x_w 和 θ_{j-1}^w 求偏导：

$$\frac{\partial \mathcal{L}(w, j)}{\partial \theta_{j-1}^w} = \frac{\partial}{\partial \theta_{j-1}^w} \left\{ (1-d_j^w) \log[\sigma(x_w^\top \theta_{j-1}^w)] + d_j^w \log[1-\sigma(x_w^\top \theta_{j-1}^w)] \right\}$$

$$(4-19)$$

其中，Sigmod 函数的导数形式为：

$$\sigma'(x) = \sigma(x)[1-\sigma(x)] \qquad (4-20)$$

将式（4-19）代入式（4-20），分别求得 x_w 和 θ_{j-1}^w 的偏导，则 $\mathcal{L}$ 关于 θ_{j-1}^w 的偏导为：

$$\frac{\partial \mathcal{L}(w, j)}{\partial \theta_{j-1}^w} = (1-d_j^w)[1-\sigma(x_w^\top \theta_{j-1}^w)]x_w - d_j^w \sigma(x_w^\top \theta_{j-1}^w)x_w$$

$$= [1-d_j^w - \sigma(x_w^\top \theta_{j-1}^w)]x_w \qquad (4-21)$$

同理，可得 $\mathcal{L}$ 关于 x_w 的偏导为：

$$\frac{\partial \mathcal{L}(w, j)}{\partial x_w} = [1-d_j^w - \sigma(x_w^\top \theta_{j-1}^w)]\theta_{j-1}^w \qquad (4-22)$$

根据式（4-19）可得到关于参数 θ_{j-1}^w 的更新表达式：

$$\theta_{j-1}^w := \theta_{j-1}^w + \eta[1-d_j^w - \sigma(x_w^T \theta_{j-1}^w)]x_w \qquad (4-23)$$

其中，η 为学习率，取值在 0 和 1 之间。

由于 x_w 是由词 w 前后若干个词的词向量求和而来，因此对于词向量 x_w 的更新则是将更新后的总体结果分别作用在上下文中的每个词向量中，因此每个词向量的更新表达式可表示为：

$$V(\tilde{w}) := V(\tilde{w}) + \eta[1-d_j^w - \sigma(x_w^T \theta_{j-1}^w)]\theta_{j-1}^w \qquad (4-24)$$

其中，$V(\tilde{w})$ 代表词 w 上下文中的每一个词向量。

（2）Skip-gram+Hierarchical Softmax

Skip-gram 模型与 CBOW 模型的原理相同，不同之处在于，Skip-gram 模型颠倒了 CBOW 模型的输入与输出，即通过给定词来预测词所在的上下文语境，Skip-gram 模型如图 4-4 所示。

Skip-gram 的语言概率模型可表示为：

$$p[Context(w) \mid w] = \prod_{w \in Context} p(u \mid w) \qquad (4-25)$$

其中，u 为 w 上下文中的任意一个词，需要指出的是通过给定词 w 来预测上下文中任意词 u 时 Word2vec 仍然采用的是词袋的思想，即

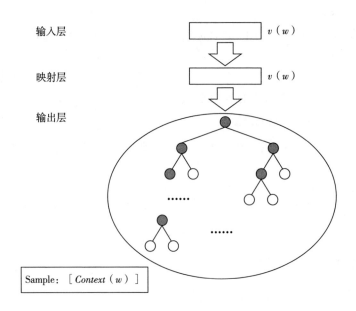

图 4-4　Skip-gram 模型

忽略上下文任意词 u 出现的先后顺序条件，只关注上下文词 u 出现的联合概率。当采用 Hierarchical Softmax 进行训练时，仍然可将每一个 u 通过 0 和 1 进行编码，则式（4-24）中对于特定词 w，其上下文中的任意词 u 可表示为：

$$p(u \mid w) = \prod_{j=2}^{l^u} p[d_j^u \mid v(w), \theta_{j-1}^u] \tag{4-26}$$

其中，l^u 为词典构建霍夫曼树从根节点到达词 u 所包含的节点个数，d_j^u 为路径中第 j 个节点的 01 编码，$v(w)$ 为词 w 的词向量，θ_{j-1}^u 为非叶子节点参数向量（根节点无参数向量）。

对路径上的每一个节点进行逻辑回归得到的结果可表示为：

$$p[d_j^u \mid v(w), \theta_{j-1}^u] = [\sigma(v(w)^\top \theta_{j-1}^u)]^{1-d_j^u} \{1-[\sigma(v(w)^\top \theta_{j-1}^u)]^{d_j^u}\} \tag{4-27}$$

将式（4-25）、式（4-26）代入式（4-24），并取对数即可获得目标函数的似然对数函数：

$$\mathcal{L} = \sum_{w \in C} \log \prod_{w \in Context(w)} \prod_{j=2}^{l^u} \{[\sigma(v(w)^\top \theta_{j-1}^u)]^{1-d_j^u} [1-[\sigma(v(w)^\top \theta_{j-1}^u)]^{d_j^u}]\}$$

$$
\begin{aligned}
= \sum_{w \in C} \sum_{w \in Context(w)} \sum_{j=2}^{l^u} & \{ (1 - d_j^u \log[\sigma(v(w)^\top \theta_{j-1}^u)] \\
& + d_j^u \log\{1 - [\sigma(v(w)^\top \theta_{j-1}^u)]\}\}\}
\end{aligned} \quad (4\text{-}28)
$$

同理，求式（4-24）的最大似然即近似求得式（4-27）中每一项的最大对数似然，可将式（4-27）中的每一项，即每个 u 的概率的似然对数函数表示为：

$$
\begin{aligned}
\mathcal{L}(w, u, j) = (1 - d_j^u) & \log[\sigma(v(w)^\top \theta_{j-1}^u)] \\
& + d_j^u \log\{1 - [\sigma(v(w)^\top \theta_{j-1}^u)]\}
\end{aligned} \quad (4\text{-}29)
$$

对式（4-27）中的每一项求最大，则是对式（4-28）求极大值。由于给定 w 则必然存在与之对应的 u，因此 Skip-gram 模型的对数似然函数仍然可以视为关于 $v(w)$ 的函数，即词向量 x_w 和参数向量 θ_{j-1}^w 的函数，因此对式（4-28）分别求关于 x_w 和 θ_{j-1}^w 的偏导可得关于 θ_{j-1}^w 的偏导：

$$
\frac{\partial \mathcal{L}(w, u, j)}{\partial \theta_{j-1}^w} = [1 - d_j^w - \sigma(v(w)^\top \theta_{j-1}^w)] v(w) \quad (4\text{-}30)
$$

和关于 $v(w)$ 的偏导：

$$
\frac{\partial \mathcal{L}(w, u, j)}{\partial v(w)} = [1 - d_j^w - \sigma(v(w)^\top \theta_{j-1}^w)] \theta_{j-1}^w \quad (4\text{-}31)
$$

因此，参数向量 θ_{j-1}^w 的更新表达式为：

$$
\theta_{j-1}^w := \theta_{j-1}^w + \eta [1 - d_j^w - \sigma(v(w)^\top \theta_{j-1}^w)] v(w) \quad (4\text{-}32)
$$

由于词向量 $v(w)$ 是由上下文单词向量求和计算的结果，因此词向量 $v(w)$ 的更新表达式为：

$$
v(w) := v(w) + \eta \sum_{w \in Context(w)} \sum_{j=2}^{l^u} \frac{\partial \mathcal{L}(w, u, j)}{\partial v(w)} \quad (4\text{-}33)
$$

其中，式（4-31）和式（4-32）中的 η 均为学习率，取值范围为 0 和 1 之间。

（3）CBOW+Negative Sampling

负采样（Negative Sampling）相对于 Hierarchical Softmax 而言，去掉了输出层的霍夫曼树，通过随机负采样的方式提升模型的训练速度和效率。在 CBOW 模型中，对于给定上下文 Context(w) 对词 w 进行预测时，[Context(w)，w] 为一个正样本，字典中的其他词则为负样本。对正样本标记为 1，负样本标记为 0：

$$L^w(\widetilde{w}) = \begin{cases} 1, & \widetilde{w} = w \\ 0, & \widetilde{w} \neq w \end{cases}$$

对于给定的正样本最大化目标函数：

$$g(w) = \prod_{u \in \{w\} \cup NEG(w)} p[u \mid Context(w)] \tag{4-34}$$

其中，$NEG(w)$ 为给定上下文预测词不是 w 负样本集，式（4-33）中预测词 u 的概率为：

$$p[u \mid Context(w)] = \begin{cases} \sigma(x_w^\top \theta^u), & L^w(u) = 1 \\ 1 - \sigma(x_w^\top \theta^u), & L^w(u) = 0 \end{cases} \tag{4-35}$$

将式（4-35）进行合并：

$$p[u \mid Context(w)] = [\sigma(x_w^\top \theta^u)]^{L^w(u)} [1 - \sigma(x_w^\top \theta^u)]^{1-L^w(u)} \tag{4-36}$$

将式（4-35）代入式（4-34）中，则：

$$g(w) = \sigma(x_w^\top \theta^u) \prod_{u \in NEG(w)} [1 - \sigma(x_w^\top \theta^u)] \tag{4-37}$$

从式（4-36）中可以看出，对目标函数 $g(x)$ 最大化便是使正样本，即当 $L^w(u) = 1$ 时逻辑回归结果尽可能大，而当 $L^w(u) = 0$ 时，逻辑回归结果尽可能小。换言之，对于给定上下文 $Context(w)$ 时，最大化 $g(x)$ 便是使预测到正样本的概率尽可能大，而负样本概率尽可能小。因此，对于给定语料库 C，则预测某个文本句子的输出概率为：

$$G = \prod_{w \in C} g(w) \tag{4-38}$$

对目标函数进行优化并取对数：

$$\mathcal{L} = \log G = \log \prod_{w \in C} g(w) = \sum_{w \in C} \log g(w) \tag{4-39}$$

进一步的推导过程与前述 CBOW+Hierarchical Softmax 的推导过程基本相同，这里不再赘述，最后给出 $\mathcal{L}$ 的推导结果：

$$\mathcal{L}(w, u) = L^w(u) \log[\sigma(x_w^\top \theta^u)] + [1 - L^w(u)] \log[1 - \sigma(x_w^\top \theta^u)] \tag{4-40}$$

根据式（4-40）求得 $\mathcal{L}(w, u)$ 关于 θ^u 的偏导：

$$\frac{\partial \mathcal{L}(w, u)}{\partial \theta^u} = [L^w(u) - \sigma(x_w^\top \theta^u)] x_w \tag{4-41}$$

继续求得 $\mathcal{L}(w, u)$ 关于 x_w 的偏导：

$$\frac{\partial \mathcal{L}(w, u)}{\partial x_w} = [L^w(u) - \sigma(x_w^\top \theta^u)]\theta^u \qquad (4-42)$$

相应的，参数向量 θ^u 的更新表达式则为：

$$\theta^u := \theta^u + \eta[L^w(u) - \sigma(x_w^\top \theta^u)]x_w \qquad (4-43)$$

上下文中每一个词向量 $\widetilde{w} \in Context(w)$ 的更新公式为：

$$v(\widetilde{w}) := v(\widetilde{w}) + \eta \sum_{u \in \{w\} \cup NEG(w)} \frac{\partial \mathcal{L}(w, u)}{\partial x_w}$$

$$:= v(\widetilde{w}) + \eta \sum_{u \in \{w\} \cup NEG(w)} [L^w(u) - \sigma(x_w^\top \theta^u)]\theta^u \qquad (4-44)$$

（4）Skip-gram+Negative Sampling

在使用 Skip-gram 进行负采样的过程中，Word2vec 对负样本的界定仍然与 CBOW 模型相同，区别则在于对于 CBOW 模型中的样本 $[Context(w), w]$ 而言，负样本 $Context(w)$ 为词 w 的上下文词向量之和，而在 Skip-gram 模型中，正样本则变为 $[w, Context(w)]$，负样本则为 $[\widetilde{w}, Context(w)]$，其中 $\widetilde{w} \neq w$，而负采样则是将 CBOW 中的 $Context(w)$ 拆分成一个个独立的词来对待，因此对于给定的一个样本 $[w, Context(w)]$，最大化目标函数为：

$$g(w) = \prod_{\widetilde{w} \in Context(w)} \prod_{u \in \{w\} \cup NEG^{\widetilde{w}}(w)} p(u \mid \widetilde{w}) \qquad (4-45)$$

其中，$p(u \mid \widetilde{w})$ 也采用逻辑回归，可表示为：

$$p(u \mid \widetilde{w}) = [\sigma(v(\widetilde{w})^\top \theta^u)]^{L^w(u)} [1 - \sigma(v(\widetilde{w})^\top \theta^u)]^{1 - L^w(u)} \qquad (4-46)$$

其中，$NEG^{\widetilde{w}}(w)$ 表示处理词 $\widetilde{w}$ 时产生的负样本子集，对于给定语料库 C，则存在函数：

$$G = \prod_{w \in C} g(w) \qquad (4-47)$$

同理，对式（4-45）取似然对数进行优化，优化过程与前述相同，这里不再给出推导过程，仅给出直接结果：

$$\mathcal{L} = \sum_{w \in C} \sum_{\widetilde{w} \in Context(w)} \sum_{u \in \{w\} \cup NEG^{\widetilde{w}}(w)} \{L^w(u) \log[\sigma(v(\widetilde{w})^\top)\theta^u]$$

$$+ [1 - L^w(u)] \log[1 - \sigma(v(\widetilde{w})^\top)\theta^u]\} \qquad (4-48)$$

因此，极大化似然对数函数 $\mathcal{L}$ 即对如下公式求最大化：

$$\mathcal{L}(w, \widetilde{w}, u) = L^w(u) \log[\sigma(v(\widetilde{w})^\top)\theta^u]$$

$$+[1-L^w(u)]\log[1-\sigma(v(\widetilde{w})^\top)\theta^u] \qquad (4-49)$$

求得 $\mathcal{L}(w,\widetilde{w},u)$ 关于 θ^u 的偏导：

$$\frac{\partial\mathcal{L}(w,\widetilde{w},u)}{\partial\theta^u}=[L^w(u)-\sigma(v(\widetilde{w})^\top\theta^u)]v(\widetilde{w}) \qquad (4-50)$$

同理，求得 $\mathcal{L}(w,\widetilde{w},u)$ 关于 $v(\widetilde{w})$ 的偏导：

$$\frac{\partial\mathcal{L}(w,\widetilde{w},u)}{\partial v(\widetilde{w})}=[L^w(u)-\sigma(v(\widetilde{w})^\top\theta^u)]\theta^u \qquad (4-51)$$

因此，θ^u 与 $v(\widetilde{w})$ 的更新表达式分别为：

$$\theta^u:=\theta^u+\eta[L^w(u)-\sigma(v(\widetilde{w})^\top\theta^u)]v(\widetilde{w}) \qquad (4-52)$$

$$v(\widetilde{w}):=v(\widetilde{w})+\eta\sum_{u\in|w|\cup NEG^{\widetilde{w}}(w)}\frac{\partial\mathcal{L}(w,\widetilde{w},u)}{\partial v(\widetilde{w})} \qquad (4-53)$$

其中，η 为学习率，通过式（4-49）和式（4-50）对 $\mathcal{L}(w,\widetilde{w},u)$ 采用随机梯度上升法求得最大化。

（二）层次密度聚类

层次密度聚类算法（hierarchical density-based spatial clustering of applications with noise, HDBSCAN）是由 R. J. Campello 等提出的一种聚类算法。[①] 它通过将 DBSCAN 转换为分层聚类算法来扩展 DBSCAN，然后基于聚类稳定性，使用提取平面聚类的技术。

层次密度聚类算法的实现机制主要包括以下几个过程：根据密度/稀疏度变换特征向量空间；构建最小生成树；构建集群层次结构；压缩聚类树；提取簇。

1. 根据密度/稀疏度变换空间

聚类算法的核心是单链路聚类（single linkage clustering），它可能对噪声点非常敏感。对于聚类算法而言，能够越有效地识别噪声点，则聚类算法的结果越能够贴近真实情况。为了能够有效识别噪声点，从而做到尽可能准确划分不同的类，HDBSCAN 算法首先采用了 K 邻近（Kth nearest neighbor, KNN）的思想，提出了空间向量两点间的相

---

① Campello R, Moulavi D, Sander J. "Density-Based Clustering Based on Hierarchical Density Estimates", in Pacific-Asia Conference on Knowledge Discovery and Data Mining, Springer, Berlin, Heidelberg, 2013.

互可达度量距离（mutual reachability distance）这一概念，并对其做如下定义：

$$d_{mreach}(a, b) = \max\{core_k(a), core_k(b), d(a, b)\} \qquad (4-54)$$

其中，$core_k(a)$ 表示距离点 a 最近的第 k 个点与 a 之间的距离，$d(a, b)$ 则表示为 a，b 两点间的欧式距离。通过计算空间向量上所有点之间的相互可达度量距离，可以发现，具有距离相近的点之间的相互可达度量距离的取值相同，稀疏点则被推开至少远离任何其他点的核心距离。

2. 构建最小生成树

计算获得的数据集中全部点之间的相互可达度量距离矩阵，可以看作将空间中所有点进行全连接，任意两点间建立的边权重即两点间的相互可达度量距离。传统的确定聚类的方式是通过给定阈值，删除两点间权重距离大于阈值的边。然而，这种做法的难度在于需要遍历相互可达距离的权重矩阵，其计算的复杂度为 n^2，对于空间中的海量点而言，过高的复杂度会影响计算效率。因此，可以采用类似于构建霍夫曼树的方式，运用 Prime 算法，在给定 KNN 中临近点数量参数（k 值），通过迭代连接两个最小边权重集群点来构建最小生成树。

3. 构建簇层次结构

在确定最小生成树的基础上，需要将其转换为树状的层次结构，从而为进一步划分和确定不同的簇这一工作打下基础。构建簇层次结构，首先对相互可达距离（确定最小生成树后任意节点间连接的边）进行升序排列，其次对所有距离进行遍历，并通过联合查找数据结构（union-find data structure）为每条边创建一个新的合并后的簇。

4. 压缩簇层次结构

在构建最小生成树以及确定簇的层次结构基础上，对簇的提取，首先要对已经确定的簇的层次结构进行压缩。在压缩簇的层次结构时，首先需要确定最小簇的大小，这个值在 HDNSCAN 中作为一个参数存在。当最小簇的值确定后，即可遍历已经构建的层次结构，当上一层的簇向下一层进行分割时，当分割出的簇的值小于给定的最小值，则认为分割出的点是从簇中剔除的点，同时保留上一层父簇的身份；此外，当分割出的每个簇至少与最小簇大小一样大，那么我们认为簇拆分就是让这个拆分保留在树中。在遍历了整个层次结构之后，我们最终得到了一个拥有少量节点的小得多的树，每个节点都有关于该节点的簇如何随着不同距离减小的数据。

5. 提取簇

在确定压缩簇的层次结构后，我们希望确定的是最终提取的簇。换言之，我们希望在某个层次确定并提取的簇具有较好的稳定性和较长的生命周期。HDBSCAN 算法中采用了距离的倒数来衡量提取簇的稳定性，即 $\lambda = 1/distance$。对于给定的集群，定义 λ_{birth} 为集群拆分成功，并成为它自己的子集群时的 λ 值，λ_{death} 为当群集被分成较小的群集时的 λ 值。对于给定的集群 $cluster$，集群中的任意点 p，λ_p 为该点从集群中剔除时的 λ 值，则集群的稳定性可表示为：

$$\sum_{p \in cluster}(\lambda_p - \lambda_{birth}) \tag{4-55}$$

（三）TF-IDF

TF-IDF 是一种基于空间向量模型的文本表示算法，其核心思想是通过识别文章中的关键词来概括文本的中心内容。通过计算字词的 IF-IDF 值评估该字词对于当前文本内容的重要程度。该方法多用于数据挖掘、信息检索、文本分析等研究领域。

TF，即词频，指的是某一个给定的词语在当前文档中出现的次数。对于在某一文档 d_j 里的词语 t_i 来说，t_i 的词频可表示为：

$$tf_{i,j} = \frac{n_{i,j}}{\sum_k n_{i,j}} \tag{4-56}$$

其中，$n_{i,j}$ 是词语 t_i 在文件 d_j 中的出现次数，分母则是在文件 d_j 中所有词语的出现次数之和，上式的表达方式是对词的归一化，以防止当前词偏向长文件，即避免同一个词语在长文件里可能会比在短文件里有更高的次数，而不论该词的权重。

IDF，即逆向文档频率，指的是一个词在所有文本中出现的频率，反映了一个词语对于整个语料库的重要性，如果一个词在越多的文本中出现，那么它的 IDF 值越低，而反过来如果一个词在越少的文本中出现，那么它的 IDF 值应越高。一个词语 IDF 值的计算公式可表示为：

$$idf_i = \log \frac{N}{n_i} \tag{4-57}$$

其中，N 代表给定文本集的文本数量，n_i 表示包含第 i 个特征词的文本数量。逆向文档频率通过计算特征词在文本中的分布情况来判断其重要程度，与其他普通词相比，包含当前特征词的文本数量越少，该词越具有区分能力，越能够代表文本主题内容。

TF-IDF 是对词频和逆文档频率进行综合，既考虑了特征词在单个文本中的分布情况，同时考虑了其在整个文本集中的区分能力，规避了两种方法各自的缺点，其计算结果即二者相乘，可表达为：

$$tfidf_{i,j} = tf_{i,j} \cdot idf_i \tag{4-58}$$

综上所述，TF-IDF 算法的主要思想是：如果某个词或短语在一篇文章中出现的频率高，并且在其他文章中很少出现，则认为此词或者短语具有很好的类别区分能力，适合进行文档主题分类。

（四）点互信息（SO-PMI）模型

基于词典 WordNet 或 HowNet 的情感分析中，一词多义或存在未加入词库里的词会导致无法计算情感值，而 SO-PMI 计算词语在语料中出现的概率以及词语与词语在句子中同时出现的概率，是可用于计算词语倾向性的一种方法。应用这种方法，只需建立种子情感词典即可，对于较为复杂的文本数据来说，这一方法的效率和准确率都比较好。Turney 等[①]研究认为，文本中经常会出现大量含义相同的积极情感词或消极情感词，例如某个积极的情感词如 "excellent"，经常会伴随着其他具有相同情感倾向的情感词出现，相应地，出现 "poor" 时也会大量出现与之情感倾向相同的消极情感词，而 "excellent" 和 "poor" 可以作为情感倾向的参考词（种子情感词），用来判断和识别其他词的情感倾向。当某个词频繁出现在积极情感词的周围，则表明这个词的情感倾向越为积极，当词经常出现在消极情感词旁，则这个

① Turney P，Littman M L，"Measuring Praise and Criticism：Inference of Semantic Orientation from Association"，*ACM Transactions on Information Systems*，Vol. 21，No. 4，2003.

词的情感倾向可能更为负面。Turney 提出采用点互信息（*PMI*）的计算方式来识别词的情感倾向，核心思想则是统计词出现的概率，概率越大，则词关联度越高。

PMI 的计算公式为：

$$PMI(word_1, word_2) = \log\left(\frac{p(word_1, word_2)}{p(word_1)p(word_2)}\right) \tag{4-59}$$

其中，P（$word_1$，$word_2$）为 $word_1$ 和 $word_2$ 同时出现的概率，P（$word_1$）、P（$word_2$）分别为 $word_1$ 和 $word_2$ 各自单独出现的概率。当 *PMI*>0 时，$word_1$ 和 $word_2$ 这两个词语是相关的，且 *PMI* 值越大，两者统计相关性越强；当 *PMI*<0 时，$word_1$ 和 $word_2$ 两个词语是非相关、互斥的；当 *PMI*=0 时，则表示 $word_1$ 和 $word_2$ 这两个词语是统计独立的，二者既不相关也不互斥。

SO-PMI 的计算是在 *PMI* 的基础上进行的，其基本思想是选用一组褒义词（*Pwords*）跟一组贬义词（*Nwords*）作为基准词，将一个词语 $word_1$ 和 *Pwords* 的点互信息与 $word_1$ 和 *Nwords* 的点互信息相减得到一个差值，则可以根据该差值的情况判断词语 $word_1$ 的情感倾向。*SO-PMI* 的计算公式为：

$$SO-PMI(word_1) = \sum_{Pword \in Pwords} PMI(word_1, Pwords)$$
$$- \sum_{Nword \in Nwords} PMI(word_1, Nwords) \tag{4-60}$$

若 *SO-PMI*（$word_1$）>0，$word_1$ 为正面情感倾向；若 *SO-PMI*（$word_1$）<0，$word_1$ 为负面情感倾向；若 *SO-PMI*（$word_1$）=0，$word_1$ 则为中性词，没有明显的感情倾向。

三　本书文本挖掘的思路与分析框架

本书文本挖掘的总体思路：首先，选择和获取网络平台上的用户评论，通过观察和分析筛选出从内容及语义中能够反映用户一定依恋情感的用户评论。其次，通过对网络原始数据进行清洗，获得待分析的网络用户评论数据，并对分词后的文本语料库中的词进行向量化。再次，通过对语料库中的词进行聚类，得到基于语义相似性的用户生成评论主题，并对每个主题中的词进行语义演化分析。最后，在聚类结果的基础上结合领域情感词典，识别用户生成评论中关键属性的情感倾向。

在对用户生成评论中出现的词进行聚类分析时，采用基于层次的密度聚类（HDBSCAN）方法。与 K-means 聚类及传统的密度聚类相比有如下不同。第一，HDBSCAN 不需要像 K-means 算法那样事先指定聚类的个数，同时在 K-means 算法中，不同初始点的选定会对聚类结果产生较大影响。相对短评论而言，在用户生成评论文本中，特别是内容较为丰富、字数较多的长文本评论而言，每条评论中都会包含多个较为细化的主题或观点。此外，不同长度的评论所包含的主题数量也可能不相同，因此，通过 HDBSCAN 聚类能够得到与实际情况更贴近的，更为自然的分析结果。第二，在长文本评论中，不同的评论文本通常存在大量含义相似，或表达方式相近的词。从词的向量表示来看，这意味着可能不同的词间存在较为复杂的距离关系以及类型关系，在高维空间中基于密度的聚类也能够更好地反映出用户评论中词间的语义联系及其演化关系。第三，HDBSCAN 聚类能够按照特定规则在不同层次上实现簇的划分与合并，通过动态地调节聚类的密度半径，最终形成较为稳定的聚类结果。第四，在用户生成评论信息中，由于长文本所产生的大量的词使得在数据分析过程中，某些低频词或生僻词对分析结果可能产生无意义的影响，这些词在 HDBSCAN 算法中能够当成"噪声"进行过滤，从而得到较为关键与核心的聚类。

在对文本进行情感分析的过程中，采用了 SO-PMI 算法。选择这一算法的主要原因在于，用户在表达依恋情感的过程中，会通过对不同事物的描述、运用不同词性的词等方式来表达其内在情感，因而单纯地采用已有的情感词典并不能够很好地揭示依恋情感驱动下用户生成文本的内在特征。已有情感词典对情感词的选取通常是在一般的中文语义标准下进行的，而在用户内在情感驱动下的长文本评论中，需要通过阅读、分析和理解用户所选择的不同情感词，因此本书通过人工的方式制定种子情感词典，运用 SO-PMI 算法对用户评论中的词进行情感分析，并根据词的 tfidf 值来选定用户评论文本特征属性，通过分析这些属性的情感得分，对用户评论文本的情感表达特征进行深入分析。

本书文本挖掘的总体分析框架：第一，通过网络爬虫获取网络平台中用户生成的在线评论信息；第二，经过数据清洗得到待分析的初始数据；第三，通过载入分词词典、依恋情感词典对初始数据进行文本分词预处理，通过载入停用词典过滤停用词；第四，采用 Word2vec 模型对分词后的文本数据向量化，同时通过 TF-IDF 算法得到文本中每个词的 tfidf 值，在这两步分析的基础上进行层次密度聚类与点互信息情感分析。本书的文本分析总体框架如图 4-5 所示。

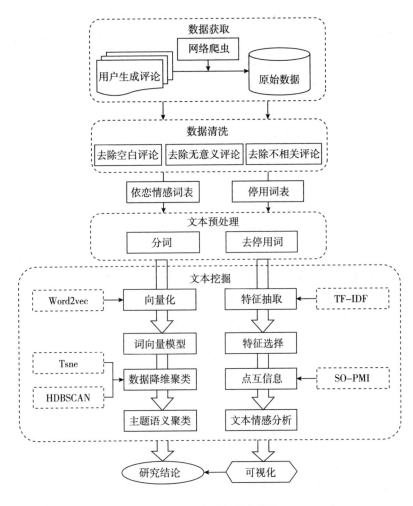

图 4-5 文本分析总体框架

第二节　基于用户依恋情感识别的
在线评论文本挖掘
——以汽车之家用户评论为例

一　用户生成在线评论数据的选择与获取

（一）数据的选择

为了能够有效识别用户情感依恋与用户生成评论文本特征的内在关联，本书在选取用户生成评论数据时主要根据以下几个标准。首先是评论文本的长度。一方面，文本长度的限制直接造成了词语统计信息的不足。从统计分析的角度来看，过短的文本容易造成文本特征稀疏化，加之文本中出现的词语频度较低，整体上造成了可用于文本分析的语言信息的不足，因而通过词向量模型无法较好地揭示词之间的内在语义关联。另一方面，相对于微博、电商平台等用户生成的短评论文本而言，长文本更能够反映出用户对评论对象的内在深层次情感。其次是评论内容的基本质量。从情感依恋的角度看，用户生成在线评论应当具有基本的信息质量保证。例如，评论内容基本与评论对象存在较大关联，不存在恶意复制粘贴、标题与内容不相符等情况。

本书选取太平洋汽车网（https：//bbs. pcauto. com. cn）福克斯论坛下用户评论中的精华帖作为分析数据，并通过爬虫软件进行获取。太平洋汽车网具有专门的用户论坛版块，同时按照普通帖与精华帖对用户生成评论进行了划分。经过观察发现，精华帖评论的整体质量较高，在保证了用户评论内容的真实性与有效性的基础上，能够更加丰富地表达出用户的情感，网站页面如图4-6所示。

（二）数据的获取与清洗

本书通过爬虫软件爬取该论坛所有的精华帖子，获取到的文本数据存储为 xlsx 文件，其中共有 1875 条数据。文件保存后，对文本数据进行清洗，首先，采用 python 语言设置字符串正则表达式的方式删除带有大量图片、链接、html 字符等的文本数据和字数较少的文本数

小福迎国庆
明天是最后一个工作日了，接下来就是期待一年的国庆了，又可以出去浪了，但有些事必须要做，那就是先要把小福伺候好了，不然半途发个小脾气，那就整大了[呲牙]，当然先...
天涯海角小福伴
4
2019-09-29 23:34
小福六岁了
时间过的真快，一转眼到8月22号了，小福就已经六岁了[礼物]，六年里和小福风风雨雨走过了7万2千公里，北上去过青岛崂山，南下去过江西婺源，可靠的小福没有一次让哥失...
天涯海角小福伴
4
2019-08-22 20:35

图 4-6　太平洋汽车网用户评论页面

据，同时需要删除不相关的评论。其次，采用人工的方式对评论内容进行进一步筛选与过滤，对评论中主要以广告、游记为主要内容的评论信息进行剔除，最后得到 1311 条用户生成在线评论数据。获取的用户评论文本数据（部分）如图 4-7 所示。

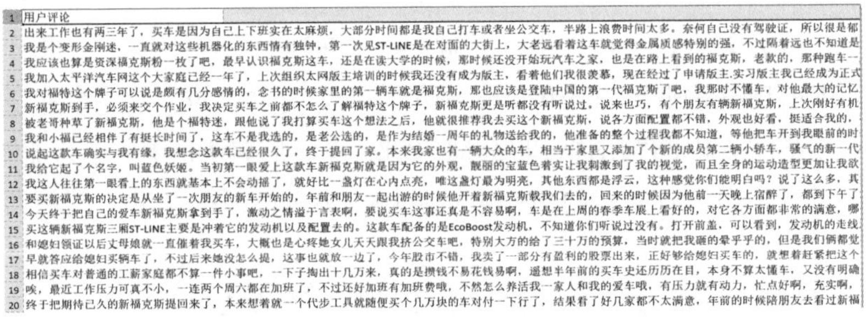

1	用户评论
2	出来工作也有两三年了，买车是因为自己上下班实在太麻烦，大部分时间都是我自己打车或者坐公交车，半路上浪费时间太多。奈何自己没有驾驶证，所以很是郁
3	我是个变形金刚迷，一直就对这些机器化的东西情有独钟，第一次见ST-LINE是在对面的大街上，大老远看着这车就觉得金属质感特别的强，不过隔着远也不知道是
4	我应该也算是资深福克斯粉一枚了吧，最早认识福克斯这车，还是在读大学的时候，那时候还没开始玩汽车之家，也是在路上看到的福克斯，老款的，那种跑车一
5	我加入太平洋汽车网这个大家庭已经一年了，上次组织太网版主培训的时候我还没有成为版主，看着他们我很羡慕，现在经过了申请版主.实习版主我已经成为正式
6	我对福特这个牌子可以说是颇有几分感情的，念书的时候家里的第一辆车就是福克斯，那也应该是登陆中国的第一代福克斯了吧，我那时不懂车，对他最大的记忆
7	新福克斯到手，必须来交个作业，我决定买车之前都不怎么了解福特这个牌子，新福克斯更是听都没有听说过。说来也巧，有个朋友有辆新福克斯，上次刚好有机
8	被老哥种草了新福克斯，他是个福特迷，跟他说了我打算买车这个想法之后，他就很推荐我去买这个新福克斯，说各方面配置都不错，外观也好看，挺适合我的，
9	我和小福已经相伴了有挺长时间了，这车不是我选的，是老公选的，是作为结婚一周年的礼物送给我的，他准备的整个过程我都不知道，等他把车开到我眼前的时
10	说起这款车确实与我有缘，我想念这款车已经很久了，终于提回了家。本来我家也有一辆大众的车，相当于家里又添加了个新的成员第二辆小轿车，骚气的新一代
11	我给它起了个名字，叫蓝色妖姬。当初第一眼爱上这款车新福克斯就是因为它的外观，靓丽的宝蓝色着实让我刺激到了我的视觉，而且全身的运动造型更加让我欲
12	我这人往往第一眼看上的东西就基本上不会动摇了，就好比一盏灯在心内点亮，唯这盏灯最为明亮，其他东西都是浮云，这种感觉你们能明白吗？说了这么多，其
13	要买新福克斯的决定是从坐了一次朋友的新车开始的，年前和朋友一起出游的时候他开着新福克斯载我们去的，回来的时候因为他前一天晚上宿醉了，都到下午了
14	今天终于把自己的爱车新福克斯拿到手了，激动之情溢于言表啊，要说买车这事还真是不容易啊，车是在上周的春季车展上看好的，对它各方面都非常的满意，哪
15	买这辆新福克斯三厢ST-LINE主要是冲着它的发动机以及配置去的。这款车配备的是EcoBoost发动机，不知道你们听说过没有。打开前盖，可以看到，发动机的走线
16	和媳妇领证以后丈母娘就一直催着我买车，大概也是心疼她女儿天天跟我挤公交车吧，特别大方的给了三十万的预算，当时就把我砸的晕乎乎的，但是我们俩都觉
17	早就答应给媳妇买辆车了，不过后来她没怎么提，这事也就放一边了，今年股市不错，我卖了一部分有盈利的股票出来，正好够给媳妇买车的，就想着赶紧把这个
18	相信买车对普通的工薪家庭都不算一件小事吧，一下子掏出十几万来，真的是攒钱不易花钱易啊，遥想半年前的买车史还历历在目，本身不算太懂车，又没有明确
19	唉，最近工作压力可真不小，一连两个周六都在加班了，不过还好加班有加班费哦，不然怎么养活我一家人和我的爱车哦，有压力就有动力，忙点好啊，充实啊，
20	终于把期待已久的新福克斯提回来了，本来想着就一个代步工具就随便买个几万块的车对付一下行了，结果看了好几家都不太满意，年前的时候陪朋友去看过新福

图 4-7　用户评论文本数据（部分）

（三）文本预处理

文本评论通常是由多个句子组成的，为了提取其中的语义特征，需要把文本分成表示文本语义的最小单位——词或短语，所以需要对文本进行分词处理，同时需要考虑到一些在文本中出现频率较高且没有实际意义的字词或标点符号，这些词称为停用词，如"的""！""么"等。除此之外，通过观察获得的所有文本数据，其大多数内容都与"汽车"相关，导致出现较多的汽车品牌，且还有一些高频出现的旅游景点或其他无意义词语，将其列入停用词表。表 4-1 中列出部分停用词。

表 4-1　　　　　　　　　　　　　停用词（部分）

序号	停用词	序号	停用词	序号	停用词	序号	停用词	序号	停用词
1	！	11	）	21	］	31	男子	41	为此
2	"	12	数	22	一	32	女子	42	为着
3	#	13	年	23	一.	33	万一	43	主张
4	MYM	14	月	24	——	34	不会	44	主要
5	％	15	日	25	一下	35	不但	45	举凡
6	&	16	时	26	一个	36	个	46	举行
7	，	17	分	27	一些	37	个人	47	乃
8	。	18	秒	28	一何	38	个别	48	乃至
9	＋	19	//	29	一切	39	中小	49	乃至于
10	（	20	〔	30	一则	40	中间	50	么

以上工作完成后，利用 jieba 分词对所有文本评论进行分词处理，分词完成后，根据停用词表将分词后的文本数据再进行处理，最终输出分词和去停用词后的数据，以表格形式输出并保存在正确的文件位置。

二　依恋情感领域词典的构建

在人工识别用户在线评论内容质量的过程中，发现用户评论信息中包含大量的领域情感词，部分词甚至在分词过程中由于未被通用分词词典收录可能被错误地分词，因此本书在进行文本预处理之前，通过人工文本阅读并结合依恋情感理论，首先构建了依恋情感的领域词典，并加入分词词典中，便于后续文本情感分析。

通过阅读用户评论并结合用户依恋情感理论可以发现，用户在表达对评论对象的依恋情感时，会采用诸如名词、形容词或成语搭配等不同词性的词来进行表达，例如通过对评论对象定昵称的方式来表达对其的熟悉或喜爱，也可能通过成语或固定搭配来表达对评论对象的了解和强烈的情感。本书通过人工的方式对词进行识别，并构建了依恋情感的领域情感词典共计 299 个词，其中积极情感词 161 个，消极情感词 138 个，在分词的预处理过程中同时也将情感词加入 jieba 的分词词典中。构建的领域情感词典如表 4-2 所示。

表 4-2 用户依恋情感领域词

积极词	
名词	风范、追求、爱车、艺术品、至爱、设计感、精髓、梦想……
形容词	时尚、精致、尊贵、惊诧、羡慕、舒服、传奇……
动词	感动、沉醉、怀念、兴奋、痴迷、吸引……
成语搭配	爱不释手、酣畅淋漓、无法自拔、风雨同舟、念念不忘……
消极词	
名词	困难、问题、苦衷、故障、委屈、槽点、鸡肋……
形容词	无奈、狼狈、倒霉、差劲、low、尴尬、难受、老气……
动词	失望、吃亏、遗憾、后悔、分歧、弱爆……
成语搭配	心灰意冷、半信半疑、目瞪口呆、黯然失色、惨不忍睹……

三 在线评论文本的描述性统计分析

（一）词频统计

我们对用户生成评论文本经过预处理后，对词频大于 5 的词进行了初步的描述性统计，在一共 311 条用户评论中，通过分词得到的 354974 个词中（包含重复计算）总计包含了 43960 个词，采用 jieba 对文本进行分词的过程中，我们对分词中的词性进行了标注并初步统计了评论文本中包含的名词、动词、形容词、副词以及以一些固定搭配词出现的次数。其中名词 19122 个，动词 10246 个，形容词 1664 个，副词 942 个，固定搭配词汇 1591 个，以上词共计 33565 个，占全部出现词（不重复）的 76.35%。我们对出现频数较高的词进行了汇总并可视化，如图 4-8 及表 4-3 所示。

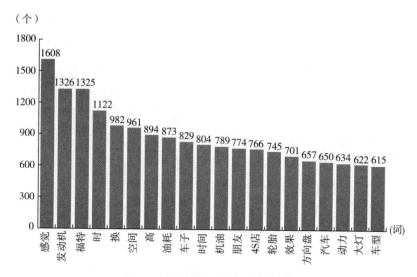

图4-8　词频主要分布的可视化

表4-3　　　　　　　　　　词频前60的词

序号	词	频数	序号	词	频数	序号	词	频数
1	感觉	1608	21	高	894	41	动力	634
2	开	1547	22	油耗	873	42	大灯	622
3	小福	1513	23	4S店	872	43	发现	617
4	买	1429	24	公里	835	44	车型	615
5	新	1385	25	车子	829	45	真的	611
6	发动机	1326	26	时间	804	46	地方	611
7	中	1325	27	机油	789	47	一点	608
8	不错	1127	28	先	787	48	空调	597
9	时	1122	29	朋友	774	49	销售	593
10	喜欢	1107	30	轮胎	745	50	走	592
11	年	1052	31	跑	743	51	后排	584
12	月	1046	32	s	731	52	图	582
13	换	982	33	效果	701	53	车友	570
14	太	976	34	拍	673	54	选择	562
15	空间	961	35	导航	670	55	价格	550
16	前	931	36	方向盘	657	56	座椅	549
17	提车	909	37	日	650	57	功能	545
18	想	909	38	汽车	650	58	灯	545
19	点	907	39	里	641	59	装	544
20	做	905	40	安装	637	60	内饰	541

从图4-8及表4-3的词频统计可以看出，用户关于福克斯品牌汽车的在线评论内容，主要表达了用户对福克斯汽车的感受与评价。其中"感觉""开""买""喜欢"等词出现的频率较高，这反映了用户的评论主要在购买和驾驶福克斯汽车后对汽车的总体感受比较满意。而其中关于福克斯汽车的相关属性词，如"导航""空间""大灯""空调""轮胎"等高频词的出现，也主要反映了用户生成在线评论的内容是围绕汽车的功能与性能等进行描述与评价的。

（二）不同词性的词频统计

进一步地，我们分别对名词、动词、形容词以及副词出现的频数分别进行了统计，如图4-9至图4-12所示。

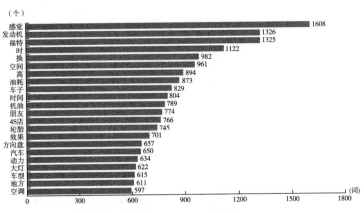

图4-9　名词词频统计

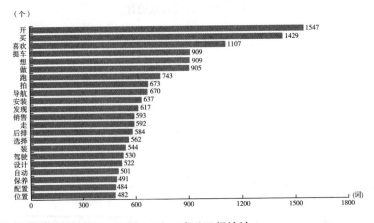

图4-10　动词词频统计

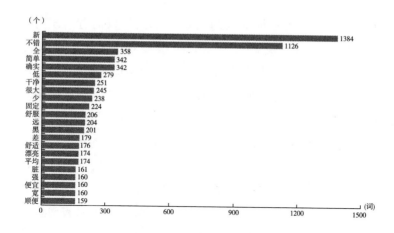

图 4-11 形容词词频统计

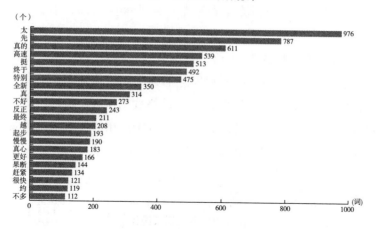

图 4-12 副词词频统计

四 训练词向量模型

本书运用 Word2vec 训练词向量模型，在训练模型前安装好 gensim 包，接着找到 Word2vec 所在包的位置即 gensim 中的 models 包，在代码中按照正确的格式将其引入。Corpus 是需要训练的语料集，在此处为已经过数据预处理的文本数据，将其以列表形式赋值给 corpus，并作为 Word2vec 模型的参数；workers 参数表示控制训练的并行数，即模型可同时训练十个词的词向量；size 指特征向量的维度，综合考虑此数据集的规模大小和词语统计结果，且为保证每个词能够尽可能保留其语义信息，选用默认的设置参数 100，即训练的目标词向量维度为 100；min_count 表示词出现的次数小于该参数值时，该词将被丢弃，默认值为 5。本研究通过 Word2vec 模型获取了出现频数大于 50 的词作为被选词向量。选择频数大于 50 的原因，一方面是在后面对词向量进行聚类时，若词向量过多，则过多的噪声词可能对出现频数较高的词进行聚类的结果产生干扰；另一方面通过词频统计发现频数大于 50 的词共计 1498 个，无论是在用户评论文本的代表性还是后续进行词云聚类的可视化方面都更为合理。Window 指当前词与预测词在一个句子中的最大距离数，即当前的共现窗口数，此次训练将该参数值设为 5，一般在此范围内的词语之间可以被认为具有较强的上下文语境联系；sg 用于选择训练模型的算法，0 表示训练算法为连续词袋模型 CBOW，1 表示训练算法为跳字模型 skip-gram，本次训练采用 CBOW 模型，即已知上下文预测当前词；sample 表示高频词的随机降采样的配置阈值，默认为 1e-3，范围是（0，1e-5），本次训练采用其默认值；seed 参数用于随机数发生器，与初始化词向量有关。训练完成后将训练好的模型进行保存，文件格式为 w2v，这样可省去再进行模型训练的时间且保证其准确性，待再次使用时，直接读取该模型文件即可。训练后的词向量模型如图 4-13 所示。

```
[array([ 0.1265737 , -0.06230321,  0.46045002, -0.11972677,  0.0564368 ,
        -0.44266045, -0.06850487, -0.2223994 , -0.00475231, -0.03918118,
        -0.07815853,  0.23951834,  0.04962765,  0.05331212,  0.05209104,
         0.18858017, -0.1733705 , -0.10970528,  0.04740751, -0.16919161,
        -0.06056345,  0.21182208,  0.12851779, -0.14321557,  0.12214977,
         0.16558369, -0.18488042,  0.12791218,  0.06948279, -0.14033261,
         0.04093829,  0.08182105,  0.0914523 ,  0.12010056,  0.18701   ,
        -0.00097703,  0.11112425,  0.08177124, -0.03960674,  0.1004965 ,
         0.04619309,  0.02489905, -0.24289861, -0.03675884, -0.09559891,
         0.03817983,  0.13955058,  0.26095748,  0.1466034 , -0.06809463,
         0.1268277 , -0.18000017,  0.3103906 , -0.50750154, -0.15274961,
         0.12252279, -0.16641405, -0.03968891,  0.02383786,  0.05627475,
        -0.20246838,  0.04235326, -0.2173025 , -0.06952475,  0.05077322,
         0.04926295, -0.13888703,  0.02363638,  0.03472354,  0.01742051,
        -0.17576621, -0.02270203,  0.07948332, -0.17024048,  0.08501079,
        -0.12726821, -0.3469811 ,  0.05703893,  0.14240794, -0.10071906,
         0.11841816,  0.18580337, -0.1836675 ,  0.00921088,  0.35199606,
         0.03686865,  0.54684633, -0.15094239,  0.02019315,  0.11095339,
         0.13585049,  0.13129228,  0.27305895,  0.24082522,  0.04157525,
        -0.04144178,  0.18094961,  0.41042453,  0.33959204,  0.29969   ],
      dtype=float32),
```

图 4-13　训练后的词向量示例

五 基于词向量层次密度聚类的评论主题识别

训练好词向量后，通过采用聚类算法获得词之间的类簇，从而找出词之间的潜在语义联系。为了能够较为直观地反映评论文本中出现的词间的潜在语义关系，本书采用了 T-SNE 对词向量进行了降维处理。

已经训练好的词向量共 100 维，为了能够通过可视化的方式较好地展示词间的潜在语义关系，在对词向量进行聚类前首先进行了降维。本书采用 T-SNE 方法进行降维处理，其主要由 T 分布和随机近邻嵌入组成，适用于将高维数据降到二维或者三维进行可视化展示。其基本原理是：高维空间相似的数据点映射到低维空间距离也是相似的，一般使用欧氏距离来描述其相似性，再将距离关系进一步转换为条件概率，通过这种方式针对高维数据降低维度，同时使转化后的低维数据能够比较好地保留高维数据中的语义信息，这不仅可以变为我们更容易观察的二维数据，而且能够有效提高层次密度聚类的匹配结果。降维后的数据点集如图 4-14 所示。

图 4-14 降维后的词分布可视化

降维后采用层次密度聚类（HDBSCAN）对这些点集进行聚类，我们需要给定超参数形成簇的最小元素数 min_ cluster_ size，即给定点在邻域内成为核心对象的最小邻域点数，即规定一个类簇中包含的最少成员数量。同时，我们也在不同参数值的情况下计算了被簇包含在内的样本点数量（噪声）与总的样本数点量间的比值（噪声比）作为选择最终聚类结果的参考指标。我们采用循环的方式设定最小聚类簇所包含的成员数量从 3 逐步增加至 60，步长为 2，并最终统计每一次聚类结果中类的数量以及噪声比，如图 4-15 所示。

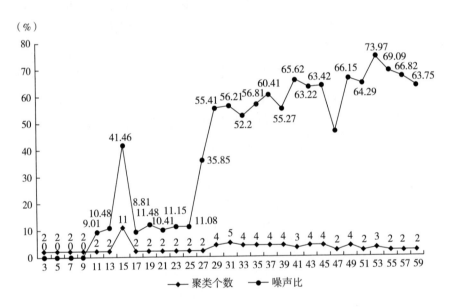

图 4-15 不同聚类个数下的噪声比

当规定了不同的形成簇的最小元素数时，聚类的结果也存在较大的差异，类的数量最少时可划分为 2 个类，而类的数量较多时可划分为 11 个类（见图 4-15）。同时可以看到，随着最小元素数量的增加，被排除在聚类以外的噪声数量也在不断增加。经过对上述结果进行观察与分析，我们选定了形成簇最小元素为 15 个节点时的聚类结果，即最终划分为 11 个类。选择该聚类结果的原因，一方面是为了便于较为细致地观察词间形成聚类后的语义关系而考虑观察较多的聚类情况；另一方面则是考虑到在聚类数量较多的前提下，该聚类结果的噪声比相对较低，为 41.46%，即该聚类结果包含了尽可能多的词。为了能够较为直观地区分不同的类，我们分别采用不同灰度的颜色对不同的类进行了标注，经过可视化后，如图 4-16 所示。

图 4-16　词聚类可视化

进一步地，我们选择词 tfidf 值作为可视化中节点标签的大小，对聚类中的词进行了显著的标注，具体如图 4-17 所示。

从词云图可以看出，不同词能够聚合成含义相近的语义集合，通过密度聚类算法得到的结果可以发现，词之间含义不仅存在一定的紧密联系，同时也发生着语义的演化，这表明用户生成在线评论内容中，即使浅层含义或词性不同的词也可能出现在含义相同的语境当中，进而反映出相同的主题。

根据聚类结果，处在同一类的词在用户评论文本中的含义及作用有着一定的相似性，我们可以将同一类的词定义为用户评论文本中论述的某个主题。每个类别中依照词 tfidf 值进行排序，本书列出了 11 个主题中 tfidf 排名前 10 的词，具体如表 4-4 所示。

图 4-17 根据聚类结果可视化后的词云图

表 4-4   **聚类后 11 个主题中 tfidf 前 10 的词**

主题	词	tfidf	词	tfidf	词	tfidf	词	tfidf	词	tfidf
主题 1	朋友	18.01	老婆	13.40	本来	8.60	一辆	8.32	看车	7.50
	媳妇	7.36	实在	7.15	最终	7.03	家里	6.62	果断	5.86
主题 2	功能	11.32	钥匙	11.01	后备厢	9.96	天窗	9.88	样子	7.89
	加装	7.34	车门	6.78	按键	6.27	车灯	6.27	前排	6.13
主题 3	不到	8.39	建议	5.53	加油	5.35	40	5.16	搞定	4.36
	分钟	4.27	厂家	4.11	2000	3.90	50	3.86	项目	3.80
主题 4	一点	13.42	设计	12.28	车身	9.72	确实	8.97	mm	8.14
	屁股	7.82	红色	7.62	漂亮	6.45	造型	6.36	这车	6.32
主题 5	车友	14.92	论坛	10.55	感谢	10.23	希望	9.60	分享	8.27
	车友会	8.16	车主	8.15	谢谢	7.87	参加	7.40	版主	7.32
主题 6	发动机	22.67	油耗	20.48	情况	9.27	刹车	9.45	变速箱	9.45
	行驶	7.21	车辆	7.16	油门	6.66	估计	6.53	换挡	6.48
主题 7	两个	10.86	拆下来	5.08	工具	4.97	玻璃	4.33	右边	3.92
	左边	3.90	拆开	3.57	保险丝	3.30	卡子	3.22	盖子	3.16
主题 8	检查	10.74	清洗	8.03	节气门	5.75	空气	5.21	滤芯	4.53
	定位	4.51	后轮	4.30	保护	3.79	火花塞	3.76	四轮	3.65

续表

主题	词	tfidf	词	tfidf	词	tfidf	词	tfidf	词	tfidf
主题9	车型	13.74	选择	13.50	全新	11.81	大众	10.39	新福	10.09
	两厢	9.14	新一代	8.26	原因	7.91	高尔夫	7.43	三厢	6.93
主题10	小福	34.47	第一次	8.95	回来	7.29	几个	6.97	电话	6.82
	几天	6.73	哈哈哈	6.61	好多	5.95	出发	5.93	儿子	5.92
主题11	提车	23.22	10	13.25	12	11.51	11	9.59	15	8.13
	20	7.68	13	7.07	30	7.00	17	6.28	16	5.86

从表4-4中可以看出，用户生成在线评论信息中出现的词呈现多主题特征，同时不同词性、词义的词能够聚合为含义相近的评论主题，这表明用户在阐述某个主题或表达某个观点时采用了不同的评论风格与语言表述方式。

主题1主要包括朋友、老婆、媳妇、家里等词，这说明用户生成关于福克斯汽车内容的评论信息时提及与评论用户具有现实社交关系的人员，这些人员可能在用户与评论对象（福克斯汽车）的互动过程中与评论者或评论对象存在着一定的互动关系。主题2主要包括功能、钥匙、后备厢、天窗、车门、按键、车灯、前排等汽车属性词。这说明，用户生成评论信息时提及大量的与汽车附属功能及配件等属性相关的内容。这些词表明，用户评论内容中包含对福克斯汽车整体或局部部件的功能及性能的评价或描述，这部分词是用户生成评论信息的主要内容。主题3主要包括不到、建议、搞定以及40、50、2000等量词。通过对相关评论内容进行分析发现，这部分词主要表明用户在驾驶或维护福克斯汽车时的部分消费，例如加油、维护或保养等过程中出现的消费情况。主题4主要包括设计、车身、mm、屁股、红色、造型等与汽车外观相关联的词。这些词表明，用户生成评论内容中包含了对福克斯汽车外观及造型等的视觉感观评论。主题5主要包括车友、论坛、分享、车友会、车主、版主等词，由此可以看出，用户生成在线评论信息的部分内容与其网络社交关系存在一定的联系，通过生成评论信息实现在线互动。主题6主要包括发动机、油耗、刹车、变速箱、行驶、油门、换挡等与汽车行驶性能相关的评论词。这表明用户生成评论内容涉及汽车行驶性能、驾驶体验等方面的评价。主题7主要包括拆下来、工具、玻璃、拆开、保险丝、卡子、盖子等词，这些词反映出用户评论信息中提及对汽车出现的局部故障进行拆卸、修理及维护的相关内容。主题8主要包括检查、清洗、节气门、滤芯、定位、四轮、火花塞等词，这些词反映出用户评论信息中提及对汽车进行定期维护及保养的相关内容。主题9主要包含车型、大众、新福、新一代、高尔夫、两厢、三厢等词，由此可以看出，这一主题主要涉及用户对福克斯汽车的整体评价，同时还涉及同其他品牌汽车同级别或相似车型的比较性评价。主题10主要包括小福、第一次、回来、电话、几天、出发、儿子等词，这些词反映出用户在生成评论信息时，提及与福克斯汽车相关的事件，以及事件包含的诸如时间、地点、场景及人物等一般要素。主题11主要包括10、11、12等数词，通过对包含此类词的评论内容进行内容分析发现，这些数词主要是指评论者提到的时间年份，例如10、11、12是指2010年、2011年或2012年，进一步观察可以发现，用户在生成评论信息时，通常会首先声明主题的时间年份，例如在某个年份购买的福克斯汽车，某个年份开始关注福克斯汽车，或者某个年份与福克斯汽车之间发生的特定事件等。

通过对用户生成的关于福克斯汽车在线评论信息进行主题挖掘，我们可以初步分析出用户生成福克斯汽车在线评论信息的主题特征：首先，从评论主题总体来看，用户生成在线评论信息内容主要以对福克斯汽车功能、性能、外观等方面的感知体验进行描述和评价。这反映出用户生成关于福克斯的评论信息其主要功能仍以对评论对象进行评价，表达其观点为主要功能。其次，从评论主题的数量来看，用户生成关于福克斯汽车评论信息所涵盖的内容非常广泛，既包括与福克斯汽车相关的信息，同时还包括大量与用户，即评论者相关的信息。这反映出用户从许多不同的方面生成了与福克斯汽车相关的信息。最后，从评论主题的具体内容来看，用户生成的评论信息中不仅包含着对福克斯汽车的评价性信息，同时还包括了大量的事件类信息，例如事件发生的时间、地点、人物、场景以及具体事件等。这表明用户生成福克斯汽车的在线评论，不仅包含了普通在线评论中的一般性评价的功能，同时还包含了对某个主题、事件等内容的叙述性功能。

六　基于点互信息评论主题情感分析

在主题识别分析的基础上，我们采用点互信息算法（SO-PMI）对每个主题中的词的情感倾向进行了分析。根据已经确定的依恋种子情感词典，计算出的每个主题下情感得分，为了能够较好地比较词间的情感程度，我们将词的情感强度得分区间压缩在 0—1，其中 0 为负面情感、0.5 为中性情感、1 为积极情感。所得到的每个主题情感强度前 10 的词如表 4-5 所示。

表 4-5　　　　　　　　每个主题情感强度前 10 的词

主题	词	情感值	词	情感值	词	情感值	词	情感值	词	情感值
主题 1	看车	0.53	家人	0.50	媳妇	0.49	爸妈	0.48	孩子	0.47
	顾问	0.47	家里	0.45	第一辆	0.44	预算	0.43	商量	0.41
主题 2	镀烙	0.84	智能	0.79	包裹	0.75	中央	0.71	扶手箱	0.70
	刹车灯	0.69	多功能	0.69	旋钮	0.69	前排	0.67	集成	0.67
主题 3	三年	0.46	提前	0.39	加油	0.37	大洋	0.34	不到	0.29
	试车	0.28	项目	0.28	费用	0.27	加油站	0.27	厂家	0.24
主题 4	质感	0.88	造型	0.83	尾部	0.75	线条	0.73	整体	0.72
	需求	0.65	运动感	0.65	前脸	0.64	设计	0.62	追求	0.61
主题 5	成绩	0.62	合影	0.60	组织	0.58	参加	0.55	自驾游	0.54
	精彩	0.53	期待	0.51	陕西	0.47	快乐	0.47	上海	0.46
主题 6	信息	0.59	换挡	0.58	压力	0.55	连续	0.53	弯道	0.53
	山路	0.51	到位	0.50	变速箱	0.49	方式	0.47	轻松	0.47
主题 7	接线	0.34	电源	0.33	盖板	0.33	玻璃	0.31	插头	0.31
	点烟器	0.30	卡扣	0.28	卡子	0.28	盖子	0.27	螺丝刀	0.23
主题 8	备胎	0.55	气门	0.37	定位	0.36	空气	0.35	防冻液	0.33
	汽油	0.33	火花塞	0.28	滤清器	0.27	技师	0.27	电机	0.27
主题 9	新一代	0.74	体验	0.66	高尔夫	0.62	轿车	0.61	车型	0.60
	性价比	0.57	两厢	0.54	思域	0.53	销量	0.51	印象	0.51
主题 10	消费者	0.65	风景	0.59	教练	0.58	遗憾	0.57	人生	0.57
	小伙伴	0.56	哥们儿	0.55	父母	0.53	结婚	0.53	标志	0.52

续表

主题	词	情感值	词	情感值	词	情感值	词	情感值	词	情感值
主题11	2006	0.37	15	0.35	2012	0.31	19	0.34	16	0.33
	提车	0.31	2013	0.25	2014	0.24	生产	0.20	11	0.20

从不同主题下词情感强度的排名来看，主题1的词普遍较为中性，其中看车、家人、媳妇、爸妈、孩子等词的情感得分普遍在0.5分左右，这表明用户生成评论信息时，谈及关于其家人或朋友时的情感较为客观理性，主要以叙述的方式进行表达。主题2中，镀烙（0.84）、智能（0.79）、包裹（0.75）等词的情感得分较高，这表明用户对汽车的镀烙部件、特定功能（如评论信息中的"智能感应保护系统""座椅的包裹性"）等方面的评论情感非常积极，对福克斯汽车的各项功能体验较为满意。主题3是关于用户在驾驶、维护、保养福克斯汽车或为汽车加油时的消费情况，其中加油、大洋、费用等词的情感得分分别为0.37、0.34和0.27，说明对于这部分消费内容用户普遍表达出了较为消极的负面情感。主题4的词情感强度得分显示，其中质感（0.88）、造型（0.83）尾部（0.75）、线条（0.73）、整体（0.72）等词的情感得分较高，说明用户在评论福克斯汽车时对福克斯汽车的外观及造型的满意度较高。主题5属于在线社交互动类主题，所包含的成绩、合影、组织、参加、自驾游等词的情感得分普遍介于0.5—0.6，即用户在描述参与福克斯汽车组织的线下活动或论坛线上活动时表达出中性偏积极的评论情感。主题6主要涉及用户驾驶福克斯汽车时，对福克斯汽车性能方面的评价，从换挡（0.58）、压力（0.55）、弯道（0.53）、山路（0.51）、变速箱（0.49）等词的情感得分可以看出，用户对福克斯汽车驾驶性能方面的描述普遍较为客观，表达出中性的评论情感。主题7主要涉及用户对福克斯汽车在维护及维修过程中发生的事件或情况进行的描述与评价，从这些内容可以发现，该主题主要涉及福克斯汽车出现的一些特定的问题或故障情况，因此词的情感得分普遍较低，用户此时也自然会表达出较为消极的评论情感。主题8关于用户对福克斯汽车保养情况的描述或评

价，从词气门（0.37）、定位（0.36）、空气（0.35）、防冻液
（0.33）的情感得分可以看出，用户在描述福克斯汽车保养情况时，
也表达出了对福克斯汽车存在的问题的负面情绪。主题9的词情感得
分反映出用户在对福克斯以及相同级别汽车进行比较和评价时所表达
出的情感。从词新一代（0.74）、体验（0.66）、高尔夫（0.62）、车
型（0.60）的情感得分可以看出，用户在将福克斯汽车与同级别其他
品牌汽车进行比较时，表达出了较为正面的积极情感，这也反映出用
户对于选择福克斯汽车总体上保持较为满意的态度。主题10是用户
对发生的与福克斯汽车相关事件的叙述与评价，从主题10消费者
（0.65）、风景（0.59）、教练（0.58）、遗憾（0.57）、人生（0.57）
等词的情感得分来看，用户在叙述和评论与福克斯汽车之间发生的事
件时，普遍表达出较为客观和中性的情感态度。主题11是关于用户
评论内容中特定事件发生的时间节点，从词的情感得分来看用户普遍
较为消极。

　　需要强调的是，在选定种子情感词时，本书通过人工阅读的方式
选取了能够较为明显的表达用户依恋情感的情感词，因而通过点互信
息算法得到的各类词情感得分能够反映出用户生成评论信息时各个词
依恋情感强度差异。通过对每个主题下各词情感得分的分析，我们可
以初步得出如下观点：首先，用户表达不同主题时的情感强度存在差
异，这表明用户生成的评论信息包含着较为丰富的评论情感。依恋情
感是用户内心深层次的情感，根据依恋理论用户对特定对象产生依恋
情感的形成机理来看，对象的显著性特征在用户依恋情感的形成过程
中有着重要的作用，因而从用户生成评论信息来看，对特定对象或对
象特定属性能够表达出明显的、较为积极的情感，而对其他内容的描
述偏于客观中性，这反映出用户生成评论信息中所包含的评论情感非
常丰富。其次，针对不同主题进行描述和评价时，用户不同的情感表
达差异整体上既反映出用户对福克斯汽车的特定情感态度，同时也反
映出用户生成评论信息具有理性与感性相结合的特点。时间维度是探
究用户依恋情感的一个重要维度，用户对评论对象表达出的依恋情感
具有时间维度上的相对稳定性，这种稳定性在评论信息中则表现为情

感强度波动区域平稳，整体情感表达较为稳定。最后，从整体的主题情感强度来看，用户的依恋情感在通过评论信息进行表达的过程中并非非常明显或者强烈，这从侧面印证了用户情感依恋在时间维度既包含感性成分，同时也包含理性成分。

第三节　品牌依恋驱动下用户生成在线评论的质量特征

一　高质量用户生成在线评论信息质量特征及其评价标准

信息质量可从信息和用户两个角度进行描述，即符合一定的规范和要求，并满足用户的基本需求。目前，关于在线商品评论信息质量的界定主要有两种观点：一种观点是从信息的客观属性角度对在线评论信息质量进行判定，主要包含信息的全面性、真实性、及时性、可理解性、可靠性等反映信息质量特征的客观标准。另一种观点则主要从信息用户的视角关注信息效用，从用户感知信息效用的视角对信息质量进行评价，可以简单地理解为所获得的信息能够更加正确有效地指导用户决策行为的信息，其质量也就越高。实际上随着学者对信息质量研究的不断深入，学者逐渐发现两种观点间并无清晰明显的概念界限，也就是说，二者存在一定程度的关联与融合，例如能够正确有效指导用户行为决策的信息应当具有较高质量的特征属性。我们认为，在线商品评论信息是由商品或服务的消费主体依据其使用产品或享受服务的体验而撰写的评价信息，其信息质量的形成更多地受评论撰写者的直接影响。评论信息发挥的效用不仅与信息本身有关，还与评论阅读者的信息素养及获取与利用信息的能力有关。同一条在线评论信息对不同的阅读者发挥的作用是不一样的。因此，我们认为在线商品评论信息质量是指信息自身的质量，反映的是评论信息的客观特征。

明确在线商品评论信息的内涵，合理确定其质量标准，有利于对在线商品评论信息质量进行有效评估、管理。本书确定了在线评论商品信息形式和内容的五个质量标准，依次是在线商品评论信息的形式多样性、客观真实性、全面具体性、可读易懂性和及时性。五个标准根据自身定义对在线商品评论信息质量与之对应的属性进行强调，并加以综合，进而从多方面体现出在线商品评论信息质量的总体特征。

（一）形式多样性

形式多样性是指在线商品的评论信息类型多样、形式丰富。其中，类型多样性是指评论信息可以采用图片、视频、文字、符号等多种表达方式，形式丰富性指的是评论信息的各类表达方式都以长文字、多图片等大容量内容的方式展现。

近年来，电商平台受市场规范的影响，在线评论机制日趋完善，在线评论的呈现形式也更加多样。在线评论能为用户提供的信息数量随着评论内容的丰富性而增加。也就是说，在线评论的内容越丰富，能提供给用户的信息就越多，进而使消费者可以更加全面了解与商品相关的各个属性，有助于促进其购买决策的形成。由于商家详情页的展示图通常都是经过专业的美化处理后才会上传的，因此用户会倾向于相信在线评论中其他消费者发布的图片、视频等真实性较强的信息，认为它们的参考性更大。用户会翻阅大量评论，便于自己尽可能全面了解商品。在一条评论中上传多张图片或多个视频，且图片和视频的清晰度较高，能有助于提升在线评论信息质量。一般来说，图片评论的针对性强于文本评论。但是文本评论的优点在于其内容的涉及面更为广泛，能为用户提供的信息更加丰富。而且评论者生成的文本评论中通常会带有强烈感情色彩的词，例如"很好""非常喜欢""体验极差""很不满意"等，可以直接影响其他用户的购买决策。

（二）客观真实性

客观真实性指的是评论者生成的评论内容是基于客观事实和自己的真实感受所撰写的，不是为达成某种目的去编造、虚构评论信息。在线评论信息客观真实性的评判标准包括客观性、真实性、准确性和可靠性四项。其中，客观性是指评论者根据客观事实对商品属性和服务质量进行描述；真实性是指评论者遵从自己的内心，按照真实感知生成评论信息；准确性是指评论信息的具体内容是和实际相符的；可靠性是指评论信息的信度，即评论者生成的在线评论信息是值得信任的。

客观真实性不仅是评论者生成在线评论信息时必须遵守的重要准则，而且是反映在线评论质量的重要指标。违背客观事实的评论信息不具有参考价值，还可能会导致其他用户产生怀疑、反感、排斥的负面情感。用户的隐匿性、网络的虚拟性以及评论者的主观性，客观上为辨别虚假评论造成了一定障碍。虚假评论不利于引导消费者形成正确的购买决策，会有损店铺口碑、降低商品销量。虚假评论的大量涌现也会对第三方电商平台的信誉产生显著的负面影响。因此，第三方平台和评论管理者应加强对虚假评论信息的管控力度，更新识别方法，并及时采取处理措施。评论阅读者要提高警惕，认真判断评论信息的真伪，以防被虚假信息所蒙骗。由于用户的购买决策在很大程度上受在线评论信息客观真实性的影响，而且客观真实的评论环境有助于提升消费者对平台的信任，激发用户与人互动分享的欲望，进而积极主动地撰写评论，所以保证评论信息的客观真实性是驱动用户生成高质量在线评论的重要一环。

（三）全面具体性

在线评论信息的全面具体性是指评论内容的完整和详细。完整全面要求评论信息包括商品属性、商家服务、快递物流等多方面内容。详细具体要求评论信息对各方面的描述都要尽可能地细致、周到，不能一笔带过。

全面具体性主要体现了评论信息内容的广度和深度。评论信息的广度，即全面性，反映了在线评论信息的完整程度。通常，评论内容里提及的对象越多，在线评论信息的质量就越高。一般而言，高质量的在线评论，其内容会涉及商品属性、商家服务、快递物流和电商平台等信息。例如，产品的质量、价格、外观、功能以及实用性等；商家的回复速度、服务态度、售后服务等；物流的速度、包装、效率、配送等；电商平台的页面布局、优惠力度、商品展示、在线客服等。商品的评论内容越丰富，评论阅读者从中获取的信息就会越多，其引导作用也就越强。近年来，信息逐步呈现出碎片化和零散化的趋势，一些评论者有时仅仅发表一两个字或几个表情符号的小信息量评论内容，无法为其他用户提供有效参考，难以使其做出购买决策，完成购买行为。评论信息的深度，即具体性，强调评论内容中对每个方面的说明都应详尽、细致，不能过于笼统、含糊。全面具体的在线评论将信息的广度和深度有机结合，可以使信息发挥出最大效用。

（四）可读易懂性

在线评论信息是否具有可读易懂性，关键是评论内容是否具有语法正确性、结构合理性、用词生动性和易于理解性，这些特性主要体现在评论信息逻辑清晰、表述恰当两方面。一方面，逻辑清晰要求在线评论信息的表述条理分明、思维缜密、有理有据。另一方面，表述恰当要求评论内容准确无误、清晰了然、不含歧义。可读易懂性是在线评论信息质量评价的重要标准。一条评论的可读易懂性强弱决定评论阅读者能理解和掌握内容的多少。评论信息的可读易懂性越强，说明此评论信息的质量越高，评论阅读者受信息影响力越大。例如，高清晰度图片可读性会远大于模糊不清的图片、表达准确无误的文字更易于读者获取所需信息。但受主体差异性影响，阅读者从同一条评论中获得的信息数量也会参差不齐。这说明，评论内容具备可读易懂性的关键特征，对提升评论信息质量、加强评论阅读者影响力有重大意义。

（五）及时性

及时性指的是在线商品评论信息需要及时发布。也就是说，消费者收到商品和评论行为间不会存在较长时滞。及时性是考察消费者在线评论信息发布的时效性指标。时效性强意味着在线评论信息的作用会随着时间的推移不断降低。对信息的质量进行评价时，一个不可或缺的指标就是信息的及时性。莫祖英认为，信息的新颖性、时滞性和时间跨度三个指标可以用来测量数据库信息资源的时效性。[①] 张新兴

---

① 莫祖英、马费成、罗毅：《微博信息质量评价模型构建研究》，《信息资源管理学报》2013 年第 2 期。

等将信息新颖性理解为信息更替的周期短、最新信息第一时间得到供应。[①] 由于时间可以决定信息的效用，而且信息的有效性具有一定时限，所以说，及时性是评价在线评论信息质量的重要指标之一。将及时性这一指标运用到在线商品评论信息中，其意义则变为消费者收到商品的时间与其发布评论的时间之间的差值，即用户在收货多久之后会主动发布评论。通常，消费者收到商品的时间与其对商品进行评论的时间间隔越短，消费者所生成的评论信息越能反映出那段时间里商品的质量是否达到消费者的预期，以及消费者对商品的体验感受。用户生成的在线评论能为消费者提供的参考价值越大，则代表评论信息的效用越强。然而，不同种类商品的及时评论为其他用户提供的有效信息有所差异。例如，手机等电子产品需要使用较长时间，消费者对其才能有十分明显的感受，在收货后只能对其外观、手感等属性进行评价，而质量、电池续航能力等属性的好坏需要经过一段时间的体验才可得知，所以这类产品在有效性所规定时限内生成的评价具有局限性，而追加的更为有用的评论显然滞后于此。消费者对体验品的近期评论比时间间隔长的评论的感知有用性更强，专业人士的评论比一次性评论的感知有用性更强。[②] 虽然追加评论和体验类商品评论具有一定的滞后性，但从总体上看，在线评论信息发挥作用的大小和评论的及时与否显著相关。

二 用户生成视角下高质量在线评论的内容特征

在科学评价在线评论信息客观属性的同时强调评论阅读者的感知效用，已经成为学界对于评判评论信息质量标准的共识。如莫祖英等认为，微博信息质量需要通过信息量、内容质量、信息源质量及信息利用情况四个方面进行全面的评价。[③] Richard 等认为，信息的准确

---

① 张新兴、杨志刚：《高校图书馆数据库用户满意指数模型——假设与检验》，《图书情报工作》2010 年第 3 期。

② 陈厚：《时间间隔对在线评论影响效应研究——基于归因理论的视角》，博士学位论文，武汉大学，2015 年。

③ 莫祖英、马费成、罗毅：《微博信息质量评价模型构建研究》，《信息资源管理学报》2013 年第 2 期。

性、客观性、信息源的可信度与声誉仅仅反映信息内在质量（intrinsic data quality），信息质量同时还应当包括能够满足特定情境任务需要的信息内容质量（contextual data quality）以及反映信息简洁和易于理解的表征质量（representational data quality）。① 已有研究从客观评价与感知效用的角度，对用户生成评论质量的测度标准提出了较为系统全面的理论框架。基于已有的理论观点并结合用户生成视角来看，我们认为高质量的在线评论信息在内容方面应当包含四个质量特征：①观点及逻辑论述；②属性及性能描述；③事件及情景叙述；④情绪和情感表述。②

第一，清晰合理的评论观点是用户生成高质量在线评论的核心要素，用户评论的观点应当具体明确，能够反映出用户生成评论时对评论信息组织与表达的内在逻辑；第二，评论内容应当基于观点对评论对象的属性与性能进行较为细致的描述；第三，围绕对象属性与用户体验的事件及情景叙述是支撑用户生成评论观点与情感的重要论据；第四，高质量的用户评论需要用户生成评论信息时适度的情感和情绪表达，情感的表达可以更为通俗和口语化，但不宜过分强调，从而干扰用户的理性判断。

三　品牌依恋与用户生成在线评论信息质量的内在关系

个体的情感状态往往会影响到个体在社会生产生活中各种行为决策的选择结果③，用户在情感依恋的驱动下会倾向投入更多的意愿与动力，生成观点鲜明、论据充分、情感丰富的高质量在线评论，情感依恋是用户生成高质量在线评论重要的动力来源、内容来源与情感来源。

首先，情感依恋激发并强化了用户发表观点、叙述事实、分享体验的意愿与动机。从社会交换理论来看，依恋是一个超越态度的构

① Richard Y, Wang, Strong D M, "Beyond Accuracy: What Data Quality Means to Data Consumers", *Journal of Management Information Systems*, Vol. 12, No. 4, 1996.

② 毕达宇、张苗苗、曹安冉：《基于情感依恋的用户高质量在线评论信息生成模式》，《情报科学》2020 年第 2 期。

③ 徐健：《基于网络用户情感分析的预测方法研究》，《中国图书馆学报》2013 年第 12 期。

念，它能预知较高层次的交换行为的结果，是用户与对象关系的高涉
入阶段①，用户的自我概念在用户与依恋对象的交互过程中得到显著
增强和延伸，并唤醒依恋情感使用户在认知与情感层面获得极大的精
神收益，驱动用户产生想要表达观点、描述过程、抒发情感的内在动
力，以生成评论的方式反馈和回报源于依恋对象的感知收益。相对于
一般的评论对象，用户更愿意对依恋对象进行较为全面、完整、客
观、真实的评价。其次，用户生成评论的核心主题与依恋对象的显著
性特征以及对象—自我联结关系紧密相关。依恋对象的显著性特征是
最容易被用户想起和回忆的部分，也是用户生成评论信息时想要突出
和重点表达的主题。对象—自我联结关系则是指依恋对象被用户纳入
自我概念的程度，同时也反映了用户对依恋对象的认识和理解程度，
进而影响用户生成评论的内容深度。最后，情感依恋驱动下用户生成
评论是用户将深层依恋情感逐步向表层评论情感的外化过程。依恋情
感是在用户与依恋对象长期互动基础上不断建立和形成的深层次的，
较为稳定的情感状态。用户在这种稳定情感状态下能够更好地调节和
控制生成评论时的情绪和情感，并通过运用各类丰富的情感词与情感
符号，达到合理表达情感倾向与适度情感强度的效果。

第四节　品牌依恋驱动下用户生成高质量
在线评论信息的内容特征

　　个体需求的不断满足会形成以情感依恋为主导的行为控制系统与
特有行为模式②，从用户生成评论信息的内容特征来看，情感依恋驱
动下用户生成在线评论信息的内容具有三个集合特征：围绕依恋关系

---

① Park C W, MacInnis D J, Priester J et al, "Brand Attachment and Brand Attitude Strength: Conceptual and Empirical Differentiation of Two Critical Brand Equity Drivers", *Social Science Electronic Publishing*, Vol. 74, No. 6, 2010.

② 赵欣、周密、于玲玲等：《基于情感依恋视角的虚拟社区持续使用模型构建——超越认知判断范式》，《预测》2012 年第 5 期。

存在特定逻辑的多个事件集合；反映依恋认知的深层与浅层含义交互的复杂语义集合；表达依恋情感的由内而外演化的多元情感集合。

一　围绕依恋关系存在特定逻辑的多个事件集合

高度的情感依恋关系反映用户对依恋对象具有高度自我相关的认知和情感记忆①，用户会通过叙述多个事件并伴随观点的方式，以"论"代"评"或"评""论"并重的形式，将这些能够反映依恋关系的图式认知与情感记忆表达出来，意在将评论信息的接收者带入由评论生成者描述的具有潜在逻辑关系的多个事件所构建的语义情境，进而认识和理解生成评论用户的心理情境，使评论接收者增强"共同体验"，来支持和认同评论中包含的观点与态度。从评论信息的角度来看，围绕依恋关系进行的事件描述，其目的在于强化用户生成评论信息中所包含观点的独立性与合理性。事件与观点构成了用户生成评论信息中基本的逻辑关系，事件是对观点的补充与佐证，观点则是事件的认知与概括。区别于他人未曾经历的独立事件以及由此事件所形成的认知观点，多事件叙述和观点既给出了用户独立观点的事实依据，同时也提供了由此事件所形成合理观点的因果路径。依恋对象的显著性特征，决定了用户对依恋对象各个方面的属性描述与评论是不均衡、不全面的，评论信息中所描述的不同事件之间的递进、比较、因果等一系列的逻辑关系，在总体上反映出了用户观点的主次结构与重要程度差异。情感在记忆中的作用体现在它既影响事件的存储方式，也影响回忆时对事件的重构。② 在通过描述多个事件并强化多个事件间的逻辑关系时，用户会有意或无意地忽略与所想要表达核心观点无关的事件要素，例如无意义的事件发生时间、场景等，着重描述事件的过程、状态及结果，重点突出用户所要表达的核心观点。

---

① Park C W, Eisingerich A B, Park J W, "Attachment-Aversion (AA) Model of Customer-Brand Relationships", *Social Science Electronic Publishing*, Vol. 23, No. 2, 2013.

② 魏屹东、周振华：《基于情感的思维何以可能》，《科学技术哲学研究》2015 年第 3 期。

二　反映依恋认知的深层与浅层含义交互的复杂语义集合

语言是含义交流的媒介。[①] 语言学认为，语言包含"语义"和"语感"两个部分。语义是凝缩在语言概念里的一种固定的客观信息，是一种外指的语言；语感则是人们在传达语言信息时所包含的一种主观情绪和主观意向，是一种内指的语言。[②] 评论信息中的词、句子以及相互间的语义关系，反映了用户所要表达观点的浅层含义，即描述依恋对象属性、交互经历、感观体验等方面的词和句子所构成的表层语义以及各类语义关系中反映出的潜在语义。深层含义是用户在表达浅层含义的基础上，向他人传达出的对依恋对象的认知与情感状态，以及由此形成的主观情绪与主观意向。用户的情感依恋是在长期与依恋对象不断的互动过程中深化和发展而形成的，它是用户对依恋对象在认知层面上从认识、了解、熟悉、交互、体验、感悟并最终上升至纳入自我概念所产生的不断内化的结果。用户生成评论信息则是这种内化的逆向过程。评论信息在语义层面详尽细致的描述和评价，其中所蕴含的是通过上下文语境感知到的用户深层的依恋认知。例如用户生成评论信息中，通过对经历、体验、情感等方面的描述和评价所呈现出对依恋对象的自豪感、幸福感、成就感等。评论信息中对依恋对象不同属性的多个方面进行描述和评价，构成了反映用户所要表达的深层与浅层含义的语义集合。深层含义与浅层含义是以词与句子的语义为媒介相互映射与转换的。深层含义的表达需要通过浅层含义的描述形象化、具体化，浅层含义其目的在于强化用户评论深层含义的合理化、系统化。例如，用户简单地通过"这个产品完全符合我的风格和品位"对依恋对象进行评价，不仅从浅层含义上表达了用户偏好并强调了对象属性特征，同时也在深层含义上反映出用户对于评论对象的认同感与满足感。

三　表达依恋情感的由内而外演化的多元情感集合

用户的情感表露错综复杂，常常发表混合观点评论，既肯定某方

① 王知津、周海英：《语义学理论与信息检索》，《现代图书情报技术》2003年第2期。

② 曾宪柳：《关于语言的语义与语感》，《逻辑与语言学习》1991年第2期。

面，同时又在批评其他方面。① 相对于短文本存在信息量少，个人意图与个人主义情感色彩严重，用户无法深入描述产品和情感表达等特点②，类似社区论坛、博客空间等长文本评论中通常包含的用户观点更为多样全面，所呈现的情感也更为复杂。不同类型情感的表达难易程度存在差异，越深层的情感，其表达也更为困难，方式更为复杂。个体对这种深层依恋情感的表达需要将这种依恋情感更进一步地具体化与有形化，例如公民对国家的依恋情感具体体现在国家富强所带来的民族自豪感、个体对家乡的依恋情感具体表现在对家乡的怀旧情感等。评论信息中关于评论对象的认知和情感描述则会将这种情感更进一步通过使用情感词与标点符号直接表达，或是通过事件与情境的叙述间接表达。针对不同观点表达出的不同类型情感及其强度构成了共同反映用户依恋情感的多元情感集合。从情感的类型来看，情感集合中既可以包含用户对依恋对象某种属性的认可与满意等正面情感，同时也可以包含对其他属性所具有的失望、遗憾等负面情感。特别是当依恋对象未能达到用户预期或对用户情感造成负面影响时，评论信息中可能出现"即使不愿承认，也不得不说……"等反映用户复杂的情感状态。从情感的强度来看，多种情感的呈现方式也在不同程度上反映出了情感强度的差异。例如评论信息"×××不仅外观好看，功能也超乎我的预期"中，通过"不仅……也"等连词能够反映出用户认为评论对象的"外观"及"功能"属性处于平等关系，此外在内容的描述方面，用户意在通过对功能属性"超乎我的预期"的描述，反映出用户对评论对象的体验认知明显强于感观认知。

---

① 王洪伟、郑丽娟、尹裴等：《基于句子级情感的中文网络评论的情感极性分类》，《管理科学学报》2013 年第 9 期。

② 徐健：《基于网络用户情感分析的预测方法研究》，《中国图书馆学报》2013 年第 12 期。

第五章 基于品牌依恋的用户在线评论信息生成模式

第一节 品牌依恋情境下用户生成在线评论信息的动力来源

表达自我、实现自我和愉悦自我是用户依恋情感形成的重要因素①，也是用户在依恋情感驱动下生成在线评论信息的关键动力来源。在线评论信息的主题特征、内容结构、情感倾向甚至载体形式，既是用户对依恋对象的印象描述与整体评价，也是用户个体信息意识、知识架构、认知能力与情感等方面外在的自我映射。

一 表达自我

自我表达是一种非常普遍与习惯性的行为，通过这种行为，个体得以使自己的想法或感觉有形化、具体化，达到被他人理解的目的。②用户趋向与能够表达自我、维持自身个性和身份的产品建立强烈的依恋情感③，在形成依恋情感的同时也在对外展示着自我，通过产品来

---

① 温飞、沙振权、龙成志：《消费者情感依恋形成机理研究演进》，《广东商学院学报》2011 年第 2 期。

② Kim H S H, "Choice and Self-Expression: A Cultural Analysis of Variety-Seeking", *Journal of Personality & Social Psychology*, Vol. 85, No. 2, 2003.

③ Wallendorf M, Arnould E J, "'My Favorite Things': A Cross-Cultural Inquiry into Object Attachment, Possessiveness, and Social Linkage", *Journal of Consumer Research*, Vol. 14, No. 4, 1988.

告诉别人自己是一个怎样的人。①② 在线评论即自我表达的一种表征信息行为，用户将依恋对象视为对自我概念的丰富和延伸，对依恋对象的属性、功能、效用以及交互过程中形成的认知与情感的评价是用户内在自我概念的映射与展露。

用户通过对依恋对象的评论来表达自我时，其评论内容通常具有高度的原创性，评论观点可能存在相似或雷同但是较为独立，不易受到群体观点的左右，同时也不会存在过度的负面情感。表达自我强调"我是如何认为的"，例如对产品或品牌形象和理念的认同与欣赏。每一个个体都是相对独立的自我概念，个性化是个体自我概念有别于其他个体自我概念的关键要素，用户会通过原创评论的方式来实现自我概念中的个性化表达。这种个性化既源于个体本身的特征属性，例如性格、观念等，也源于所依恋对象的个性化属性，例如产品理念、品牌文化等。用户针对依恋对象生成在线评论信息前，会通过对依恋对象的价值、形象、风格、功能、效用、交互经历等方面信息进行组织和序化，并在处理信息过程中投入大量精力与情感，进而对产品或品牌形成依恋认同，因此生成的在线评论信息可以看作经过深度加工的原创知识产品。评论观点的独立可以体现在差异性独立和共同性独立两方面。差异性独立体现在个体受自身性格、习惯、偏好等因素的影响，结合评论者的信息表达能力及评论者的商品知识储备参差不齐的实际情况，会使其评论者生成的评论内容具有一定的自我风格，从而导致每个个体的评论观点会存在或多或少的差异。而共同性独立则体现在完成购买行为之前，消费者已明确所购买商品的价格、用途、外观等属性，他们所购买的商品相比较于同类其他商品更符合自身期望，因此同一商品的购买者在未收到货物前的心理预期较为一致，生成的在线评论中对商品某些属性的描述会有相似或雷同之处，具有一

---

① Schultz S E, Kleine R E, Kernan J B, "These are a Few of My Favorite Things: Towards an Explication of Attachment as a Consumer Behavior Construct", *Advances in Consumer Research*, Vol. 16, No. 1, 1989.

② Belk R W, "Possessions as the Extended Self", *Journal of Consumer Research*, Vol. 15, No. 2, 1988.

定的共同性。此外，自我概念强调个体渴望自己成为理想中的自我，从而获得别人对自己的高度评价。[①] 理想自我是一种高尚、健康的自我，用户会尽量避免生成附加过度负面情感的评论信息（如讽刺、辱骂等）来努力保持与理想自我相一致。同时，用户通过对依恋品牌深入的介绍和评价，来表达自己对于品牌的热爱与专业，进而保持和提升自己在品牌爱好者社群当中的良好形象。

二　实现自我

自我实现是个体在实践活动中不断提高满足自身生存和发展需要的能力，实现自己价值追求的过程。[②] 当用户通过产品功能帮助解决自身问题时会感觉到自己的能力得到了延伸，从而使自我产生满足感进而达到实现自我的目的[③]，在实现自我的过程中，用户会产生依恋情感，并通过自我效能来实现与他人之间的信息共享。[④][⑤]

从生成在线评论信息的角度来看，用户实现自我的动力可以分为两种：一种是通过描述用户与依恋对象间的交互体验和经历，以展示的方式实现自我；另一种是通过与怀有共同依恋情感的用户进行互动，以帮助和反馈他人的方式实现自我。实现自我强调的是一种发展过程，而非一种存在状态[⑥]，它强调用户通过对产品的学习、了解、掌握、操作及使用等方面实现能力提升的过程，因此用户在生成在线评论信息时，会主要围绕用户与依恋对象间的互动过程及体验经历这两类主题。但是，不同类型自我实现动力也会对评论信息生成的内

---

① Rogers T B, Kuiper N A, Kirker W S, "Self-Reference and the Encoding of Personal Information", *Journal of Personality & Social Psychology*, Vol. 35, No. 9, 1977.

② 吴倬:《人的社会责任与自我实现——论自我实现的动力机制和实现形式》,《清华大学学报》(哲学社会科学版) 2000 年第 1 期。

③ Thomson M, Macinnis D J, Park C W, "The Ties That Bind: Measuring the Strength of Consumers' Emotional Attachments to Brands", *Journal of Consumer Psychology*, Vol. 15, No. 1, 2005.

④ Choi N, "Information Systems Attachment: An Empirical Exploration of Its Antecedents and Its Impact on Community Participation Intention", *Journal of the American Society for Information Science and Technology*, Vol. 64, No. 11, 2013.

⑤ 温飞、沙振权、龙成志:《消费者情感依恋形成机理研究演进》,《广东商学院学报》2011 年第 2 期。

⑥ 郑剑虹、黄希庭:《西方自我实现研究现状》,《心理科学进展》2004 年第 2 期。

容、方式及过程等会产生一定的差异。一方面，以展示的方式实现自我，本质上是用户在线下与依恋对象交互过程中实现自我的一种延伸，是用户通过文字、图片、视频、音频等信息形式对用户线下自我实现的过程在线上的展示。因此，以展示的方式实现自我更多地强调"我是如何与依恋对象进行互动的"或"在互动过程中我的感觉如何"。例如，对产品功能的人性化、智能化等方面进行评论，在高度依恋情感的驱动下，用户对产品功能高度认可的同时，也会肯定甚至夸耀自我能力。另一方面，以帮助和反馈他人的方式实现自我，本质上则是针对用户通过生成在线评论信息发挥自我效能，进而达到实现自我这一过程本身，因此以帮助和反馈的方式实现自我更多强调的是"我是如何使用的"或"如何操作会使效果更好"，在评论信息的内容和主题上更加侧重于强调如何辅助他人与依恋对象进行互动，进而获得更好的用户体验。用户也会积极主动地回应其他评论生成者评论内容中持有的质疑、提出的问题。两种不同的动力来源反映出用户在生成评论信息时所表现出的主动与被动方式差异。主动方式下生成的评论信息，其内容、主题、形式等并不存在某种定式，用户可以完全按照自己的意愿、语言风格、表达习惯生成评论。而被动方式下用户则更多会依照他人的要求或想法生成具有针对性的在线评论，在帮助和反馈他人的同时获得自我满足感，进而实现自我。

三　愉悦自我

当产品或者品牌能给用户带来愉悦、兴奋等积极情绪时，人和产品或者品牌之间就有可能形成情感联系[①]，并通过生成在线评论信息的方式舒缓这种依恋情感。[②③] 通过抒发依恋情感实现愉悦自我的情感路径是多方面的。在依恋情感的驱动下，诸如享乐、怀旧、共情等各类积极情感体验会在生成在线评论信息的过程中得到延伸，成为用

① 温飞、沙振权、龙成志：《消费者情感依恋形成机理研究演进》，《广东商学院学报》2011 年第 2 期。

② Carroll B A, Ahuvia A C, "Some Antecedents and Outcomes of Brand Love", *Marketing Letters*, Vol. 17, No. 2, 2006.

③ Dichter E, "How Word-of-Mouth Advertising Works", *Harvard Business Review*, Vol. 16, No. 6, 1966.

户生成在线评论信息的阶段性情感预期，并在实现这种情感预期的前提下满足用户愉悦自我的根本需要。例如用户购买的某个具有纪念意义的商品，会勾起用户对往事的回忆，使其产生怀旧情感，在生成评论信息的过程中，随着往事涌上心头用户满怀幸福、感慨等情绪，进而抒发于评论之中，从而用户生成在线评论的行为成为愉悦自我的一种方式。学者普遍强调情感因素对于依恋的重要性，例如当商品能够为消费者带来积极、愉悦和兴奋的情绪时，更容易产生依恋情感。

用户通过生成在线评论信息来满足愉悦自我的方式分为两种：一种是用户抒发与依恋对象间的依恋情感来满足愉悦自我；另一种是用户在与他人进行互动时，通过愉悦他人的方式来实现愉悦自我。两种动力的相同之处在于，用户抒发依恋情感时，更加偏向通过生成评论信息营造特定情景的方式来强化评论情感。与亲情、爱情及友情相类似，依恋情感难以通过简单的形容词、副词及特殊符号来进行表达。在强烈的依恋情感驱动下，用户生成在线评论信息时会更加偏向营造某种情景来提升评论中的情感强度。例如，针对某种食品的评论，用户通过生成"让人想起小时候吃的味道"或者"家乡的亲人做的就是这个味道"等，引发一种思绪上的怀旧情感，进而抒发对产品的依恋情感。两种动力对于生成在线评论信息的差异则在于，单纯地抒发自身内在依恋情感来满足愉悦自我，能够体现出用户对自身情感体验的高度集中与深度沉浸，在评论信息中所展示的内容、主题与情感，均是围绕与用户本身密切联系或与用户—产品间亲密关系高度相关的信息。用户通过生成在线评论的方式释放自己的情感，在生成评论的过程中为自己带来精神上的满足和愉悦。而通过愉悦他人的方式来愉悦自我，即指通过生成评论信息得到他人的积极响应来获得情感体验，进而满足愉悦自我的需要。在与其他用户互动的过程中，用户感受到有人共鸣、有人理解的欣慰和满足，体验到生成在线评论的过程所带来的乐趣，从而更加热衷于和其他用户进行分享，形成良性循环。例如用户参与某个在线品牌社区互动时，通过生成在线评论信息与他人分享自身与产品或品牌的交互体验与经历。当用户的评论信息得到他人点赞、追评、认同以及转发等积极响应时，用户会感受到自身贡献得到认可所带来的满足感，从而感到愉悦，并能够激发自身持续性生成评论信息的意愿。

第二节　品牌依恋对用户生成在线评论信息的驱动模式

一　用户生成在线评论信息的品牌依恋驱动方式

依恋在驱动用户生成评论信息的过程中发挥着重要的控制和引导作用，通过不同的驱动方式使用户在信息处理过程中逐步构建评论主题，形成评论观点与评论情感，并最终生成评论信息。依恋的驱动方式主要包括导向驱动、激励驱动与调节驱动。

（一）导向驱动

品牌依恋对于用户行为而言是一个重要的前置因素，能够驱动用户从事行为和任务。当对产品或品牌具有依恋情感后，用户会有想要向他人分享和推荐自己所依恋产品的冲动。当与产品或品牌形成依恋关系时，用户能够在一定程度上通过生成的在线评论信息反映出他们对于产品或品牌在表达自我、实现自我或愉悦自我等方面获得的满足，因而评论的观点倾向、主题内容、情感基调也会以用户依恋为导向。根据品牌依恋理论，消费者把品牌视为依恋的对象，从情感和认知上将品牌与自身建立连接，认为品牌是自我的延伸。自我概念强调个体渴望自己成为理想中的自我。由于理想自我是一种高尚、健康的自我，一般认为，用户在评论所依恋的产品或品牌时，其评论内容与观点基本是正面的，对待依恋产品和品牌的情感也是正向的。在对品牌依恋的研究中有学者认为，用户对产品或品牌存在象征性消费、功能性消费与体验性消费三种消费类型，分别对应用户表达自我、实现自我以及愉悦自我的内在需求。[①] 当不同的消费类型能够满足与之对

---

① 温飞、沙振权、龙成志：《消费者情感依恋形成机理研究演进》，《广东商学院学报》2011 年第 2 期。

应的特定需求时，用户则会产生依恋情感并形成依恋关系，同时在依恋的驱动下，能够通过生成在线评论信息的内容、信息形式、情感倾向等将这种满足感展现出来。因而不难理解，用户为了能够表达依恋情感，在生成评论信息时，会主要围绕产品或品牌能够满足用户内在需要的特征属性进行描述和评价。

（二）激励驱动

强烈的依恋情感，不仅能够激发和维持用户生成在线评论信息的意愿，保持评论信息内容的新颖和及时，同时还能够促进用户在生成评论信息过程中对已拥有信息资源的整合与处理，通过细化评论内容、丰富评论形式等方式提高生成评论信息质量。用户的自我概念在用户与依恋对象的交互过程中得到显著增强和延伸，并唤醒依恋情感使用户在认知与情感层面获得极大的精神收益，驱动用户产生想要表达观点、描述过程、抒发情感的内在动力，以生成高质量评论的方式反馈和回报源于依恋对象的感知收益。在在线品牌社区中，诸如学习品牌知识、了解社区规则、社区活动回报以及社会交往等参与动机，只能作为用户参社区互动的初始动机或逗留动机，而用户的品牌依恋、人际依恋与社区依恋情感的动机作用则是用户长期保持活跃的根本原因[1]，用户将生成与产品或品牌有关的评论信息视作对社区的一种贡献，生成在线评论信息的质量则是对社区贡献程度的重要衡量。依恋决定了用户对于产品或品牌的资源分配[2]，既能够促使用户加大对产品或品牌的显性投入，例如溢价购买，也能够促使用户付出更多时间、情感、精力等隐性成本，例如花费更多的时间去学习相关的知识。用户会在依恋的驱动下运用更多的个人资源来维持这种依恋关系。更多的显性与隐形成本投入意味着用户会整合多方渠道获取的信息，通过运用所掌握的相关信息技术对信息进行深度加工，从而生成

---

① 贺爱忠、李雪：《在线品牌社区成员持续参与行为形成的动机演变机制研究》，《管理学报》2015 年第 5 期。

② Park C W, MacInnis D J, Priester J et al, "Brand Attachment and Brand Attitude Strength: Conceptual and Empirical Differentiation of Two Critical Brand Equity Drivers", *Social Science Electronic Publishing*, Vol. 74, No. 6, 2010.

形式多样、内容丰富、新颖真实的在线评论信息。

（三）调节驱动

用户在生成在线评论信息的过程中通常会受到一些外部环境因素的影响，例如依恋对象的相关信息、他人的个体观点与群体观点、评论环境的主题导向与话题热度等。这些外部环境因素会对用户生成在线评论信息的初衷产生一定的影响，通过依恋的情感与认知调节，改变生成在线评论信息的主题、内容、形式以及情感倾向与情感强度等，并增强调节后的生成意愿。一方面，当评论信息得到他人的充分肯定与积极反馈时，用户受到依恋情感的激发会继续生成评论信息。例如，用户通过微信、微博或在线品牌社区等社交网络发表对依恋对象的评论时，他人的积极评论与转发会让用户感到依恋情感的共鸣并愿意持续性参与评论，提升话题热度进而形成评论热点。另一方面，当评论信息得到他人的质疑或批评时，用户也会在依恋情感的调节下对负面信息进行辩论与反驳，例如用户在面对负面信息时对依恋对象的包容、谅解和维护。[1] 用户对品牌的依恋情感会调节其对品牌行为的认知和判断，例如发生服务失败时，具有高依恋情感的用户会表示原谅和理解，甚至会对该品牌此次的服务失败表示同情。当品牌做出补救措施后，不同依恋情感强度的用户，体验价值的提高程度也有所不同。依恋情感能够反映出依恋对象与自我间的亲密关系，在依恋情感的驱动下，用户会通过维持这种情感联系来保持自我概念的完整[2]，面对依恋对象的负面信息，用户会认为这是对自我概念的一种否定和伤害，因而会对负面观点产生本能的情感排斥，并通过评论信息阐述对于依恋对象的认同、肯定和理解。

二　品牌依恋对用户生成在线评论信息的驱动过程

认知行为理论认为，个体在受到外部刺激时所产生的反应并非单

---

[1] Schmalz S, Orth U R, "Brand Attachment and Consumer Emotional Response to Unethical Firm Behavior", *Psychology & Marketing*, Vol. 29, No. 11, 2012.

[2] Mikulincer M, Hirschberger G, Nachmias O, "The Affective Component of the Secure Base Schema: Affective Priming with Representations of Attachment Security", *Journal of Personality and Social Psychology*, Vol. 81, No. 2, 2001.

纯的机械反应，应当在分析主体认知过程的基础上强调内在情感的重要性。内部因素与外部因素会引发个体进行评价并激发个体主观情感，进而促使个体做出反应。[①] 生成内容翔实、情感丰富的在线评论信息，是用户在整合接收到的外部信息与已经掌握的内在知识基础上，通过认知与情感的信息处理过程，从评论的动力到评论主题及情感，再到评论信息的具体表现形式逐步形成的过程。依恋对用户生成在线评论信息的驱动过程，同时也是评论信息在依恋情感驱动下的形成过程。总的来说，用户在接收外部信息后激发自身的依恋情感，通过认知和情感对外部信息进行处理形成总体评价与总体情绪，进而产生评论信息的生成动力。用户在生成动力的推动下，逐步明确生成在线评论信息的主题以及所要抒发的评论情感，并通过特定的评论观点、内容、形式、情感极性与情感强度等表现形式生成在线评论信息，从而形成对外部信息的反馈。依恋对用户生成在线评论信息的驱动过程如图5-1所示。

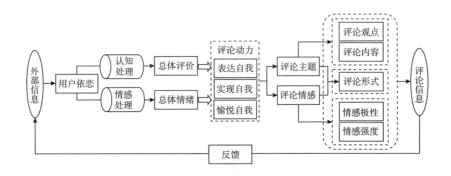

图5-1 依恋对用户生成在线评论信息的驱动过程

总体评价与总体情绪所反映的是用户对外部信息的认可与接受程度以及用户当前的情感状态。用户在接收能够激发和唤醒内在依恋情感的信息时，会从主观上期望信息中包含的观点与情感能够与用户原

---

① 卢强、付华：《品牌社会权力对购买意愿的影响——基于"评价—情感—应对"理论的实证》，《中国流通经济》2016年第7期。

有观点及情感相一致。简单地说，用户在依恋情感的驱动下更倾向于认同他们所期望的观点。当外部信息与用户固有观点及情感相一致时，用户的认知与情感都能受到较大程度的激发，产生与外部信息相一致的总体评价，并形成诸如兴奋、移情、共情、怀旧等积极的总体情绪。例如在虚拟社区中，用户看到他人评论信息中存在与自身体验、认知、情感以及经历等方面极为相似的内容时，在认知层面对外部信息高度认同的情况下，会激发社区成员情感上的归属及共鸣，从而形成积极的总体情绪。当外部信息与用户固有观点及情感相反时，用户对外部信息通过认知处理产生怀疑、反驳等总体评价，同时产生负面情绪。

用户对外部信息形成总体评价与总体情绪后会产生生成评论的内在动力，并由此初步形成评论信息的主题与情感。评论主题是用户生成动力与评论信息间的重要纽带。由依恋情感激发而形成的生成动力是用户生成评论的根本目标。用户通过评论来实现这种深层目标的方式是含蓄和间接的，例如用户期望通过评论依恋对象来表达自我时，会通过对依恋对象的特征属性描述从侧面进行自我映射，因此评论信息中的主题也会与自我概念有着密切关联。评论情感是用户通过评论所要抒发的总体情感，这种情感是用户的总体情绪在受到主观规范与外部环境等相关因素的影响下逐步调节进而形成的。

用户在明确生成评论主题与评论情感的基础上，逐步细化观点、描述评论内容、选择评论形式以及运用情感词来表达情感极性与情感强度，最终生成在线评论信息，形成对外部信息的反馈。从评论主题与评论情感向评论信息诸要素的转化过程，是依恋情感驱动生成在线评论信息的最后阶段，在这一过程中，用户需要通过确立具体的观点，描述特定的情景、经历、体验等内容，选择文本、音频与视频等形式，通过不同极性与不同程度情感词与情感符号表达内在评论情感，从而实现在线评论信息从用户个体内在向外部生成的显化过程。

三　品牌依恋驱动下的用户在线评论信息生成路径

用户生成在线评论总体上遵循着"观点→主题→内容"的信息生成路径，用户的总体观点逐步细化，形成具体明确的评论主题，通过事实叙述与逻辑论述，并结合特定的评论风格与方式等最终形成内容丰富的在线评论。用户的依恋情感状态也在这一过程中不断发生变化，并在评论信息生成路径的不同阶段产生相应的驱动作用。情感依恋驱动下用户在线评论信息的生成路径总体上如图5-2所示。

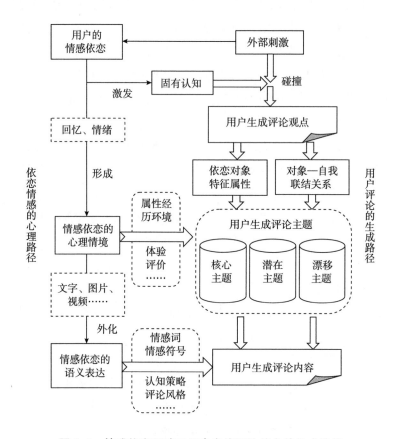

图5-2 情感依恋驱动下用户在线评论信息的生成路径

（一）情感依恋的唤醒形成评论的总体观点

观点是针对产品特征且带有感情色彩的评论[①]，是用户生成评论信息所要表达的核心内容，它反映了用户对评论对象的认知态度与情

---

① 郝玫、王道平：《中文网络评论的复杂语义倾向性计算方法研究》，《图书情报工作》2014年第22期。

感倾向。认知心理学认为，在大脑的认知与思维过程中，情感不仅作为一种心理背景参与其中，还常作为引起意识的首要因素。① 依恋情感会由于受到外部环境的刺激而被唤醒，并在用户思维过程中对这种刺激的认识产生影响，进而在总体上形成潜在的具有情感倾向与强度的评论观点。外部环境的刺激可以源于与依恋对象相关的任何人、事、物，并与用户和依恋对象多次交互体验后形成的固有知识发生信息碰撞，改变用户脑中对依恋对象的原有知识结构，这种变化促使用户在头脑中形成响应外部刺激的新的观点，或者认同或反驳已有的观点。无论是对依恋对象的整体认识，还是只关注依恋对象的特征属性，用户脑海中初始形成的总体评论观点均是较为概括和抽象的，它并不能预示评论的全部内容，但其意义在于，总体观点的形成是用户对与依恋对象相关的事物进行评论时阐述具体观点的基础和前提，为用户生成评论信息指定了一个整体的情感方向。

（二）情感依恋的心理情境确立评论主题

为了使用户自身提出的观点更为合理可信，用户评论的观点需要通过主题描述的方式进行呈现。情感可以使某一前提凸显出来，从而使个体更偏好这一前提所得出的结论；还可以对各种事实的存储予以协助，使我们能够在无须仔细考虑的情况下迅速作出反应。② 依恋情感的驱动使用户在受到外部环境刺激形成总体评价和观点后，能够迅速唤起对依恋对象显著性特征以及与这种特征相关的事物的记忆，并且将记忆中的诸要素通过事件及事件间的逻辑关系进行串联，同时使用户在回忆的过程中陷入某种特定的情绪状态，例如喜悦、满足、怀旧、忧伤等。在特定的情绪与认识状态下，回忆中包含的与依恋对象相关的特征属性、事件经历、环境条件、感知体验、情感波动等共同构成了用户生成评论时的心理情境。用户评论心理情境的建立反映出用户对依恋对象复杂的认知与情感状态，这也导致用户生成评论信息

---

① 魏屹东、周振华：《基于情感的思维何以可能》，《科学技术哲学研究》2015 年第 3 期。

② 费多益：《认知视野中的情感依赖与理性、推理》，《中国社会科学》2012 年第 8 期。

所呈现的多主题特征。复杂评论不仅包含一般评论信息所具有的直观的属性或特征评价主题，同时还可能包含潜在评价主题以及与核心主题相关的漂移主题。① 围绕评论的不同主题，用户生成评论的情感倾向与强度也可能存在差异。例如，用户在对自己所喜爱的汽车关于驾驶的舒适度评价时，可能会回想起某一次自驾旅游的深刻经历，生成评论时会围绕"汽车驾驶性能"这一主题，引申出诸如"长途驾驶""自驾郊游""天气路况"等与之相关的评论主题，而当对汽车在长途驾驶或自驾郊游等情景下所展示出的卓越驾驶性能表达积极情感时，用户也同样可能会对特殊复杂的天气路况主题而产生负面情绪。

（三）情感依恋的语义表达引导评论内容

用户通过生成评论表达情感的方式十分灵活，在不同的情感表达方式下生成的评论内容也非常丰富。用户表达内心深层的依恋情感，既可以通过直观浅显的情感词进行描述，也可以通过具有特定含义的特征词或特征符号进行表达，还可以通过形象生动的描绘和比喻等具有个性化的评论风格进行表达。通过对一些品牌社区论坛、社交网络等用户生成的篇幅较长、内容丰富、具有深度、论证充分的评论信息进行内容分析可以发现，用户对评论对象充满情感的评论未必会出现大量的情感词。相关研究也证实，评论信息中包含适度的情感表达比强烈的情感表达更有可能被评论阅读者所采纳。② 单一的情感词往往不足以表达用户内心的较为强烈的情感，在用户特定的认知策略下，细致的事件描述、形象生动的描绘比喻、个性化的评论风格则更加能够增强评论信息的真实感与画面感，进而起到抒发和表达用户评论情感的效果。因此，用户在生成评论时会受到依恋情感的引导，围绕评论主题生成能够表达和强化用户深层情感的评论内容，使在线评论的阅读者不仅在语义层面感知生成评论用户的情感，还能够在语境和语感层面上加强对生成评论用户情感的感同与认同。

---

① 夏火松、李保国、杨培：《基于改进 K-means 聚类的在线新闻评论主题抽取》，《情报学报》2014 年第 1 期。

② 聂卉：《基于内容分析的用户评论质量的评价与预测》，《图书情报工作》2014 年第 13 期。

第三节　基于品牌依恋的用户生成在线
评论信息的驱动因素

依恋是从认知与情感层面联结对象与自我的关系强度①，从依恋的角度来看，在线评论信息是在用户的情感与认知双重因素驱动下生成的，依恋的情感因素与认知因素的共同作用影响用户生成评论信息的动力结构与强度，进而影响用户在生成评论信息过程中对于主题内容的选取、观点的确立、表露的情感极性与情感强度等评论信息的特征属性。

一　情感依恋

情感依恋是用户与依恋对象交互过程中对依恋对象产生的特定的情感和情绪，并由此形成的情感纽带关系。用户在情感层面上的依恋是生成评论情感的重要来源，通过抒发情感的方式表达自身的观点与态度，通过情景化的内容描述、运用情感词以及情感符号等方式使内在的情感依恋得到延伸。例如，用户与依恋对象交互时所产生的愉悦、享乐、兴奋等，或者与其他拥有共同依恋对象的用户进行信息互动时产生的移情与共情等，又或者面对依恋对象的负面信息时所产生的怀疑、焦虑、悲伤以及愤怒等，都是用户在特定情境下受到内在情感依恋的激发所形成的评论情感。由依恋情感所延伸出的具体情感类型会影响用户生成在线评论的观点、情感极性与情感强度。高度的依恋情感会激发用户形成强大的评论生成动力，促使用户产生评论的欲望和意愿，并驱使用户通过各种评论生成方式与途径来丰富评论情感，进而实现表达其内在强烈的依恋情感的目的。

二　认知依恋

认知是各种形式知识的总称，既包括所知道的概念、事实、命

---

① Mugge R，Schifferstein H N J，Schoormans J P L，"Product Attachment and Satisfaction：Understanding cConsumers' Post-Purchase Behavior"，*Journal of Consumer Marketing*，Vol. 27，No. 3，2010.

题、规则和记忆等内容，也包括过程。已有的研究中指出，情感会影响人们对信任的感知①，这表明情感能够在个体理性认知的过程中发挥重要的作用。认知依恋是在用户已有知识与认知过程中发现的新的知识高度相似或一致的情况下形成的，是用户根据依恋对象特征与交互体验做出分析与评判后，对依恋对象形成的认同态度和依赖关系。用户生成在线评论信息的主题、内容、观点，主要源于用户对依恋对象所掌握的固有知识以及在认知过程中接收的新增知识。用户的认知依恋程度越高，一方面，在用户认知与外部信息高度一致或高度差异时越能够激发用户依恋情感，增强用户生成评论动力，进而强化用户生成动机，促进用户生成评论信息意愿；另一方面，在生成评论信息的过程中越能够促使用户描述大量客观事实与表达真实感悟，提升评论信息的真实性与可信度，保证评论信息质量，提升评论信息的效用。

---

① Schoorman F D, Mayer R C, Davis J H, "An Integrative Model of Organizational Trust: Past, Present, and Future", *The Academy of Management Review*, Vol. 32, No. 2, 2007.

第六章　基于品牌依恋的用户生成
高质量评论信息激励策略

第一节　信息生态视角下用户生成高质量评论
对品牌社区质量演进的重要意义

一　在线品牌社区信息生态系统的构成要素

在线品牌社区是对相同的品牌具有共同兴趣爱好的群体，进行沟通交流、促销宣传的开放性网络社区。①② 社区中通常包括众多对品牌具有强烈偏好和情感的用户，并且用户可通过社区平台与其他用户进行信息共享和交流。随着互联网的广泛普及与信息技术的飞速发展，网络环境下用户信息共享与互动评论行为越发积极。在这种趋势下，在线品牌社区的创建与发展已经成为企业创造品牌价值、构建并维系用户—品牌关系的重要途径。和谐的在线品牌社区，能够提升用户在在线品牌社区中的信息交流与知识共享水平③④，成为企业创造

①　Algesheimer R，Dholakia U M，Herrmann A，"Interplay Between Brand and Brand Community：Evidence from European Car Clubs"，*Social Science Electronic Publishing*，Vol. 69，2004.

②　陈顺林：《虚拟品牌社区参与对产品品牌忠诚的影响研究》，硕士学位论文，浙江大学，2007 年。

③　Casaló L V，"Promoting Consumer's Participation in Virtual Brand Communities：A New Paradigm in Branding Strategy"，*Journal of Marketing Communications*，Vol. 14，No. 14，2007.

④　Sloan S，Bodey K，Gyrdjones R，"Knowledge Sharing in Online Brand Communities"，*Qualitative Market Research*，Vol. 18，No. 3，2015.

品牌价值与产品知识创新的重要动力来源。① 社区用户和品牌商家通过在线品牌社区发布与品牌产品相关的信息，如使用体验、活动信息、使用方法和经验等，而社区用户和其他潜在用户通过在线品牌社区获得他所感兴趣的信息，并就这些信息与其他用户进行交流和互动，进而形成在线品牌社区信息生态系统。

近年来，国内外学者通过不同视角对在线品牌社区的形成、信息流转及知识演化进行了诸多研究。研究表明，在线品牌社区的信息内容质量、表达质量、效用质量和载体质量等越高，用户的持续参与意愿越强。② 而用户的感知支持、顾客信任越强，用户越愿意分享信息，信息质量越高。③ 同时，有学者从个体动机视角提出，用户态度、主观规范、知觉行为控制等因素对消费者虚拟社区参与水平存在显著影响。④ 已有研究主要侧重于对在线品牌社区知识演化过程中，某个关键节点中信息主体、信息本体和信息环境间的作用关系进行分析，缺乏从系统的角度对在线品牌社区演进的总体描述与系统分析。鉴于此，本书基于信息生态视角，通过分析在线品牌社区信息生态系统演进的内部基本反馈机制，构建在线品牌社区信息生态系统演进的系统动力学模型，对品牌社区信息生态系统的演进过程进行深入分析。

李美娣认为，信息生态系统的各个组成要素包括信息、信息人和信息环境三方面。⑤ 肖静认为，信息生态系统结构主要包括信息人、信息资源、信息环境三要素。⑥ 冷晓彦、马捷认为，网络信息环境、

① Füller J, Matzler K, Hoppe M, "Brand Community Members as a Source of Innovation", *Journal of Product Innovation Management*, Vol. 25, No. 6, 2008.

② 梁文玲、杨文举:《虚拟品牌社区信息质量对社区用户持续参与意愿的影响研究》,《情报杂志》2016 年第 11 期。

③ Bettencourt L A, "Customer Voluntary Performance: Customers as Partners in Service Delivery", *Journal of Retailing*, Vol. 73, No. 3, 1997.

④ Perugini M, Bagozzi R P, "The Role of Desires and Anticipated Emotions in Goal-Directed Behaviors: Broadening and Deepening the Theory of Planned Behavior", *British Journal of Social Psychology*, Vol. 40, No. 1, 2001.

⑤ 李美娣:《信息生态系统的剖析》,《情报杂志》1998 年第 8 期。

⑥ 肖静:《信息生态系统的结构及其优化》,《情报科学》2013 年第 8 期。

信息人、信息共同构成了网络信息生态系统。① 我们认为，在线品牌社区信息生态系统由信息人、信息本体和信息环境三个要素相互作用而形成。

（一）在线品牌社区信息生态系统中的信息人要素

根据信息人在信息流转过程中扮演的角色和发挥功能的不同，可以将信息主体分为信息生产者、信息组织者、信息传递者、信息监管者、信息分解者和信息消费者等。② 网络信息生态链中的主体功能不同，其作用也不相同，根据主体的不同作用，可将其分为核心层、主干层、扩展层。③ 在线品牌社区信息生态系统中，同样具备信息生产者、信息组织者、信息传递者、信息监管者、信息分解者和信息消费者等信息人，但是，在在线品牌社区信息生态系统中，信息人的功能常有重叠，绝大多数的信息人都是在线品牌社区的信息生产者，如信息消费者在通过在线品牌社区了解品牌之后，会生产出商品使用后的评论信息而成为信息的生产者；在线品牌社区服务商、企业作为品牌社区的创建者，不仅具有信息组织和监管的功能，同样也会作为信息生产者发布品牌信息。

（二）在线品牌社区信息生态系统中的信息本体要素

信息是信息生态链的基本组成要素，信息生态链中持续的信息流动实现了信息主体之间、信息主体与信息环境间的信息共享、相互作用，信息流是信息生态链形成、发展的关键因素。④ 信息本体是由信息内容和信息载体构成的实体，或者说信息本体就是指信息本身。⑤ 本书中在线品牌社区作为一个人与人交流的社交媒体，其中流转的信

---

① 冷晓彦、马捷：《网络信息生态环境评价与优化研究》，《情报理论与实践》2011年第5期。

② 栾春玉、霍明奎、卢才：《信息生态链组成要素及相互关系》，《情报科学》2014年第11期。

③ 杨小溪：《网络信息生态链价值管理研究》，博士学位论文，华中师范大学，2012年。

④ 张旭：《网络信息生态链形成机理及管理策略研究》，硕士学位论文，吉林大学，2011年。

⑤ 娄策群、赵桂芹：《信息生态平衡及其在构建和谐社会中的作用》，《情报科学》2006年第11期。

息由信息人根据其经验、知识体系、价值观、洞察力等，对原始信息进行加工之后运用文字、图片、多媒体等形式展现出来的知识。可以认为，在线品牌社区中的信息本体，是以网络为载体，在不同信息人之间以信息发布和评论信息的方式进行流转的知识。知识可以带来收益是毋庸置疑的，无论是理论收益（自我知识体系的扩充），还是实践收益（知识为个体间接创造的物质财富）。① 因此，可以将在线品牌社区中的信息本体分为用于获取理论收益的知识和用于创造实践收益的知识。

（三）在线品牌社区信息生态系统中的信息环境要素

信息环境是社会环境的一个重要组成部分，是指与人类信息活动有关的一切自然、社会和心理因素的总和。② 我们认为，在线品牌社区信息生态系统中的信息环境要素包括信息制度、信息技术、文化环境等。在线品牌社区信息生态系统中的信息制度，主要包括保障在线品牌社区信息服务能够顺利并且有效进行的信息服务政策和法律，以及能够规范、过滤、协调在线品牌社区用户信息行为的规章制度等。信息技术既包括数据库技术、网络安全技术、通信技术等网络信息服务的核心技术，也包括对冗余信息、不良信息、广告信息等的过滤技术。文化环境既包括那些有利于在线品牌社区信息环境的和谐、稳定的主流文化，也包括一些负面的、消极的、不利于社区健康发展的亚文化。

二　在线品牌社区信息生态系统演进的内部反馈机制

网络信息生态链的演进是指网络信息主体之间通过信息流转相互作用，不断适应外部信息环境变化，优化自身结构与功能，从而实现高层次链式平衡的发展过程。③ 虚拟社区动态演化行为涉及技术、经济、组织以及社会等诸多因素，其形态复杂多变，是主体间、主体与

---

① 李霞、戴昌钧：《基于效用理论的信息知识转化机制研究》，《图书情报工作》2009年第3期。

② 张苗苗、娄策群：《信息生态环境因子的相互作用机制》，《图书情报工作》2011年第9期。

③ 娄策群、曾丽、庞靓：《网络信息生态链演进过程研究》，《情报理论与实践》2015年第6期。

系统以及系统与环境之间相互适应的动态变化过程。①

　　因此，可以认为，在线品牌社区信息生态系统在演进过程中主要通过系统各要素间的反馈来实现自我调节与自我适应，其内部存在着一条主体规模→参与水平→信息共享量→知识总量→主体规模的基本正反馈回路，同时信息生态环境因子对这种反馈存在促进作用。

　　（一）主体规模扩大将导致主体参与水平及信息共享总量的提升

　　复杂网络理论认为，社交网络环境下节点的度服从幂律分布，即满足只存在少部分节点拥有大量的连接，大部分节点只有少数连接的无标度特性。②③ 但是，在线品牌社区信息生态系统内部，整体信息活动频率在逐步提升。用户的活跃性决定信息获取的频率，活跃性越高的用户，传播信息的概率越大。④ 实证研究发现，在某一时间段内虚拟社区用户规模的增量逐渐减小并趋于平稳，同时系统内节点平均度在逐渐增长的过程中也会趋于平稳。⑤ 在线品牌社区信息生态系统中的信息主体越多、规模越大，就能够越频繁地发布信息，信息主体的活跃程度也会越高。此外，当外部主体想要加入在线品牌社区信息生态系统中时，他能够快速寻找并浏览其所需要的信息，在吸收大量信息的同时能以更大概率与社区用户互动，从而成为新的信息生产者。因此，在线品牌社区信息生态系统信息主体规模扩大时，其信息活动频率以及系统内信息共享总量也会提升。

　　（二）共享信息增量将导致在线品牌社区信息生态系统知识含量提升

　　知识含量并非知识总量，知识创新的同时也存在着知识老化。知

　　① 漆贤军、陈明红：《基于复杂适应系统的虚拟社区系统动态演化分析》，《情报理论与实践》2009 年第 12 期。

　　② Ghoshal G，Holme P，"Attractiveness and Activity in Internet Communities"，*Physica a Statistical Mechanics & Its Applications*，Vol. 364，2006.

　　③ 卢华玲、周燕、唐建波：《基于复杂网络的虚拟品牌社区演化研究》，《图书馆学研究》2014 年第 13 期。

　　④ 王亚奇、王静、杨海滨：《基于复杂网络理论的微博用户关系网络演化模型研究》，《物理学报》2014 年第 20 期。

　　⑤ 田占伟、王亮、刘臣：《基于复杂网络的微博信息传播机理分析与模型构建》，《情报科学》2015 年第 9 期。

识含量的提升，可以理解为更新与创新的知识增量大于知识的老化量。在虚拟社区中，诸多背景不同却怀有共同兴趣的个体共享并获取知识①，这些虚拟社区成员在共同兴趣的驱使下分享实践经历、遇到的问题以及过往经验，从而在成员间形成了知识的流动②，虚拟社区内成员的参与程度对知识共享水平有着正向影响。③在线品牌社区信息生态系统中，主体存在对品牌的认同与情感，因此在不断的信息互动中便会就产品体验、购物经历、质疑及答疑等围绕品牌这一主题的知识进行交流与共享。因此，随着主体规模及主体参与水平的不断提升，在线品牌社区会更加频繁地进行信息共享与信息互动，在此过程中会不断更新和产生信息，继而不断地产生和创新知识，从而提升在线品牌社区信息生态系统内部的知识含量。

（三）在线品牌社区信息生态系统内部知识含量的提升导致主体规模扩大

知识含量的提升意味着信息量的增加与信息价值的提升。消费者个人通过浏览帖子所感知到的信息价值和社会价值有助于提升其社区加入意愿。④Delone 和 Mclean 的研究已经验证，信息质量、服务质量、系统质量均会提升用户满意度，并在此基础上提出了信息系统成功模型。⑤高质量的信息应该是可靠、即时、权威和相关的，较高的信息质量会在很大程度上满足成员个人的需要⑥，网络社区的知识共

---

① 张立、刘云：《虚拟社区网络的演化过程研究》，《物理学报》2008 年第 9 期。

② Hung S W，Cheng M J，"Are You Ready for Knowledge Sharing an Empirical Study of Virtual Communities"，*Computers & Education*，Vol. 62，No. 2，2013.

③ Chunngam B，Chanchalor S，Murphy E，"Membership，Participation and Knowledge Building in Virtual Communities for Informal Learning"，*British Journal of Educational Technology*，Vol. 45，No. 5，2014.

④ 王子喜、杜荣：《人际信任和自我效能对虚拟社区知识共享和参与水平的影响研究》，《情报理论与实践》2011 年第 10 期。

⑤ Delone W H，Mclean E R，"The deLone and McLean Model of Information Systems Success：A Ten-Year Update"，*Journal of Management Information Systems*，Vol. 19，No. 4，2003.

⑥ Lin H，Fan W，Wallace L et al，"An Empirical Study of Web-Based Knowledge Community Success"，Hawaii International Conference on System Sciences，IEEE Computer Society，2007.

享质量越高，社区创新水平和成员满意度越高。① 在线品牌社区信息生态系统，需要持续性的知识更新与知识创新来维持主体间的知识流动。当新增知识量的增长速率高于知识的老化速率时，在线品牌社区信息生态系统内的知识含量便会提升，从而满足更多主体更高层次的需求，不仅能够吸引外部信息主体主动加入其中，成为系统内部成员；同时也会提升社区内部信息主体信息需求满意度，进而使主体在内在情感的驱使下主动拉拢外部主体加入其中，扩大在线品牌社区信息生态系统内部的主体规模。

（四）在线品牌社区信息生态环境因子对系统演进存在促进作用

网络信息生态链在不同信息环境下的演进方式与速度也存在差异，从而形成多种演进模式②，同时关键环境因子的率先进化也会带动其他信息生态因子共同进化。③ 李北伟、董微微从演化博弈理论的角度认为，演化方向和进程受环境适应度支配，网络信息生态链系统会筛选能够适应环境发展的参与主体、行为方式和策略。④ 在线品牌社区信息生态系统在不同信息生态环境因子的作用下，其演进速度、演进程度均会受到不同程度的影响。完善的信息制度能够保障主体的权益、规范主体的信息行为、激发主体信息共享与知识创新的积极性，从而保证系统整体的活跃程度，维持并促进系统内部的信息流转，进而加快演进速度；较高的信息技术水平不仅能够保障主体间正常收发信息，同时能够采用多种信息形式、不同信息设备以及信息分析方法对获取的信息进行更为有效的处理，从而提升信息转化水平，提升在线品牌社区内部的知识含量；良好的信息文化环境能够提高主体的信息意识和能力，同时也能消除负面、消极的信息污染，促进系

---

① 刘琦、杜荣：《基于参与动机的网络社区知识共享质量、创新及满意度关系研究》，《情报理论与实践》2013 年第 3 期。

② 杨瑶、方圣、宋文绩：《网络信息生态链演进模式》，《情报理论与实践》2015 年第 6 期。

③ 娄策群、曾丽、庞靓：《网络信息生态链演进过程研究》，《情报理论与实践》2015 年第 6 期。

④ 李北伟、董微微：《基于演化博弈理论的网络信息生态链演化机理研究》，《情报理论与实践》2013 年第 3 期。

统内部流转信息质量的提升。

三 品牌依恋在提升品牌社区质量中的重要意义

情感依恋是人们普遍的体验，但是并非所有的商品或品牌都能满足消费者自我关联的需要，只有当某个商品或品牌与消费者自我建立了一种较强联系时，依恋才会形成。[①] 尽管面对任意的评论对象，以期通过激发所有用户的情感依恋从而提升生成评论质量并不具有普适意义。然而，针对某一具有显著特征及功能的特定对象，例如注重塑造产品拟人化形象，或构建消费者—品牌关系的商品或品牌而言，通过唤起用户内心依恋情感从而激发用户—产品互动经历、回忆，以及用户对产品所怀有的特殊情感，对有效激励用户积极生成高质量在线评论信息仍具有一定的理论与借鉴意义。首先，以关于评论对象特征属性的某个主题为切入点，以情感带入的方式激发用户进行回忆，引导用户以叙事为主要形式对依恋对象进行评论，能够有效提升评论信息的参考及推广价值。回忆是影响用户情感依恋的重要因素[②]，用户对依恋对象的互动经历与回忆具有唯一性，通过引导用户生成叙事性评论，能够在保障用户生成高质量评论信息的同时，使评论相同主题的不同用户所生成的评论内容实现差异最大化，从而帮助评论阅读者更加真实全面了解评论对象的某一特征属性或功能。其次，通过积极倡导用户发表关于与评论对象长期多次互动后的效果体验，显著提升在线评论的知识含量与高附加值，驱动用户评论从信息共享向知识共享转变，既有助于评论阅读者更加深入全面了解评论对象的真实情况，也能够辅助评论阅读者更加真实理性地判断评论信息的真实性与可靠性。最后，在积极唤醒用户情感依恋的基础上，通过引导用户构建的心理情境使用户生成情感共鸣，驱动用户运用灵活多样的评论情感表达方式带动和调节用户生成评论信息时的情感状态，最大限度地

---

① 温飞、沙振权、龙成志：《消费者情感依恋形成机理研究演进》，《广东商学院学报》2011 年第 2 期。

② Mugge R，Schifferstein H N J，Schoormans J P L，"Product Attachment and Satisfaction：Understanding Consumers' Post‐Purchase Behavior"，*Journal of Consumer Marketing*，Vol. 27，No. 3，2010.

激发社区评论用户的共情效应，增强用户社区的情感归属，提升用户参与高质量的社区话题互动。

第二节 基于品牌依恋驱动的用户生成高质量评论行为的激励原则

一 真实性原则

从用户品牌依恋情感的角度激励用户生成高质量评论信息，要以驱动用户生成客观真实的评论信息为首要原则，即通过唤醒用户品牌依恋情感，进而使其生成在线评论信息的内容、观点、态度以及想要表达的情感均是用户发自内心的真实感受，是用户对评论对象的真实评价与体验。

网络的虚拟性、在线商品评论主体的不可见性以及评论内容带有的主观色彩，都为虚假评论的生成提供了机会。虚假评论信息不仅对消费者购买决策产生错误的引导，负面的虚假在线评论更会给商家的产品销量及口碑带来不好的影响。大量的虚假在线评论信息也严重影响第三方电子商务平台的信誉。在现实环境中，虚假评论信息的识别方法更适用于评论平台或评论信息管理者。对于评论信息阅读者而言，更多的是凭主观感受去判断评论信息的客观真实程度。而评论信息的权威性、准确性、精确性是影响评论阅读者判断评论信息客观真实的因素，由于客观真实性难以度量，人们只能从其他信息特征进行判断。在线商品评论信息的客观真实性，不仅影响评论阅读者的购物决策，还影响其他消费者撰写在线评论的动机。客观真实的在线评论能激发其他消费者也积极撰写在线评论。

尽管用户对评论对象的依恋情感高度反映了用户自身的感知倾向与兴趣偏好，然而积极鼓励用户生成关于依恋对象的评论信息，并非意味着鼓励用户对评论对象进行夸大或者虚假的宣传，而是通过激发用户对评论对象在认知与情感上的认同与共鸣，驱动用户生成基于客观事实与真实体验的反映用户深层次情感的评论信息。从信息生成视角来看，用户生成评论信息的目的是表达自身对于评论对象的认识、态度与情感，体现的是评论信息的生成效用；从信息接收视角来看，用户通过阅读评论信息改变对评论对象的认知状态，从而辅助自身决策，体现的是评论信息的接收效用。高质量的评论信息，一方面能够准确反映评论信息生成者的真实体验与感受，另一方面能够被评论信息阅读者充分理解和吸收。

二　启发性原则

通过唤醒用户的依恋情感进而驱动用户生成高质量的评论信息，应当以引导和启发用户生成与依恋对象相关的评论信息为核心原则，即通过唤醒用户的依恋情感，引导用户围绕依恋对象的显著性特征、重要属性、用户体验、互动经历、认知过程及状态等方面内容，以发散式思维方式生成评论信息，注重强调用户生成评论信息在表达风格、逻辑方式、评论内容等方面的独立性与个性化。

通过对用户生成评论的心理动机与评论生成评论信息的内容特征进行分析可以看出，用户在依恋情感的驱动下形成多种生成动机共存、表达内容丰富的评论信息，所生成的评论信息呈现了多主题特征。这反映出不同的用户在生成关于同一对象的评论信息时，是结合自身的经历、观点与情感而生成的。有效驱动和引导用户生成关于依恋对象的评论信息，应当重点考虑用户与依恋对象间互动的特殊性与唯一性，并且让用户通过生成的文字及图片等内容将这种互动关系、用户观点以及依恋情感通过原创的方式表达出来。因此，在积极引导和激励用户生成关于依恋对象的评论信息时，应当选择更加灵活和开放的激励方式和措施，使用户能够从自身的角度结合依恋对象的显著性特征，生成更具原创性和多样性的评论信息，更好地发挥评论信息的自身价值及效用。

三　故事性原则

激励用户通过故事性描述的方式生成评论信息，是通过激发用户依恋情感生成高质量评论信息的主要原则，即鼓励用户采用论点与论据相结合的形式，围绕评论信息中的关键主题，通过罗列事件的部分要素（如特定事件发生的时间、地点、场合、经过及结果等）并以故事性的方式生成评论信息。

在传统的电子商务网络环境下，用户在电子商务平台上生成的评论信息文本较短、内容相对单一、情感表达较为单调。与单纯的电子商务环境下的用户评论信息有所不同，用户在社交网络平台、在线品牌社区、品牌营销社区等环境下，经常生成文本长度较长、内容较为丰富的评论信息。用户生成的评论信息围绕不同的内容发表相对应的评论观点，在表达评论情感的过程中，需要关注评论信息的内容完整性、逻辑合理性，从而让评论阅读者能够更好地理解并采纳评论信息。通过分析大量的真实评论案例可以发现，用户生成评论时通过故事性的描述能够更好地叙述用户与评论对象互动中的过程，通过细节性的评论使评论信息当中的观点以及支撑观点的证据更加形象具体，进而更加突出评论信息中逻辑的合理性。同时，通过事件的客观描述，也能够积极引起其他具有相同或相似经历的用户的共鸣，更好地激发网络社区下用户参与评论的意愿，提升社区评论的参与热度，更好地发挥社区的知识共享作用。

四　评价性原则

在唤醒用户依恋情感、激励用户生成关于依恋对象的评论信息时，注重引导用户强调其生成评论内容的态度、观点与结论，是激励用户生成高质量评论信息的重要原则。无论通过何种方式、手段、风格等生成对某个事物的评论信息，或是表达何种情感，评论信息生成者对评论对象的认识及态度仍然是评论信息的关键要素，是驱动用户生成关于依恋对象的评论信息的重要内容。

情感依恋驱动下用户生成评论信息的目的，一方面是通过生成评论的方式表达评论生成者的态度、观点及感受；另一方面则是辅助评论信息阅读者制定更好的行为决策。首先，较为细致的事件与经历描述淡化了用户评论信息中的情感强度，使评论阅读者在阅读评论的过程中容易忽视或遗忘用户的立场与态度；其次，用户生成评论信息时的复杂情感也使评论阅读者难以把握评论生成者的具体情绪状态，对评论生成者的总体情感态度较为模糊。高质量的评论信息应当在详尽细致的客观描述、充分合理的逻辑叙述基础上，具备更加突出鲜明的评论偏好及态度，从而让评论阅读者更加方便地明确评论生成者对评论对象及相关事物的态度及看法，从而为自身的行为决策提供帮助。

第三节　用户生成视角下在线评论
信息质量的优化措施

用户作为评论信息的产出者，其内心情感、语言表达、实际行动等可以直接影响在线评论信息的质量。用户对评论质量的影响体现在两方面：一方面是评论生成者个人的稳定属性，如个性、喜好、习惯等；另一方面是评论者有待提高和改善的可变动属性，例如诚信意识、语言表达能力、知识储备存量等。用户在两类属性的共同作用下，生成质量不一的在线评论信息。所以，通过提升和改进评论者可变动属性的方式，可以达到优化在线评论信息质量的目的。

一　提升用户的信息能力

用户身为电子商务交易过程中在线评论信息的生成者和利用者，其完整购物流程如下：首先选定心仪商品，其次浏览该商品的在线评论信息，感到满意后完成支付，最后根据收到货物的实际情况和自己的感知体验生成评论。在线评论信息产出的过程中，最为重要的两个阶段是观点形成和观念表达。信息主体的信息素养，可以显著影响自己生成和利用在线评论信息的过程。高信息素养的个体掌握熟练的信息技术，具备读取、梳理、评判和利用评论信息的能力。良好的信息素养是用户必备的品质，以便其产出、接收和使用在线评论信息。评论者的信息素养是指其信息筛查能力和语言组织能力。用户的信息筛查能力能帮助自己快速精准地找到所需信息，是高信息素养者的基础能力。具有较好的语言组织和表达能力者的用户，能够生成逻辑清晰、准确无误、可读易懂的评论内容，便于其他用户的理解和掌握。用户的信息筛查能力会使其对信息内容做出再判断，可能会出现和原有观点发生出入的情况。而用户的语言组织和表达能力可以决定其是否能精确表述出自己的想法。用户可以通过提高阅读评论次数和积极参与评论撰写的方式提高自身的信息素养。

（一）提高阅读评论次数

定期浏览在线评论信息可以有效提高用户的识别能力，为其日后产出符合事实、精准无误的高质量评论奠定基础。通常，用户处理评论信息的过程可以归纳为"目光聚焦—仔细阅读—接收采纳"三个环节。一般情况下，用户会有针对性地浏览所搜集到的全部信息，再对筛选出的评论进行详细阅读。评论阅读者易于被标题独特、内容丰富、态度明确的评论信息所吸引。然而，用户仅阅读部分评论信息可能会使其忽略掉商品的某些重要属性，不利于用户全面了解商品信息。例如，负面评论对读者的吸引力远大于正面评论，阅读者在浏览完负面评论后通常都会对商品产生十分消极的情绪，失去购买欲望，不会再考虑正面评论中或许更具参考价值的信息。因此，负面评论是影响用户是否做出购买决策的关键因素。但有些负面评论也存在一定程度的主观性和虚假性，例如，有些负面评论是消费者故意为之，其内容与实际情况完全不符。所以用户应客观理性地看待两极评论，提高评论阅读次数，扩宽评论阅读的范围，以便自己能归纳出在线评论中的规律和特点，进而提升辨识能力。用户也可通过评论信息的表述风格、情感强弱以及评论生成者的专业度、权威性，推测评论者生成评论时的内在心理和外在环境。除此之外，用户在阅读不同类别商品的评论信息时侧重点也要有所转变。

（二）积极撰写评论信息

用户通过多次锻炼，可以提高自己的语言表达能力、结构组织能力，从而进一步提升所生成的在线评论质量。由于评论浏览者和生成者的动机存在差异，因此阅读者可以通过亲自撰写的方式去体验其他评论者的心路历程。通常，具有丰富撰写在线评论经验的用户会有更强的敏锐性，易于辨别出评论信息的真伪。他们能够更加深刻地感受到其他用户生成评论时的心理和情感，并与客观事实进行对比，判断出两者的偏差大小，以此识别该评论者是否撰写虚假评论。同时，用户发表在线评论信息是一种互动分享、加强交流的方式。当评论信息被他人接收和认同时，评论生成者会使其产生强烈的满足感和成就感，自我价值也随之实现。评论者既撰写在线评论，又不断从其他用户的评论信息中获取知识，有助于平台用户生成大量高质量评论信息，进而使得电商平台的网络环境也更加健康、和谐、稳定，形成良性循环。在线评论信息来源于评论生成者，因此用户应积极参与在线评论的长期撰写，以此为平台用户提供更多的信息资源，也有助于养成自己持续生成在线评论信息的习惯。

二　增加用户的商品知识储备

具有丰富的商品专业知识的评论者所生成的评论信息会更加全面具体、准确无误。广泛收集商品相关信息，加强与他人沟通，是扩充用户知识储备的有效方式。

（一）广泛收集商品相关信息

用户对评论信息进行搜集和筛查有助于减少信息不对称性、增强识别真伪能力。广泛阅读商品评论信息可以加深用户对商品的了解，进而使自己能更好地理解其他评论者的主要观点，精准识别出虚假评论信息，有助于正确引导其购买决策的形成。近年来，使用微信、微博等社交媒体的人越来越多，用户活跃度也在不断增强，使得电子商务平台不再是在线评论信息的唯一聚集地。因此，用户可以通过多种途径了解更多商品信息，增加知识储备量，进而为自己辨别评论信息的真伪打下坚实基础。有研究表明：扩充知识储备量是减少信息不确定性的方法之一。因此，广泛收集预购商品信息，既可以加深用户对商品各方面属性的认识，也可以使其充分感受到该产品的口碑和品牌效应，有利于指引用户形成正确的购买决策。

（二）加强与他人的沟通

口头交流是过去进行口碑传播的唯一途径。而如今，随着互联网的高速发展，口碑传播的方式渐渐从口头交流演变为线上互动。因此，发表在线评论信息成为线上口碑传播的重要方式。用户不再询问朋友或门店导购以了解商品属性，而是开始倾向于通过自行检索心仪商品评论信息的方式获取产品信息，并据此做出相应判断。然而，个体的信息素养存在一定区别，且在线评论信息类型多样、内容多变，会导致用户难以精准判断在线评论的真假。同一条评论的观点和情感对不同的阅读者而言会有所差别。与用户独立翻阅在线评论信息相比，跟身边亲近的朋友交流或咨询专业销售人员，可能会更有助于其全面了解商品的属性和特征。也有研究证明，熟人对某商品评价的可信度强于该商品的线上评论信息。而销售人员具备专业知识和技能，可以对商品进行更为详尽的介绍，并根据用户的实际需求，为其挑选最合适的商品。因此，用户应加强与亲戚朋友、销售人员的交流沟通，帮助自己全面了解心仪商品信息，从而减少购买过程中的不确定性。用户与他人沟通所获取的较为准确的信息也易于其日后发表高质量在线评论。

第四节　基于品牌依恋驱动的用户生成高质量评论行为的激励路径

一　唤醒用户对品牌的内在情感，形成用户生成评论的良性动机

唤醒用户的依恋情感需要结合依恋对象的自身特征，按照特定的方式引发用户对于依恋对象在情感层面上的共鸣，使用户能够产生对依恋产品的特殊情感，如促使用户产生对品牌经典产品的怀旧情绪，或购买品牌产品后的幸福与满足感。在唤起用户依恋情感的基础上驱动用户形成生成评论信息的良性动机，主要通过丰富和优化用户评论动机结构以及催化和提升用户评论动机两个方面促使用户形成生成评论信息的良性动机。

（一）丰富和优化用户评论动机结构

通过对用户生成评论动机的实证研究发现，用户在依恋情感驱动下生成在线评论信息的动机主要以信息性动机与情感性动机为主。这表明，用户在依恋情感的驱动下有着更为强烈的意愿生成与依恋对象有关的在线评论信息。在诸多的在线评论社区当中，不同的用户生成评论信息的动机千差万别，在不同的动机作用下用户生成评论信息的内容也有着特定的目的，片面地为了获得特定奖励或机械地完成特定评论任务而生成的评论信息，既不能够客观准确地表达用户的真实想法，也无法给评论阅读者确切有效的参考借鉴。优化用户生成在线评论信息的动机结构，促进用户形成生成评论的信息与情感表达动机，淡化和弱化外部环境中奖励因素对用户生成评论行为动机的干扰，是提升用户生成在线评论信息质量的有效途径。在激励用户对依恋对象生成评论信息的过程中，可以通过激发用户对依恋对象的特定情感，如怀旧感、幸福感、满足感等行为引导的方式，辅助用户形成并确立生成关于依恋对象评论信息的具体目标，例如从评论对象的功能及属性方面鼓励用户积极发表自己的独到见解和看法，或者为其他初步涉入品牌产品的用户提供相应的帮助等，促使用户能够积极地产生生成评论信息和与他人进行信息交流的明确目标。

（二）催化和增强用户评论动机强度

从个体动机层面来看，驱动用户生成关于依恋对象的在线评论信息，一方面需要清晰明确的生成评论目标，另一方面则需要用户具有较强的生成评论意愿。从唤起用户依恋情感的角度，需要催化并提升用户生成评论的意愿。在众多的品牌社区或在线社交平台中，更多的用户习惯于浏览和关注具有较高声望或社区行为活跃的用户，进而接收和浏览相关的信息，而较少参与到社区的话题讨论中。社区或论坛的品牌产品的相关组织者可以通过唤醒用户的依恋情感，从用户对评论对象的认知与情感态度方面激发用户表达自身看法或实现自我效能的意愿，还可以通过一定的精神奖励、虚拟社区权限和评论功能奖励以及适当的外部物质奖励等方式，鼓励用户表达自身观点的意愿。

二 启发用户对品牌的互动经历，提升用户生成评论的信息效用

激发用户生成高质量的在线评论信息，需要从评论信息的角度启发用户积极地回忆、思考和总结与评论对象间的互动经历，保证评论信息的原创性与真实性，进而提升用户生成在线评论信息的效用。用户与品牌及产品间的互动、经历及回忆，是用户生成关于依恋品牌和产品评论信息的内容来源，通过激发用户的依恋情感，驱动用户积极地回忆和联想与评论对象间发生的过往经历和事件，通过事件描述的方式能够使用户将主要观点、态度及情感的经验证据和事实依据尽可能详尽细致地表达出来，从而使评论信息反映出用户对依恋品牌的真情实感。通过树立和营造用户评论语义情境，发散和灵活用户评论表达风格等方式，启发用户回忆与品牌互动的经历，进而提升用户生成评论信息的效用。

（一）树立和营造用户评论语义情境

以短评论为特征的电子商务评论信息中，用户主要以表达核心观点和评价的关键态度为主要目的，评论信息受限于文本长度，因而难以充分表达用户观点以及产生观点的依据，这对评论阅读者在思考是否采纳评论的决策过程产生了较大的消极影响。让用户在生成评论信息的过程中，能够更加充分全面表达其真实含义与核心观点，可以启发用户通过描述与论述相结合的方式，构建评论信息的语义情境，将所要表达的核心观点与情感通过对情境中的起因、过程、结果等进行描述和烘托，从而提升评论信息整体的内容质量。

（二）发散和灵活用户评论表达风格

用户可以通过不同的表达方式，结合对依恋对象的特定情感，从而生成具有独特个性和风格的评论内容。一方面，用户对依恋对象的情感是丰富的，结合依恋对象的不同特征和风格，用户对依恋对象的情感既可以是愉悦的、舒适的、幸福的，也可以是怀念的、失望的甚至遗憾的。另一方面，用户信息行为能力与习惯也决定了其特定的生成信息的语言风格。激励用户避免通俗的、直白的评论生成方式，积极采用诙谐幽默的语言、结合时下流行用语等方式生成评论信息，能够让评论阅读者在更加轻松愉悦的状态下接受信息，从而提升评论信息的效用。

三　引导用户对品牌的概念认同，强化用户生成评论的知识水平

品牌概念是对关于品牌的企业、产品、服务及其所树立和倡导的文化、价值等方面的知识集合。用户对品牌的依恋情感也是在对品牌及产品的认知与理解的基础上，不断深化和发展所形成的一种深层次的稳定情感。用户对品牌形成的依恋情感，同样在用户不断对品牌和产品加深认识与理解的基础上得到了深化和发展。通过引导用户对依恋品牌的理解和认同，驱动用户以对依恋品牌及产品的深层次体验与

理解为主题生成在线评论信息，通过评论信息对依恋品牌及产品在功能、性能、理念、价值及文化等方面进行反映，提升在线评论信息的知识水平，进而提升评论信息的总体质量。主要通过扩充和提升用户评论知识含量以及引导和深化用户评论知识创新两个方面，驱动用户生成关于依恋品牌的高质量在线评论信息。

（一）扩充和提升用户评论知识含量

用户对品牌和产品的认识与理解会随着时间的变化而不断调整和深化，因而可以鼓励用户将对品牌和产品认知的过程通过评论的方式表达出来，并与其他拥有共同爱好的用户进行信息及知识的共享和交流。品牌企业、在线社区及其他相关的评论活动组织者，可以通过对品牌产品某些方面的讲解和介绍，扩充和提升用户对品牌和产品的认识，进而鼓励用户结合自身的经历和理解，通过生成关于品牌和产品的评论信息来表达自己对品牌和产品的看法。用户不仅可以通过评论留言的方式对品牌企业进行反馈，表达自身需求，同时还可以与其他用户进行交流，达成共识，从而达到更好的评论信息吸收效用。

（二）引导和深化用户评论知识创新

在用户参与生成关于依恋品牌及产品的评论活动过程中，企业等通过评论信息的交流能够积极地推动用户对品牌及产品的认知与理解，并在此基础上进一步加强对品牌及产品的认识与期望，通过不断地进行信息的交流，积极鼓励用户表达自己对依恋品牌与产品的期望和设想，通过生成评论信息的方式进行知识创新。这不仅可以辅助企业进行品牌与产品创新，同时能够帮助用户积极进行体验创新。从品牌与用户间的纽带关系角度，企业可增强用户对品牌的理解，鼓励用户通过生成评论信息的方式提出自己对品牌的设想和创新性的总结。

结　　语

　　品牌依恋是用户与对象间通过长期互动而建立的一种稳定的认知与情感纽带关系，用户会投入更多的资源和精力来维持这种亲密关系。在现如今大量产品评论信息同质化严重、信息内容质量不高的网络环境下，通过激发用户对评论对象的依恋情感，进而激励用户积极生成高质量在线评论信息，是提升用户评论信息质量、增强评论信息效用的有效途径。第一，本书在深入系统梳理品牌依恋理论研究的基础上，探明了品牌依恋对用户生成评论意愿的心理路径，重点分析了用户评论动机在品牌依恋驱动用户行为过程中的中介作用。第二，采用文本挖掘方法，对品牌社区中用户生成的长文本评论信息进行了主题与情感分析，在此基础上结合依恋理论，深入揭示了用户品牌依恋与生成评论质量间的内在关系，以及基于此关系，概括和凝练了用户生成评论信息的内容特征。第三，在上述两部分研究的基础上，系统分析了用户在品牌依恋驱动下在线评论信息的生成模式，解释了品牌依恋驱动下用户生成评论信息的心理及行为规律。第四，在明确用户生成高质量评论信息对在线社区质量演进的重要意义基础上，确立了基于品牌依恋的用户生成高质量评论信息激励原则，进而从品牌依恋的视角，提出了优化用户生成在线评论信息质量的具体路径。

一　主要观点和结论

　　本书经过深入的理论研究与实证分析，得到的主要观点与结论如下。

　　（1）用户生成关于依恋对象的评论信息时，主要以信息性动机与情感性动机为主。用户在品牌依恋的驱动下，生成评论信息时会具有更为"纯粹"的评论动机。通过本书的实证分析发现，在用户对依恋的品牌或产品生成评论信息时，更多的是表达自己的看法、通过评论帮助他人、信息交换等信息性动机，以及表达自己的情感、分享自己轻松愉悦的心情等方面的情感性动机。由此可见，用户生成关于依恋品牌或产品的评论信息时，具有较为纯粹的信息行为动机，即用户将更多的思考和精力关注评论内容本身，这也从侧面反映出，用户在品牌依恋驱动下能够更加关注自身生成评论信息的质量，而相对忽视外部环境因素的干扰。

（2）用户在品牌依恋驱动下生成的评论信息，从内容、主题及情感等方面来看总体呈现三个集合特征：第一，围绕依恋关系存在特定逻辑的多个事件集合；第二，反映依恋认知的深层与浅层含义交互的复杂语义集合；第三，表达依恋情感的由内而外演化的多元情感集合。用户生成的关于依恋对象的评论信息，内容十分丰富，广泛涉及与依恋对象相关的各类评论内容，因而评论信息存在评论主题漂移的现象。同时，评论情感也会根据不同的主题，呈现出正负情感复杂交错的现象。

（3）用户在情感依恋的驱动下会倾向投入更多的意愿与动力，生成观点鲜明、论据充分、情感丰富的高质量在线评论，情感依恋是用户生成高质量在线评论重要的动力来源、内容来源与情感来源。用户依恋对其生成在线评论信息存在导向驱动、激励驱动与调节驱动三种驱动方式，在情感依恋的驱动下存在一条由"情感唤醒形成总体观点"到"心理情境确立评论主题"，再到"情感语义表达引导评论内容"的评论信息生成路径。

（4）高质量的用户生成在线评论对在线社区质量演进具有重要意义。激励用户积极地生成高质量在线评论信息，应当以生成评论信息真实性、故事性、启发性与评价性原则为基础，以提升用户的信息能力及增加用户的商品知识储备为主要措施，选择唤醒用户对品牌的内在情感形成用户生成评论的良性动机，启发用户对品牌的互动经历提升用户生成评论的信息效用，引导用户对品牌的概念认同强化用户生成评论的知识水平为路径。

二 研究的局限性与不足

本书在得到上述重要理论观点与研究结论的同时，也存在一些研究的局限与不足，主要包括以下几点。

（1）用户品牌依恋对其生成评论意愿影响的心理路径，仍需进一步明确。本书的主要出发点在于，用户在品牌依恋的驱动下如何积极有效地生成在线评论信息，进而提升网络环境下在线评论的信息质量。通过实证的方式，本书探明了用户在品牌依恋驱动下生成评论信息的主要动机，然而在特定情境下（如社交网络、商务网络及移动网络），是否存在其他相关因素的间接或调节影响，仍需进一步探明。

（2）用户生成关于依恋品牌或产品评论的长文本信息特征，仍需进一步挖掘。本书在对用户评论信息进行文本挖掘前，根据用户品牌依恋情感以及用户生成评论信息质量的理论分析，对分析文本数据进行筛选，进而选定以福克斯论坛用户评论数据为分析对象，由于用户评论数据量有限，得到的词向量模型仍需进一步的训练，从而得到更为准确的聚类结果。

三　研究展望

基于以上的研究成果以及存在的研究局限，本书将在未来进行更深一步的理论与实证研究，简要提出以下研究展望。

（1）在明确用户品牌依恋与其评论动机内在关系的基础上，结合特定情境，进一步通过深度访谈、情境实验等方法，引入经典外部及内部调节变量，对用户品牌依恋驱动用户生成评论信息的心理与行为机制进行更进一步的研究。

（2）在探明用户基于品牌依恋生成的在线评论信息内容特征的基础上，更加广泛地收集相关文本及用户数据，通过采用文本挖掘方法对用户评论文本进行进一步的深度挖掘，通过扩大数据量得到更为准确的词向量模型，并采用机器学习与深度学习算法对用户评论文本进行更为深层的实证分析。

（3）在确立了基于品牌依恋视角用户生成评论的激励策略基础上，采用情境调查、实验设计等方法，考察激励策略的有效性及持续性，进一步完善提出基于用户品牌依恋的高质量评论信息生成行为的激励策略。

附录1 用户品牌依恋与生成在线评论行为调查

　　您好，我们是"品牌依恋驱动下用户在线评论信息生成机制研究"课题组，希望通过以下的调查问题了解一下用户品牌依恋与评论行为间的内在关系，您的选项完全取决于您平时生成在线评论的经历，希望您能够认真地表达自己的意见，再次对您的参与表示真挚的感谢！

第一部分

1. 您的性别

　○男　　　　　　　　○女

2. 您的年龄：

　○18 岁以下　　　　○18—25 岁　　　　○26—30 岁
　○31—39 岁　　　　○40 岁及以上

3. 您的受教育程度

　○高中及以下　　　　○大专　　　　　　○本科
　○研究生及以上

4. 您的职业

　○学生　　　　　　　　　　　　　○教师及科研人员
　○政府公务人员　　　　　　　　　○国企或私企职员

5. 我有经常写评论的习惯（微信评论、微博评论、商品评论、书评影评、景点旅游评论、热点事件评论、带有评论性的社区讨论等均可）：

　○完全不符合　　　○2　　　　　　○3
　○4　　　　　　　　○5　　　　　　○6

○完全符合

6. 我写评论不喜欢泛泛而谈，而是会写一些有实质内容，文字较多的评论（例如对事物的某个方面或是支持评论观点的具体理由等进行阐述和评论）：

○完全不符合　　　○2　　　　　　○3

○4　　　　　　　　○5　　　　　　○6

○完全符合

7. 我只会评论一些我关注或感兴趣的事情（微信评论、微博评论、商品评论、书评影评、景点旅游评论、热点事件评论、带有评论性的社区讨论等均可）

○完全不符合　　　○2　　　　　　○3

○4　　　　　　　　○5　　　　　　○6

○完全符合

8. 您平常经常选择何种社交媒体环境进行评论［多选题］

□微信朋友圈　　　□微博　　　　　□论坛或贴吧

□购物网站　　　　□品牌社区　　　□QQ 空间

□社交网站

第二部分

填写问卷之前，请您回忆您为某个品牌或产品撰写的印象较为深刻的一次评论经历，并围绕这个品牌以及这次评论经历回答下列问题。

9. 您评论的品牌或产品的类型是_____［单选题］

○服装鞋帽（如 PRADA、ZARA、NIKE、Lee 等）

○数码产品和手机（如佳能、苹果、三星、小米、vivo 等）

○化妆品（如兰蔻、碧欧泉、美宝莲、欧莱雅等）

○游戏（如魔兽世界、英雄联盟、王者荣耀等）

○汽车（如奔驰、宝马、凯迪拉克、奥迪等）

○餐饮（如星巴克、哈根达斯、全聚德、海底捞等）

○其他

下面想了解一下您对这个品牌的整体评价，请按照您的个人情况进行打分。

10. 您评论的这个品牌（以该品牌旗下您购买、使用或印象最深的产品为准）或产品的价格为：

○500 元以下　　　　　○500—1000 元　　　　○1000—5000 元

○5000—10000 元　　　○10000 元及以上

11. 这个品牌产品功能强大，具有很强的实用性

○完全不符合　　　　　○2　　　　　　　○3　　　　　　　○4

○5　　　　　　　　　　○6　　　　　　　○完全符合

12. 使用这个品牌产品可以向别人暗示我的审美品位、身份形象或社会地位

○完全不符合　　　　　○2　　　　　　　○3　　　　　　　○4

○5　　　　　　　　　　○6　　　　　　　○完全符合

13. 我从使用这个品牌产品中获得愉悦和快乐

○完全不符合　　　　　○2　　　　　　　○3　　　　　　　○4

○5　　　　　　　　　　○6　　　　　　　○完全符合

下面想了解一下您对所这个品牌或产品的一些具体描述，请按照您的个人情况进行打分。

14. 我对这个品牌怀有感情

○完全不符合　　　　　○2　　　　　　　○3　　　　　　　○4

○5　　　　　　　　　　○6　　　　　　　○完全符合

15. 我信任这个品牌

○完全不符合　　　　　○2　　　　　　　○3　　　　　　　○4

○5　　　　　　　　　　○6　　　　　　　○完全符合

16. 这个品牌能代表我的风格

○完全不符合　　　　　○2　　　　　　　○3　　　　　　　○4

○5　　　　　　　　　　○6　　　　　　　○完全符合

17. 看到这个品牌会让我回想起和它有关的一些事情

○完全不符合　　　　　○2　　　　　　　○3　　　　　　　○4

○5　　　　　　　　　　○6　　　　　　　○完全符合

不同的评论行为应当存在不同类型的评论动机，下面想了解您的

这一次评论行为具体包含下列哪些动机，请结合您的真实经历对下列已列出的各类动机的强度进行打分。

18. 通过评论表达我对这个品牌或产品的看法

○完全不符合　　　　○2　　　　○3　　　　○4

○5　　　　　　　　○6　　　　○完全符合

19. 通过评论给其他人一些建议

○完全不符合　　　　○2　　　　○3　　　　○4

○5　　　　　　　　○6　　　　○完全符合

20. 通过评论表达我对这个品牌或产品的信任和支持

○完全不符合　　　　○2　　　　○3　　　　○4

○5　　　　　　　　○6　　　　○完全符合

21. 通过评论表达我对这个品牌或产品的态度

○完全不符合　　　　○2　　　　○3　　　　○4

○5　　　　　　　　○6　　　　○完全符合

22. 通过评论帮助到他人

○完全不符合　　　　○2　　　　○3　　　　○4

○5　　　　　　　　○6　　　　○完全符合

23. 通过评论表达我对评论对象的改进意见

○完全不符合　　　　○2　　　　○3　　　　○4

○5　　　　　　　　○6　　　　○完全符合

24. 通过评论获得平台或社区的奖励（例如新品体验机会、参与品牌互动）

○完全不符合　　　　○2　　　　○3　　　　○4

○5　　　　　　　　○6　　　　○完全符合

25. 通过评论可以获得一些商家给予的优惠（例如折扣、红包、抵用券等）

○完全不符合　　　　○2　　　　○3　　　　○4

○5　　　　　　　　○6　　　　○完全符合

26. 通过评论认识一些新的朋友

○完全不符合　　　　○2　　　　○3　　　　○4

○5　　　　　　　　○6　　　　　　　○完全符合

27. 通过评论和其他人保持联络

○完全不符合　　　　○2　　　　　　　○3　　　　　　　○4

○5　　　　　　　　○6　　　　　　　○完全符合

28. 通过评论能够获得他人对我的认可与鼓励

○完全不符合　　　　○2　　　　　　　○3　　　　　　　○4

○5　　　　　　　　○6　　　　　　　○完全符合

29. 通过评论表达我对这个品牌或产品的情感（例如怀旧、欣喜、惊讶等）

○完全不符合　　　　○2　　　　　　　○3　　　　　　　○4

○5　　　　　　　　○6　　　　　　　○完全符合

30. 为这个品牌或产品生成评论会让我愉悦和轻松

○完全不符合　　　　○2　　　　　　　○3　　　　　　　○4

○5　　　　　　　　○6　　　　　　　○完全符合

31. 通过评论可以获得与这个品牌或产品相关的好处（例如赠品、抽奖等）

○完全不符合　　　　○2　　　　　　　○3　　　　　　　○4

○5　　　　　　　　○6　　　　　　　○完全符合

32. 通过评论获得平台或社区的附加服务（例如包邮、售后等）

○完全不符合　　　　○2　　　　　　　○3　　　　　　　○4

○5　　　　　　　　○6　　　　　　　○完全符合

33. 通过评论和其他人共同参与话题的讨论

○完全不符合　　　　○2　　　　　　　○3　　　　　　　○4

○5　　　　　　　　○6　　　　　　　○完全符合

34. 通过评论拉近和其他人之间的关系

○完全不符合　　　　○2　　　　　　　○3　　　　　　　○4

○5　　　　　　　　○6　　　　　　　○完全符合

35. 通过评论帮助我提升自己在该领域的专业形象

○完全不符合　　　　○2　　　　　　　○3　　　　　　　○4

○5　　　　　　　　○6　　　　　　　○完全符合

36. 通过评论分享我对这个品牌或产品的情感体验

○完全不符合 　　　　○2 　　　　○3 　　　　○4

○5 　　　　○6 　　　　○完全符合

37. 为这个品牌或产品生成评论是一件快乐的事情

○完全不符合 　　　　○2 　　　　○3 　　　　○4

○5 　　　　○6 　　　　○完全符合

下面想了解您对这个品牌或产品发表评论时的意愿情况，请按照您的个人情况进行打分。

38. 我愿意为这个品牌或产品生成评论

○完全不符合 　　　　○2 　　　　○3 　　　　○4

○5 　　　　○6 　　　　○完全符合

39. 我很有可能再次评论这个品牌或产品

○完全不符合 　　　　○2 　　　　○3 　　　　○4

○5 　　　　○6 　　　　○完全符合

40. 我经常评论与这个品牌或产品相关的事情

○完全不符合 　　　　○2 　　　　○3 　　　　○4

○5 　　　　○6 　　　　○完全符合

附录 2　文本描述性统计代码

```python
import pandas as pd
import numpy as np
import jieba
import jieba. analyse
import hdbscan
from sklearn. decomposition import PCA
from sklearn. feature_extraction. text import TfidfVectorizer
from collections import defaultdict
import seaborn as sns
import matplotlib. pyplot as plt
import jieba. posseg as pseg
import pyecharts. options as opts


#读取评论数据
df = pd. DataFrame( pd. read_excel('fks. xlsx'))
content = df['用户评论']. tolist()


#读取情感词典
def word_( dir_) :
    f = open( dir_,'r', encoding ='utf-8')
    s = f. read(). split(' \\n')
    f. close()
```

```
        return s
pos_lst = list( set( word_( dir_ ='. \\积极 . txt') ) )
neg_lst = list( set( word_( dir_ ='. \\消极 . txt') ) )


#去取停用词表并进行分词
stopwords_filepath ='. \\stopwords. txt'
car_dic = pos_lst+neg_lst
for word in car_dic:
        jieba. add_word( word)
stopwords = [ line. strip( ) for line in open( stopwords_filepath ,'r', enco-
ding ='gbk'). readlines( ) ]#读取停用词表
stopwords. append(' \\xa0')
out_sen_n = [ ]
for line in content:
        line = line. strip( )
        _ = [ word. word for word in pseg. cut( line) if word. word not in
stopwords]    #分词
        _sen =''. join( _)
        out_sen_n. append( _sen)
out_sen_n = [ word. lower( ) for word in out_sen_n]
print( len( out_sen_n) )


#词频统计并进行可视化

out_sen_n
frequency = defaultdict( int)
texts = [ [ word for word in document. split( ) ] for document in out_sen_n]
for text in texts:
        for word in text:
                frequency[ word] += 1
```

```
#统计出现频率大于5的词
texts = [[(word, frequency[word]) for word in text if frequency
[word]>5] for text in texts]
cipin = []
for i in texts:
    cipin. extend(i)
cipindictionary = dict(cipin)
cipindictionary1 = sorted(cipindictionary. items(), key = lambda x: x
[1], reverse = True)
cipindictionary2 = dict(cipindictionary1)
import pyecharts
from pyecharts. charts import Bar
bar = Bar()
lst1 = []
lst2 = []
for i,j in cipindictionary2. items():
    lst1. append(i)
    lst2. append(j)
#bar. add("词频", lst1[:50],lst2[:50],is_more_utils = True)
bar. add_xaxis(lst1[:61])
bar. add_yaxis(" ",lst2[:61], label_opts = opts. LabelOpts(font_size =
7))
    bar. set_global_opts(title_opts = opts. TitleOpts(title ='词频统计', sub-
title ='词频'), xaxis_opts = opts. AxisOpts(name_rotate = 60, name = "词",
axislabel_opts = {"rotate":45}))
    bar. render_notebook()
    #分别对名词、动词、形容词和副词进行统计
    fre = {}
    for line in content:
        line = line. strip()
```

```
        __ = [[word.word,word.flag] for word in pseg.cut(line) if
word.word not in stopwords]
        for i in__:
            if i[0]not in fre:
                fre[i[0]]=[i[1],1]
            else:
                fre[i[0]]=[i[1],fre[i[0]][1]+1]
    fre_n,fre_a,fre_v,fre_ad,fre_i={},{},{},{},{}
    for word in fre.keys():
        if fre[word][0]in['n','nr','ns','nz','ng']:
            fre_n[word]=fre[word][1]
        elif fre[word][0]in['v','vn','vd','vg']:
            fre_v[word]=fre[word][1]
        elif  fre[word][0]in['a','ad','ag','an']:
            fre_a[word]=fre[word][1]
        elif fre[word][0]in['d','dg']:
            fre_ad[word]=fre[word][1]
        elif fre[word][0]in['i']:
            fre_i[word]=fre[word][1]
    fre_n = sorted( fre_n.items(),key = lambda x:x[1],reverse =
True)
    fre_a = sorted( fre_a.items(),key = lambda x:x[1],reverse =
True)
    fre_v = sorted( fre_v.items(),key = lambda x:x[1],reverse =
True)
    fre_ad = sorted( fre_ad.items(),key = lambda x:x[1],reverse = True)
    fre_i = sorted( fre_i.items(),key = lambda x:x[1],reverse =
True)
```

附录 3　词向量训练与文本聚类代码

```python
import pandas as pd
import numpy as np
import jieba
import jieba. analyse
import hdbscan
from sklearn. decomposition import PCA
from sklearn. feature_extraction. text import TfidfVectorizer
import seaborn as sns
import matplotlib. pyplot as plt
import jieba. posseg as pseg
import gensim

#读取评论数据
df = pd. DataFrame( pd. read_excel('fks. xlsx'))
content = df['用户评论']. tolist()
#加载情感词
def word_( dir_):
    f = open( dir_,'r', encoding ='utf-8')
    s =f. read( ). split('\\n')
    f. close( )
    return s
pos_lst = list( set( word_( dir_ = '. \\积极 . txt')))
neg_lst = list( set( word_( dir_ = '. \\消极 . txt')))
```

```
#分词处理
stopwords_filepath = '. \\stopwords. txt'
car_dic = pos_lst + neg_lst
for word in car_dic:
    jieba. add_word(word)
stopwords = [line. strip() for line in open(stopwords_filepath, 'r', enco-
ding='gbk'). readlines()]


result = []
for line in content:
    line = line. strip()
    line = ''. join(line. split())
    _ = [word. word for word in pseg. cut(line) if word. word not in
stopwords]
    sentence = ''. join(_)
    result. append(sentence)
result = [word. lower() for word in result]
result[ :2]
#训练词向量
#from gensim. models import word2vec
#corpus = [line. split() for line in result]
#model = word2vec. Word2Vec(corpus, workers = 5, size = 100, min_
count = 50, window = 5, sample = 1e-3, seed = 400, sg = 0)
#word_vec = []
#word_lst = model. wv. index2word
#for word in word_lst:
#     word_vec. append(model[ word])


#加载已经训练好的词向量模型
model = gensim. models. word2vec. Word2Vec. load("focus_cars_new
```

```
_2020_0730. w2v"). wv
    word_vec = []
    word_lst = model. wv. index2word
    for word in word_lst:
    word_vec. append(model[word])
    #词向量降为并可视化
    from sklearn. manifold import TSNE
    X_tsne = TSNE(random_state = 10). fit_transform(word_vec)
    plt. scatter(* X_tsne. T, s=3, linewidth=0, alpha=0.5)
    plt. rcParams['savefig. dpi'] = 400 #图片像素
    plt. rcParams['figure. dpi'] = 400 #分辨率
    #plt. figure(figsize=(10, 5))
    plt. axis('off')
    #层次密度聚类
    import hdbscan
    from sklearn. metrics import silhouette_score
    lable_max = []
    raito_list = []
    sc = []
    min_size, cluster_size, raito_size = [],[],[]
    for _in range(3,60,2):
        clusterer = hdbscan. HDBSCAN(min_cluster_size = _). fit(X_
tsne)

        lable_max. append(clusterer. labels_. max())
        labels = clusterer. labels_
        raito = len(labels[labels[:] == -1]) / len(labels)   #计算
噪声点个数占总数的比例
        raito = round(raito,6)
        raito_list. append(round(raito,4))
```

```python
        sc_score = silhouette_score(X_tsne, clusterer.labels_, metric =
'euclidean')
        #silhouette_score 轮廓系数
        sc.append(sc_score)
        min_size.append(_)
        lable_max_ = clusterer.labels_.max() + 1
        cluster_size.append(int(lable_max_))
        raito_size.append(round(raito * 100, 2))
    print(_, clusterer.labels_.max(), raito, sc_score)
#根据不同聚类结果可视化噪声比
import pyecharts.options as opts
from pyecharts.charts import Line
colors = ['#FF0000', '#FFD700']
line = Line()
line.add_xaxis(['{}'.format(i) for i in range(3, 60, 2)]) #设置 x
轴数据
line.add_yaxis("聚类个数", cluster_size) #设置 y 轴数据
line.add_yaxis("噪声比(%)", raito_size) #设置 y 轴数据
line.set_colors(colors)
#line.add_yaxis("电视机销量", raito_size) #设置 y 轴数据
#line.set_global_opts(
#      xaxis_opts = opts.AxisOpts(
#           axislabel_opts = opts.LabelOpts(rotate = -40),
#                                  ), #设置 x 轴标签旋转角度
#      title_opts = opts.TitleOpts(title = "折线图"))    #设置图表标题
#line.render() #渲染图表,默认文件名为 render.html
#选定构建聚类最小元素数为 15 作为聚类参数
line.render_notebook()
clusterer_15 = hdbscan.HDBSCAN(min_cluster_size = 15).fit(X_tsne)
print(clusterer_15.labels_.max())
```

```
labels_15 = clusterer_15. labels_
raito_15 = len( labels_15[ labels_15[ : ] == -1] ) / len( labels_15 )
print( raito_15 )
#计算文本中词汇打的 TF-IDF 值
from sklearn. feature_extraction. text import CountVectorizer
vectorizer = CountVectorizer( stop_words = ' english' )
vectorizer = CountVectorizer( )
Y = vectorizer. fit_transform( result )
word_ = vectorizer. get_feature_names( )
y = Y. toarray( )
from sklearn. feature_extraction. text import TfidfTransformer
transformer = TfidfTransformer( )
tfidf = transformer. fit_transform( Y )
weight = tfidf. toarray( ) #
```

参考文献

一　中文文献

毕达宇、张苗苗、曹安冉：《基于情感依恋的用户高质量在线评论信息生成模式》，《情报科学》2020年第2期。

毕达宇、张苗苗、熊青：《依恋理论视角下用户在线评论信息生成动力机制》，《图书情报工作》2017年第18期。

曹园园、李君君、秦星红：《SNS采纳后阶段用户持续使用行为研究——基于情感依恋与ECM-IS的整合模型》，《现代情报》2016年第36期。

陈厚：《时间间隔对在线评论影响效应研究》，博士学位论文，武汉大学，2015年。

陈江涛、张金隆、张亚军：《在线商品评论有用性影响因素研究：基于文本语义视角》，《图书情报工作》2012年第10期。

陈君、何梦婷：《基于动机视角的虚拟社区即时/持续网络口碑传播研究》，《情报科学》2017年第11期。

陈顺林：《虚拟品牌社区参与对产品品牌忠诚的影响研究》，硕士学位论文，浙江大学，2007年。

陈忆金、曹树金、陈桂鸿：《网络舆情意见挖掘：用户评论情感倾向分析研究》，《图书情报知识》2013年第6期。

邓胜利、杨丽娜：《用户个性特征对信息行为影响的研究进展》，《情报理论与实践》2014年第5期。

邓卫华、张宇、易明：《在线口碑信息内容的结构和类型研究》，《情报科学》2018年第4期。

邓卫华、张宇：《在线评论信息内容对阶段性有用性评价的影响研究》,《情报理论与实践》2018 年第 8 期。

邓朝华、张亮、张金隆:《基于荟萃分析方法的移动商务用户采纳研究》,《图书情报工作》2012 年第 18 期。

丁晟春、吴靓婵媛、李红梅:《基于 SVM 的中文微博观点倾向性识别》,《情报学报》2016 年第 12 期。

董爽、王晓红、葛争红:《基于文本挖掘的 B2C 购物网站在线评论内容特征分析》,《图书馆理论与实践》2017 年第 6 期。

费多益:《认知视野中的情感依赖与理性、推理》,《中国社会科学》2012 年第 8 期。

龚艳萍、张晓丹、张琴:《行为视角下的网络口碑国外研究综述与展望》,《情报杂志》2016 年第 5 期。

古安伟、王向阳、洪超:《品牌信息对消费者品牌依恋的影响研究》,《现代管理科学》2013 年第 9 期。

谷传华、张文新:《情境的心理学内涵探微》,《山东师范大学学报》(人文社会科学版)2003 年第 5 期。

顾润德、陈媛媛:《社交媒体平台 UGC 质量影响因素研究》,《图书馆理论与实践》2019 年第 3 期。

郭国庆、牛海鹏、刘婷婷等:《品牌体验对品牌忠诚驱动效应的实证研究——以不同产品卷入度品牌为例》,《经济管理研究》2012 年第 2 期。

韩丽:《自我决定理论视角下高校读者阅读意愿影响因素探究》,《图书情报工作》2018 年第 14 期。

郝玫、王道平:《中文网络评论的复杂语义倾向性计算方法研究》,《图书情报工作》2014 年第 22 期。

郝媛媛、叶强、李一军:《基于影评数据的在线评论有用性影响因素研究》,《管理科学学报》2010 年第 8 期。

贺爱忠、李雪:《在线品牌社区成员持续参与行为形成的动机演变机制研究》,《管理学报》2015 年第 5 期。

何佳讯:《长期品牌管理》,格致出版社 2016 年版。

何有世、何述芳:《基于领域本体的产品网络口碑信息多层次细粒度情感挖掘》，《数据分析与知识发现》2018 年第 8 期。

黄敏学、王峰、谢亭亭：《口碑传播研究综述及其在网络环境下的研究初探》，《管理学报》2010 年第 1 期。

金燕、李丹：《基于 SPC 的用户生成内容质量监控研究》，《情报科学》2016 年第 5 期。

江彦、娄策群、江秀等：《评论者对在线商品评论信息质量的影响及提升策略研究》，《图书馆学研究》2019 年第 3 期。

冷晓彦、马捷：《网络信息生态环境评价与优化研究》，《情报理论与实践》2011 年第 5 期。

李北伟、董微微：《基于演化博弈理论的网络信息生态链演化机理研究》，《情报理论与实践》2013 年第 3 期。

李丹：《基于 SPC 的用户生成内容质量监控研究》，硕士学位论文，郑州大学，2017 年。

李纲、程洋洋、寇广增：《句子情感分析及其关键问题》，《图书情报工作》2010 年第 11 期。

李贺、张世颖：《移动互联网用户生成内容质量评价体系研究》，《情报理论与实践》2015 年第 10 期。

李华敏、李茸：《顾客体验、品牌认同与品牌忠诚的关系研究——以苹果手机的青年顾客体验为例》，《经济与管理》2013 年第 8 期。

李美娣：《信息生态系统的剖析》，《情报杂志》1998 年第 8 期。

李念武、岳蓉：《网络口碑可信度及其对购买行为之影响的实证研究》，《图书情报工作》2009 年第 22 期。

李伟伟：《数字图书馆用户生成信息的质量控制研究》，《图书馆学刊》2015 年第 8 期。

李霞、戴昌钧：《基于效用理论的信息知识转化机制研究》，《图书情报工作》2009 年第 3 期。

梁文玲、杨文举：《虚拟品牌社区信息质量对社区用户持续参与意愿的影响研究》，《情报杂志》2016 年第 11 期。

廖成林、蔡春江、李忆：《电子商务中在线评论有用性影响因素实证研究》,《软科学》2013 年第 5 期。

梁文玲、杨文举:《虚拟品牌社区信息质量对社区用户持续参与意愿的影响研究》,《情报杂志》2016 年第 11 期。

林钦和:《基于情感计算的商品评论分析系统》,《计算机应用与软件》2014 年第 12 期。

刘丽娜、齐佳音、齐宏伟等:《在线评论中离散情感的分布研究》,《情报科学》2017 年第 8 期。

刘琦、杜荣:《基于参与动机的网络社区知识共享质量、创新及满意度关系研究》,《情报理论与实践》2013 年第 3 期。

刘清民、姚长青、石崇德等:《用户生成内容质量的影响因素分析》,《情报探索》2018 年第 3 期。

刘军、金淑娜:《KaaS 知识即服务:面向读者需求的分层知识服务模型及实践》,《情报科学》2014 年第 3 期。

刘宪立、赵昆:《在线评论有用性关键影响因素识别研究》,《现代情报》2017 年第 1 期。

龙立荣、方俐洛、凌文辁:《企业员工自我职业生涯管理的结构及关系》,《心理学报》2003 年第 2 期。

娄策群、赵桂芹:《信息生态平衡及其在构建和谐社会中的作用》,《情报科学》2006 年第 11 期。

娄策群、曾丽、庞靓:《网络信息生态链演进过程研究》,《情报理论与实践》2015 年第 6 期。

卢华玲、周燕、唐建波:《基于复杂网络的虚拟品牌社区演化研究》,《图书馆学研究》2014 年第 13 期。

卢强、付华:《品牌社会权力对购买意愿的影响——基于"评价—情感—应对"理论的实证》,《中国流通经济》2016 年第 7 期。

卢向华、冯越:《网络口碑的价值——基于在线餐馆点评的实证研究》,《管理世界》2009 年第 7 期。

鲁雁翎:《品牌信息对品牌依恋影响的实证研究》,硕士学位论文,华中师范大学,2018 年。

卢玉清:《用户信誉度与用户生成内容质量评估模型研究》,硕士学位论文，清华大学，2014 年。

栾春玉、霍明奎、卢才：《信息生态链组成要素及相互关系》，《情报科学》2014 年第 11 期。

莫祖英：《数据库用户对信息资源质量的认知及要求分析——以文理背景研究生为对象》，《情报理论与实践》2013 年第 4 期。

莫祖英、马费成、罗毅：《微博信息质量评价模型构建研究》，《信息资源管理学报》2013 年第 2 期。

聂卉：《基于内容分析的用户评论质量的评价与预测》，《图书情报工作》2014 年第 13 期。

漆贤军、陈明红：《基于复杂适应系统的虚拟社区系统动态演化分析》，《情报理论与实践》2009 年第 12 期。

阮光册、夏磊：《高质量用户生成内容主题分布特征研究》，《图书馆杂志》2018 年第 4 期。

沈璐、庄贵军、姝曼等：《SNS 中品牌帖子的信息特征对消费者口碑传播行为的影响》，《软科学》2014 年第 11 期。

沈旺、国佳、李贺：《网络社区信息质量及可靠性评价研究——基于用户视角》，《现代图书情报技术》2013 年第 1 期。

史伟、王洪伟、何绍义：《基于微博的产品评论挖掘：情感分析的方法》，《情报学报》2014 年第 12 期。

石文华、龚雪、张绮等：《在线初次评论与在线追加评论的比较研究》，《管理科学》2016 年第 4 期。

孙佳佳：《基于用户画像的 UGC 质量预判方法》，硕士学位论文，郑州大学，2019 年。

孙云峰、张宇、周中林：《基于信息需求层次理论的大学生信息需求影响因素研究》，《情报杂志》2015 年第 1 期。

唐晓波、刘广超：《细粒度情感分析研究综述》，《图书情报工作》2017 年第 5 期。

唐晓波、朱娟、杨丰华：《基于情感本体和 KNN 算法的在线评论情感分类研究》，《情报理论与实践》2016 年第 6 期。

田阳、王海忠、王静一：《虚拟品牌社群与品牌依恋之间关系的实证研究》，《经济管理》2010 年第 11 期。

田占伟、王亮、刘臣：《基于复杂网络的微博信息传播机理分析与模型构建》，《情报科学》2015 年第 9 期。

万莉、程慧平：《基于自我决定理论的虚拟知识社区用户持续知识贡献行为动机研究》，《情报科学》2016 年第 10 期。

万力勇、杜静、舒艾：《教育类 UGC 质量满意度影响因素实证研究——基于扩展的 ACSI 模型》，《中国电化教育》2019 年第 3 期。

王国华、郑全海、王雅蕾等：《新浪热门微博的特征及用户转发规律研究》，《情报杂志》2014 年第 4 期。

王海忠、闫怡、何朕鑫：《消费者参与新产品构思对线上社群成员自我—品牌联接和品牌依恋的影响》，《管理学报》2017 年第 3 期。

王洪伟、郑丽娟、尹裴等：《基于句子级情感的中文网络评论的情感极性分类》，《管理科学学报》2013 年第 9 期。

王连喜：《微博短文本预处理及学习研究综述》，《图书情报工作》2013 年第 11 期。

王赛威：《基于分类算法的移动互联网视频 UGC 质量评价研究》，硕士学位论文，北京邮电大学，2017 年。

王亚奇、王静、杨海滨：《基于复杂网络理论的微博用户关系网络演化模型研究》，《物理学报》2014 年第 20 期。

王子喜、杜荣：《人际信任和自我效能对虚拟社区知识共享和参与水平的影响研究》，《情报理论与实践》2011 年第 10 期。

王知津、周海英：《语义学理论与信息检索》，《现代图书情报技术》2003 年第 2 期。

王祖辉、姜维、李一军：《在线评论情感分析中固定搭配特征提取方法研究》，《管理工程学报》2014 年第 4 期。

魏巍、黄丽霞：《基于马斯洛需求层次理论的农民工信息需求分析》，《图书馆学研究》2016 年第 5 期。

魏屹东、周振华：《基于情感的思维何以可能》，《科学技术哲学研究》2015 年第 3 期。

温飞、沙振权、龙成志：《消费者情感依恋形成机理研究演进》，

《广东商学院学报》2011 年第 2 期。

温忠麟、叶宝娟：《中介效应分析：方法和模型发展》，《心理科学进展》2014 年第 5 期。

吴丽丽、石筱璇、王贝依等：《品牌依恋：理论、测量及与相关变量的关系》，《心理科学进展》2017 年第 8 期。

吴水龙、刘长琳、卢泰宏：《品牌体验对品牌忠诚的影响：品牌社区的中介作用》，《商业经济与管理》2009 年第 7 期。

吴倬：《人的社会责任与自我实现——论自我实现的动力机制和实现形式》，《清华大学学报》（哲学社会科学版）2000 年第 1 期。

夏火松、李保国、杨培：《基于改进 K-means 聚类的在线新闻评论主题抽取》，《情报学报》2014 年第 1 期。

郗亚辉：《产品评论特征及观点抽取研究》，《情报学报》2014 年第 3 期。

肖静：《信息生态系统的结构及其优化》，《情报科学》2013 年第 8 期。

谢毅、彭泗清：《品牌信任和品牌情感对口碑传播的影响：态度和态度不确定性的作用》，《管理评论》2014 年第 2 期。

徐健：《基于网络用户情感分析的预测方法研究》，《中国图书馆学报》2013 年第 12 期。

薛海波、王新新：《品牌社群影响品牌忠诚的作用机理研究——基于超然消费体验的分析视角》，《中国工业经济》2009 年第 10 期。

薛云建、董向东：《品牌拟人化与消费者品牌忠诚关系分析——基于中介调节模型》，《商业经济研究》2018 年第 11 期。

颜端武、杨雄飞、李铁军：《基于产品特征树和 LSTM 模型的产品评论情感分析》，《情报理论与实践》2019 年第 12 期。

闫婧：《基于用户信誉评级的 UGC 质量预判方法》，硕士学位论文，郑州大学，2017 年。

阎俊、蒋音波、常亚平：《网络口碑动机与口碑行为的关系研究》，《管理评论》2011 年第 12 期。

闫强、孟跃：《在线评论的感知有用性影响因素——基于在线影评的实证研究》,《中国管理科学》2013 年第 S1 期。

杨光明、鲁耀斌、刘伟:《移动商务消费者初始信任影响因素的实证研究》,《情报杂志》2009 年第 7 期。

杨爽、郭昭宇:《品牌依恋对品牌对抗忠诚的影响研究——基于心理距离的调节作用》,《消费经济》2017 年第 3 期。

杨小溪:《网络信息生态链价值管理研究》,博士学位论文,华中师范大学,2012 年。

杨瑶、方圣、宋文绩:《网络信息生态链演进模式》,《情报理论与实践》2015 年第 6 期。

姚琦:《自我建构与说服策略对消费者再续品牌关系意愿的影响》,博士学位论文,武汉大学,2010 年。

叶恒、林志扬、许栋梁:《网络口碑的内容特征对购买意愿的影响研究》,《现代管理科学》2014 年第 6 期。

殷国鹏:《消费者认为怎样的在线评论更有用?——社会性因素的影响效应》,《管理世界》2012 年第 12 期。

袁登华:《品牌信任研究脉络与展望》,《心理科学》2007 年第 2 期。

袁登华:《品牌忠诚和品牌转换的心理动因探讨》,《心理科学》2009 年第 1 期。

袁毅、杨莉:《问答社区用户生成资源行为及影响因素分析——以百度知道为例》,《图书情报工作》2017 年第 22 期。

曾宪柳:《关于语言的语义与语感》,《逻辑与语言学习》1991 年第 2 期。

詹丽华:《基于 SWOT 分析的 UGC 质量控制策略研究》,《情报科学》2016 年第 9 期。

张红、甘利人、薛春香:《基于标签聚类的电子商务网站分类目录改善研究》,《现代情报》2012 年第 1 期。

张红明:《品牌体验类别及其营销启示》,《商业经济与管理》2003 年第 12 期。

张立、刘云:《虚拟社区网络的演化过程研究》,《物理学报》

2008 年第 9 期。

张苗苗、毕达宇：《在线品牌社区信息生态系统演进机理研究》，《现代情报》2017 年第 6 期。

张苗苗、娄策群：《信息生态环境因子的相互作用机制》，《图书情报工作》2011 年第 9 期。

张圣亮、钱玉霞：《消费者电子口碑传播动机探析——基于网络型虚拟社区的实证研究》，《管理现代化》2014 年第 3 期。

张旭：《网络信息生态链形成机理及管理策略研究》，博士学位论文，吉林大学，2011 年。

张玥、朱庆华：《网络口碑传播效应研究综述》，《图书情报工作》2012 年第 10 期。

张振兴、边雅静：《品牌体验概念维度与量表构建》，《统计与决策》2011 年第 10 期。

张世颖：《移动互联网用户生成内容动机分析与质量评价研究》，博士学位论文，吉林大学，2014 年。

张新兴、杨志刚：《高校图书馆数据库用户满意指数模型——假设与检验》，《图书情报工作》2010 年第 3 期。

张义、孙明贵：《消费者怀旧情感对品牌忠诚的影响》，《商业研究》2012 年第 2 期。

赵宏霞、才智慧、宋微：《电子商务环境下关系利益、情感依恋与消费者信任的维系》，《经济问题探索》2014 年第 6 期。

赵欣、周密、于玲玲等：《基于情感依恋视角的虚拟社区持续使用模型构建——超越认知判断范式》，《预测》2012 年第 5 期。

赵宇翔、范哲、朱庆华：《用户生成内容（UGC）概念解析及研究进展》，《中国图书馆学报》2012 年第 9 期。

郑剑虹、黄希庭：《西方自我实现研究现状》，《心理科学进展》2004 年第 2 期。

仲伟林：《品牌体验的管理策略》，《企业改革与管理》2003 年第 7 期。

周浩、龙立荣：《共同方法偏差的统计检验与控制方法》，《心理科学进展》2004 年第 6 期。

周健明、邓诗鉴：《品牌依恋对消费惯性与品牌忠诚的影响研究》，《管理现代化》2015 年第 6 期。

周松：《品牌依恋影响因素的实证研究》，硕士学位论文，上海交通大学，2012 年。

周涛、鲁耀斌、张金隆：《基于感知价值与信任的移动商务用户接受行为研究》，《管理学报》2009 年第 10 期。

周志民：《品牌管理》，南开大学出版社 2008 年版。

朱七光、李安周：《中国企业情景下品牌依恋形成机理研究——基于消费者与品牌个性匹配的视角》，《统计与信息论坛》2012 年第 2 期。

朱世平：《体验营销及其模型构造》，《商业经济与管理》2003 年第 5 期。

二 英文文献

Adaval R, Wyer R S, "The Role of Narratives in Consumer Information Processing", *Journal of Consumer Psychology*, Vol. 3, 1998.

Aker J L, "Dimensions of Brand Personality", *Journal of Marketing Research*, Vol. 34, No. 3, 1997.

Aaker J L, "The Malleable Self: The Role of Self-Expression in Persuasion", *Journal of Consumer Research*, Vol. 36, No. 1, 1999.

Alexandrov A, Lilly B, Babakus E, "The Effects of Social-and Self-Motives on the Intentions to Share Positive and Negative Word of Mouth", *Journal of the Academy of Marketing Science*, Vol. 41, No. 5, 2013.

Algesheimer R, Dholakia U M, Herrmann A, "Interplay between Brand and Brand Community: Evidence from European Car Clubs", *Social Science Electronic Publishing*, Vol. 69, 2004.

Amichai-Hamburger, Yair, Lamdan N et al, "Personality Characteristics of Wikipedia Members", *Cyberpsychology & Behavior*, Vol. 11, No. 6, 2008.

Ananthakrishnan U M, Li B, Smith M D, "A Tangled Web: Should

Online Review Portals Display Fraudulent Reviews?", *Information Systems Research*, Vol. 31, No. 3, 2020.

Anderka M, Stein B, Lipka N, "Predicting Quality Flaws in User-Generated Content: The Case of Wikipedia", *SIGIR'* 12, Vol. 8, 2012.

Angelis M D, Bonezzi A, Peluso A M et al, "On Braggarts and Gossips: A Self-Enhancement Account of Word-of-Mouth Generation and Transmission", *Journal of Marketing Research*, Vol. 49, No. 4, 2012.

Armstrong A, Hagel J, "The Real Value of Online Communities", *Harvard Business Reviews*, Vol. 74, No. 3, 1996.

Arndt, Johan, "Role of Product-Related Conversations in the Diffusion of a New Product", *Journal of Marketing Research*, Vol. 4, No. 3, 1967.

Assael H, *Consumer Behavior and Marketing Action*, Boston: Kent Publishing Company, 1984.

Bansal H S, Voyer P A, "Word-of-Mouth Processes within a Service Purchase Decision Context", *Journal of Service Research*, Vol. 3, No. 2, 2000.

Barry C L, Schamber L, "Users' Criteria for Relevance Evaluation: A Cross-Situational Comparison", *Information Processing & Management*, Vol. 34, No. 2-3, 1998.

Bahri-Ammari N, Niekerk M V, Khelil H B et al, "The Effects of Brand Attachment on Behavioral Loyalty in the Luxury Restaurant Sector", *International Journal of Contemporary Hospitality Management*, Vol. 28, No. 3, 2016.

Baker S M, Kennedy P F, "Death by Nostalgia: A Diagnosis of Context Specific Cases", *Advances in Consumer Research*, Vol. 21, 1994.

Baldinger A L, Rubinson J, "Brand Loyalty: The Link between Attitude and Behavior", *Journal of Advertising Research*, Vol. 36, No. 6, 1996.

Ball A D, Tasaki L H, "The Role and Measurement of Attachment in

Behavior", *Journal of Consumer Psychology*, Vol. 1, 1992.

Ballester D E, Munuer-Alemán J L, "Brand Trust in the Context of Consumer Loyalty", *European Journal of Marketing*, Vol. 35, No. 11, 2001.

Bambauer-Sachse S, Mangold S, "Brand Equity Dilution through Negative Online Word-of-Mouth Communication", *Journal of Retailing & Consumer Services*, Vol. 18, No. 1, 2011.

Bansal H S, Voyer P A, "Word-of-Mouth Processes within a Services Purchase Decision Context", *Journal of Service Research*, Vol. 3, No. 2, 2000.

Basuroy, Suman, Chatterjee S et al, "How Critical are Critical Reviews? The Box Office Effects of Film Critics, Star Power, and Budgets", *Journal of Marketing*, Vol. 67, No. 4, 2003.

Belaid S, "The Outcomes of Brand Attachment, an Empirical Investigation of the Role of Attachment on Building Brand Consumer's Relationships for Utilitarian Products", *Enseignant ~ chercheuràl' ESSEC de Tunis 4, Rue abou Zakaria El Hafsi*, Vol. 3, 2007.

Belk R W, "Possessions as the Extended Self", *Journal of Consumer Research*, Vol. 15, No. 2, 1988.

Bengio Y, Ducharme R, Vincent P, "A Neural Probabilistic Language Model", *Journal of Machine Learning Research*, Vol. 3, 2003.

Bennett R, Charmine E J, Janet R, "Experience as a Moderator of Involvement and Satisfaction on Brand Loyalty in a Business-to-Business Setting", *Industrial Marketing Management*, Vol. 34, No. 1, 2005.

Bennett, Roger, *International Marketing: Strategy Planning, Market Entry and Implementation*, Beijing: Higher Education Press, March, 2003.

Berger J, Schwartz E M, "What Drives Immediate and Ongoing Word of Mouth?", *Journal of Marketing Research*, Vol. 48, No. 5, 2011.

Bettencourt L A, "Customer Voluntary Performance: Customers as

Partners in Service Delivery", *Journal of Retailing*, Vol. 73, No. 3, 1997.

Belaid S, Behi A T, "The Role of Attachment in Building Consumer-Brand Relationships: An Empirical Investigation in the Utilitarian Consumption Context", *Journal of Product & Brand Management*, Vol. 20, No. 1, 2011.

Bhatnagar A, Ghose S, "Online Information Search Termination Patterns across Product Categories and Consumer Demographics", *Journal of Retailing*, Vol. 80, No. 3, 2004.

Blanchard A, Markus M L, "The Experienced 'Sense' of a Virtual Community: Characteristics and Processes", *The Data Base for Advances in Information Systems*, Vol. 35, No. 1, 2004.

Bone P F, "Word-of-Mouth Effects on Short-Term and Long-Term Product Judgments", *Journal of Business Research*, Vol. 32, No. 3, 1995.

Bowlby J, *Attachment and Loss*, Vol. 1, New York: Basic Books, 1969.

Brakus J J, Schmitt B H, Zarantonello L, "Brand Experience: What is It? How is It Measured? Does It Affect Loyalty", *Journal of Marketing*, Vol. 73, No. 3, 2009.

Brown J J, Reingen P H, "Scoial Ties and Word-of-Mouth Referral Behavior", *Journal of Consumer Research*, Vol. 14, No. 3, 1987.

Buttle F A, "Word of Mouth-Understanding and Managing the Referral Marketing", *Journal of Strategic Marketing*, Vol. 6, No. 3, 1998.

Cameron J J, Finnegan H, Morry M M, "Orthogonal Dreams in an Oblique World: A Meta-Analysis of the Association between Attachment Anxiety and Avoidance", *Journal of Research in Personality*, Vol. 46, No. 5, 2012.

Campello R, Moulavi D, Sander J, "Density-Based Clustering Based on Hierarchical Density Estimates in: Advances in Knowledge Discovery and Data Mining", *Springer*, 2013.

Carroll B A, Ahuvia A C, "Some Antecedents and Outcomes of Brand

Love", *Marketing Letters*, Vol. 17, No. 2, 2006.

Casaló L V, "Promoting Consumer's Participation in Virtual Brand Communities: A New Paradigm in Branding Strategy", *Journal of Marketing Communications*, Vol. 14, No. 14, 2007.

Chang Y P, Zhu D H, "Understanding Social Networking Sites Adoption in China: A Comparison of Pre-Adoption and Post-Adoption", *Computers in Human Behavior*, Vol. 27, No. 5, 2011.

Chen C, Tseng Y D, "Quality Evaluation of Product Reviews Using an Information Quality Framework", *Decision Support System*, Vol. 4, 2011.

Chen Z, Lurie N H, "Temporal Contiguity and Negativity Bias in the Impact of Online Word-of-Mouth", *Journal of Marketing Research*, Vol. 50, No. 4, 2013.

Chevalier J A, Mayzlin D, "The Effect of Word of Mouth on Sales Online Book Reviews", *Journal of Marketing Research*, Vol. 8, 2006.

Cheung C M K, Lee M K O, "What Drives Consumers to Spread Electronic Word of Mouth in Online Consumer-Opinion Platforms", *Decision Support Systems*, Vol. 53, No. 1, 2012.

Choi N, "Information Systems Attachment: An Empirical Exploration of Its Antecedents and Its Impact on Community Participation Intention", *Journal of the American Society for Information Science and Technology*, Vol. 64, No. 11, 2013.

Christiansen T, Tax S S, "Measuring Word of Mouth: The Questions of Who and When?", *Journal of Marketing Communications*, Vol. 6, No. 3, 2000.

Chu S C, "Viral Advertising in Social Media: Participation in Facebook Groups and Responses among College-Aged Users", *Journal of Interactive Advertising*, Vol. 12, No. 1, 2011.

Chu S C, Kim Y, "Determinants of Consumer Engagement in Electronic Word of Mouth (eWOM) in Social Networking Sites", *International*

Journal of Advertising, Vol. 30, No. 1, 2011.

Chunngam B, Chanchalor S, Murphy E, "Membership, Participation and Knowledge Building in Virtual Communities for Informal Learning", *British Journal of Educational Technology*, Vol. 45, No. 5, 2014.

Clemons E, Gao G-D, Hittl L M, "When Online Reviews Meet Hyper Differentiation: A Study of the Craft Beer Industry", *Journal of Management Information System*, Vol. 23, No. 2, 2006.

Cui G, Liu H K, Guo X, "The Effect of Online Consumer Reviews on New Product Sales", *International Journal of Electronic Commerce*, Vol. 17, No. 1, 2012.

D'Astous A, Touil N, "Consumer Evaluations of Movies on the Basis of Critics' Judgments", *Psychology & Marketing*, Vol. 16, No. 8, 1999.

Daugherty T, Eastin M S, Bright L, "Exploring Consumer Motivations for Creating Uer-Generated Content", *Journal of Interactive Advertising*, Vol. 8, No. 2, 2008.

De Matos C A, Rossi C A V, "Word-of-Mouth Communications in Marketing: A Meta-Analytic Review of the Antecedents and Moderators", *Journal of the Academy of Marketing Science*, Vol. 36, No. 4, 2008.

Deci E L, Ryan R M, "The General Causality Orientations Scale: Self-Determination in Personality", *Journal of Research in Personality*, Vol. 19, No. 2, 1985.

Dellarocas C, "The Digitization of Word-of-Mouth: Promise and Challenges of Online Feedback Mechanisms", *Social Science Electronic Publishing*, Vol. 49, No. 10, 2003.

Delone W H, Mclean E R, "The DeLone and McLean Model of Information Systems Success: A Ten-Year Update", *Journal of Management Information Systems*, Vol. 19, No. 4, 2003.

Dennis C, Papagiannidis S, Alamanos E et al, "The Role of Brand Attachment Strength in Higher Education", *Journal of Business Research*,

Vol. 69, No. 8, 2016.

Dichter E, "How Word-of-Mouth Advertising Works", *Harvard Business Review*, Vol. 16, No. 6, 1966.

Dick A S, Basu K, "Customer Loyalty: Toward an Integrated Conceptual Framework", *Journal of the Academy of Marketing Science*, Vol. 22, No. 2, 1994.

Dijck V J, "Users Like You? Theorizing Agency in User-Generated Content", *Media, Culture & Society*, Vol. 11, No. 1, 2009.

Dierkes T, Bichler M, Krishnan R, "Estimating the Effect of Word of Mouth on Churn and Cross-Buying in the Mobile Phone Market with Markov Logic Networks", *Decision Support Systems*, Vol. 51, No. 3, 2011.

Doh S J, Hwang J S, "How Consumers Evaluate eWOM", *Cyber-Psychology & Behavior*, Vol. 12, No. 2, 2009.

Doty J, Dworkin J, "Parents' of Adolescents Use of Social Networking Sites", *Computers in Human Behavior*, Vol. 33, No. 4, 2014.

Duan W, Gu B, Whinston A B, "Do Online Reviews Matter? An Empirical Investigation of Panel Data", *Decision Support Systems*, Vol. 45, No. 4, 2008.

Duan W, Gu B, Whinston A B, "The Dynamics of Online Word-of-Mouth and Product Sales: An Empirical Investigation of the Movie Industry", *Journal of Retailing*, Vol. 84, No. 2, 2008.

Ducoffe, "Advertising Value and Advertising on the Web", *Journal of Advertising Research*, Vol. 36, No. 5, 1996.

Escalas J E, "Narrative Processing: Building Consumer Connections to Brands", *Journal of Consumer Psychology*, Vol. 14, No. 1-2, 2014.

Escalas J E, Bettman J, "Self-Construal, Reference Groups, and Brand Meaning", *Journal of Consumer Research*, Vol. 32, No. 3, 2005.

Feeney B C, Cassidy J, Ramos-Marcuse F, "The Generalization of Attachment Representations to New Social Situations: Predicting Behavior During Initial Interactions with Strangers", *Journal of Personality & Social*

Psychology, Vol. 95, No. 6, 2008.

Forman C, Ghose A, Wiesenfeld B, "Examining the Relationship Between Reviews and Sales: The Role of Reviewer Identity Disclosure in Electronic Markets", *Information Systems Research*, Vol. 19, No. 3, 2008.

Fournier S, "Consumers and Their Brands: Developing Relationships Theory in Consumer Research", *Journal of Consumer Research*, Vol. 24, No. 4, 1998.

Fraley R C, Waller N G, Brennan K A, "An Item Response Theory Analysis of Self-Report Measures of Adult Attachment", *Journal of Personality & Social Psychology*, Vol. 78, No. 2, 2000.

Füller J, Matzler K, Hoppe M, "Brand Community Members as a Source of Innovation", *Journal of Product Innovation Management*, Vol. 25, No. 6, 2008.

Gagne R M, Medsker K L, *The Conditions of Learning: Training Applications*, New York: Harcourct Brace College Publishers, 1996.

Ghoshal G, Holme P, "Attractiveness and Activity in Internet Communities", *Physica a Statistical Mechanics & Its Applications*, Vol. 364, 2006.

Gilly M C, Graham J L, Wolfinbarger M F et al, "A Dyadic Study of Interpersonal Information Search", *Journal of the Academy of Marketing Science*, Vol. 2, 1998.

Glenn E, Drew F, "Word - of - Mouth Communication and Social Learning", *Quarterly Journal of Economics*, Vol. 110, No. 1, 1995.

Graeff T R, "Image Congruence Effects on Product Evaluations: The Role of Self-Monitoring and Public/Private Consumption", *Psychology & Marketing*, Vol. 13, No. 5, 1996.

Guadagno R E, Okdie B M, Eno C A, "Who Blogs? Personality Predictors of Blogging", *Computers in Human Behavior*, Vol. 24, No. 5, 2008.

Ha Y W, Kim J, Libaque-Saenz C F et al, "Use and Gratifications of Mobile SNSs: Facebook and Kakao Talk in Korea", *Telematics and Informatics*, Vol. 32, No. 3, 2015.

Hair J F, Black W C, Babin B J et al, *Multivariate Data Analysis*, 6th edition, Pearson, London, 2006.

Hajli N, Lin X, Featherman M et al, "Social Word of Mouth: How Trust Develops in the Market", *International Journal of Market Research*, Vol. 56, No. 5, 2014.

Hallowell, Roger, "The Relationships of Customer Satisfaction, Customer Loyalty, and Profitability: An Empirical Study", *International Journal of Service Industry Management*, Vol. 7, No. 4, 1996.

Harmon R R, Coney K A, "The Persuasive Effects of Source Credibility in Buy and Lease Situations", *Journal of Marketing Research*, Vol. 9, No. 2, 1982.

Havlena W J, Holak S L, "Exploring Nostalgia Imagery through the Use of Consumer Collages", *Advances in Consumer Research*, Vol. 23, 1996.

Hayati P, Potdar V, Talevski A et al, "Definition of Spam 2.0: New Spamming Boom", 4th IEEE International Conference on Digital Ecosystems and Technologies, April, 2010.

Hazan C, Shaver P R, "Attachment as an Organizational Framework for Research on Close Relationships", *Psychological Inquiry*, Vol. 15, No. 1, 1994.

Hazan C, Shaver P R, "Romantic Love Conceptualized as an Attachment Process", *Journal of Personality and Social Psychology*, Vol. 52, 1987.

He J X, "What do We Yearn for? The Development and Validation of Nostalgia Proneness Scale in the Context of Chinese Culture", *Journal of Marketing Science*, Vol. 6, No. 3, 2010.

Helberger N, Guibault L, Janssen E et al, "User-Generated-Content: Supporting a Participative Information Society", *Study for the Europe-*

an Commission DG Information Society, 2009.

Hennig-Thurau T, Gwinner K P, Walsh G et al, "Electronic Word-of-Mouth via Consumer-Opinion Platforms: What Motivates Consumers to Articulate Themselves on the Internet?", *Journal of Interactive Marketing*, Vol. 18, No. 1, 2004.

Herr P, Kardes F, Kim J, "Effects of Word-of-Mouth and Product-Attribute Information on Persuasion: An Accessibility - Diagnosticity Perspective", *Journal of Consumer Research*, Vol. 17, No. 4, 1991.

Hirsh S G, "Children's Relevance Criteria and Information Seeking on Electronic Resources", *Journal of the American Society for Information Science*, Vol. 50, No. 14, 1999.

Hiscock J, "Most Trusted Brands", *Marketing*, Vol. 1, 2001.

Holbrook M B, Schindler R M, "Echoes of the Dear Departed Past: Some Work in Progress on Nostalgia", *Advances in Consumer Research*, Vol. 18, 1991.

Holbrook M B, "Nostalgia and Consumption Preferences: Some Emerging Patterns of Consumer Tastes", *Journal of Consumer Research*, Vol. 20, No. 2, 1993.

Hu M Q, Liu B, "Mining and Summarizing Customer Reviews", in *Proceedings of the Tenth ACM SIGKDD International Conference on Knowledge Discovery and Data Mining*, Seattle: ACM, 2004.

Hu N, Liu L, Zhang J J, "Do Online Reviews Affect Product Sales? The Role of Reviewer Characteristics and Temporal Effects", *Information Technology and Management*, Vol. 9, No. 3, 2008.

Huang M, Pape A D, "The Impact of Online Consumer Reviews on Online Sales: The Case - Based Decision Theory Approach", *Journal of Consumer Policy*, Vol. 43, No. 3, 2020.

Hung S W, Cheng M J, "Are You Ready for Knowledge Sharing? An Empirical Study of Virtual Communities", *Computers & Education*, Vol. 62, No. 2, 2013.

Hunt J M, Domzal T J, Kernan J B, "Causal Attribution and Persuasion: The Case of Disconfirmed Expectancies", *Advances in Consumer Research*, Vol. 9, No. 1, 1982.

Jacoby J, Chestnut R W, "Brand Loyalty Measurement and Management", *Journal of Marketing Research*, Vol. 15, No. 4, 1978.

Japutra A, Ekinci Y, Simkin L, "Exploring Brand Attachment, Its Determinants and Outcomes", *Journal of Strategic Marketing*, Vol. 22, No. 7, 2014.

Kaji N, Kitsuregawa M, "Building Lexicon for Sentiment Analysis from Massive Collection of Html Documents", in *Proceedings of the Joint Conference on Empirical Methods in Natural Language Processing and Computational Natural Language Learning* (*EMNLP/CoNLL*), 2007.

Kaplan A M, "If You Love Something, Let It Go Mobile: Mobile Marketing and Mobile Social Media 4 × 4", *Business Horizons*, Vol. 55, No. 2, 2012.

Katz E, Blumler J G, Gurevitch M, "Uses and Gratifications Research", *Public Opinion Quarterly*, Vol. 37, No. 4, 1973.

Kevin, Chai, Dillon T, "Content Quality Assessment Related Frameworks for Social Media", Springer-Verlag: Computational Science and Its Applications-ICCSA, 2009.

Kim E, Lee B, "e-CRM and Digitization of Word of Mouth", *Management Science & Financial Engineering*, Vol. 11, No. 3, 2005.

Kim C, Jin M, Kim J et al, "User Perception of the Quality, Value, and Utility of User-Generated Content", *Journal of Electronic Commerce Research*, Vol. 13, No. 4, 2012.

Kim H S H, "Choice and Self-Expression: A Cultural Analysis of Variety-Seeking", *Journal of Personality & Social Psychology*, Vol. 85, No. 2, 2003.

Kim J, Shaw E, Feng D et al, "Modeling and Assessing Student Activities in Online Discussions", in *Proceedings of the Workshop on Educa-*

tional Data Mining at the conference of the American Association of Artificial Intelligence (*AAAI*-06), Boston, 2006.

Kim Y, Sohn D, Choi S M, "Cultural Difference in Motivations for Using Social Network Sites: A Comparative Study of American and Korean College Students", *Computers in Human Behavior*, Vol. 27, No. 1,2011.

Kleine, S S, Baker S M, "An Integrative Review of Material Possession Attachment", *Academy of Marketing Science Review*, Vol. 1, 2009.

Kramer A D I, Guillory J E, Hancock J T, "Experimental Evidence of Massive-Scale Emotional Contagion through Social Networks", *Proceedings of the National Academy of Sciences*, Vol. 111, No. 24, 2014.

Krishnamurthy S, "Case: Mozilla vs. Godzilla—The Launch of the Mozilla Firefox Browser", *Journal of Interactive Marketing*, Vol. 23, No. 3, 2009.

Ku L W, Liang Y T, Chen H H, "Opinion Extraction, Summarization and Tracking in News and Blog Corpora", in *Proceedings of the 2006 AAAI Spring Symposium—Technical Report*, California: AAAI, 2006.

Lamb Y, Cai W, Mckenna B, "Exploring the Complexity of the Individualistic Culture through Social Exchange in Online Reviews", *International Journal of Information Management*, Vol. 54, 2020.

Lastovicka J R, Gardner D M, "Components of Involvement", *Attitude Research Plays for High Stakes*, 1979.

Lau G T, Lee S H, "Consumers' Trust in a Brand and the Link to Brand Loyalty", *Journal of Market-Focused Management*, Vol. 4, No. 4, 1999.

Lee S H, Workman J E, "Determinants of Brand Loyalty: Self-Construal, Self-Expressive Brands, and Brand Attachment", *International Journal of Fashion Design, Technology and Education*, Vol. 8, No. 1, 2015.

Leventhal R C, Papadatos C, "The Art of Storytelling: How Loyalty Marketers Can Build Emotional Connections to Their Brands", *Journal of Consumer Marketing*, Vol. 23, No. 7, 2006.

Levy S J, "Symbols for Sale", *Harvard Business Review*, Vol. 37, 1959.

Lien C H, Cao Y, "Examining WeChat Users' Motivations, Trust, Attitudes, and Positive Word-of-Mouth: Evidence from China", *Computers in Human Behavior*, Vol. 41, 2014.

Lin H, Fan W, Wallace L et al, "An Empirical Study of Web-Based Knowledge Community Success", Hawaii International Conference on System Sciences, IEEEComputer Society, 2007.

Lin Y H, Hsu C L, Chen M F et al, "New Gratifications for Social Word-of-Mouth Spread via Mobile SNSs: Uses and Gratifications Approach with a Perspective of Media Technology", *Telematics and Informatics*, Vol. 34, No. 8, 2017.

Liu B, *Sentiment Analysis and Opinion Mining*, California: Morgan & Claypool Publishers, 2012.

Liu J, Cao Y, Lin C et al, "Low-Quality Product Review Detection in Opinion Summarization", in *Proceedings of the* 2007 *Joint Conference on Empirical Methods in Natural Language Processing and Computational Natural Language Learning*, Prague, Czech Republic, 2007.

Liu, Sinkovics, Pezderka et al, "Determinants of Consumer Perceptions Toward Mobile Advertising—A Comparison between Japan and Austria", *Journal of Interactive Marketing*, Vol. 26, No. 1, 2012.

Liu Y, "Word of Mouth for Movies: Its Dynamics and Impact on Box Office Revenue", *Journal of Marketing*, Vol. 70, No. 3, 2006.

Livingstone L P, Nelson D L, Barr S H, "Person-Environment Fit and Creativity: An Examination of Supply-Value and Demand-Ability Versions of Fit", *Journal of Management*, Vol. 23, No. 2, 1997.

Luarn P, Huang P, Chiu Y P et al, "Motivations to Engage in Word-of-Mouth Behavior on Social Network Sites", *Information Development*, Vol. 32, No. 4, 2016.

Malär L, Krohmer H, Hoyer W D et al, "Emotional Brand Attachment and Brand Personality: The Relative Importance of the Actual and the Ideal Self", *Journal of Marketing*, Vol. 75, No. 4, 2011.

Marcus B, Machilek F, Schütz, Astrid, "Personality in Cyberspace: Personal Web Sites as Media for Personality Expressions and Impressions", *Journal of Personality and Social Psychology*, Vol. 90, No. 6, 2006.

Mark M, Pearson C S, *The Hero and the Outlaw: Building Extraordinary Brands through the Power of Archetypes*, New York: McGraw - Hill, 2001.

Maslow A H, "A Theory of Human Motivation", *Psychological Review*, Vol. 50, No. 4, 1943.

Matos C A D, Rossi C A V, "Word-of-Mouth Communications in Marketing: A Meta-Analytic Review of the Antecedents and Moderators", *Journal of the Academy of Marketing Science*, Vol. 36, No. 4, 2008.

Mattila, A S, "The Role of Narratives in the Advertising of Experiential Services", *Journal of Service Research*, Vol. 3, 2000.

Mcalexander J H, Schouten J W, Koenig H F, "Building Brand Community", *Journal of Marketing*, Vol. 66, No. 1, 2002.

McFadden D L, Train K E, "Consumers' Evaluation of New Products: Learning from Self and Others", *Journal of Political Economy*, Vol. 104, No. 4, 1996.

Medhat W, Hassan A, Korashy H, "Sentiment Analysis Algorithms and Applications: A Survey", *Ain Shams Engineering Journal*, Vol. 50, No. 4, 2014.

Mehrabian A, Russell J A, "The Basic Emotional Impact of Environments", *Perceptual and Motor Skills*, Vol. 38, No. 1, 1974.

Mikolov T, Corrado G, Chen K et al, "Efficient Estimation of Word Representations in Vector Space", in *Proceedings of the International Conference on Learning Representations* (*ICLR* 2013), 2013.

Mikulincer M, Hirschberger G, Nachmias O, "The Affective Component of the Secure Base Schema: Affective Priming with Representations of

Attachment Security", *Journal of Personality and Social Psychology*, Vol. 81, No. 2, 2001.

Mitchell T R, "Motivation: New Directions for Theory, Research, and Practice", *The Academy of Management Review*, Vol. 7, No. 1, 1982.

Morgan R M, Hunt S D, "The Commitment-Trust Theory of Relationship Marketing", *Journal of Marketing*, Vol. 58, No. 3, 1994.

Mudambi S M, Schuff D, "What Makes a Helpful Online Review? A Study of Customer Reviews on Amazon. com. Mount Laurel", Society for Information Management and The Management Information Systems Research Center, 2010.

Mugge R, Schifferstein H N J, Schoormans J P L, "Product Attachment and Satisfaction: Understanding Consumers' Post-Purchase Behavior", *Journal of Consumer Marketing*, Vol. 27, No. 3, 2010.

Namho Chung, Kichan Nam, Chulmo Koo, "Examining Information Sharing in Social Networking Communities: Applying Theories of Social Capital and Attachment", *Telematics and Informatics*, Vol. 33, 2016.

Namjoo Choi, "Information Systems Attachment: An Empirical Exploration of Its Antecedents and Its Impact on Community Participation Intention", *Journal of the American Society for Information Science and Technology*, Vol. 64, No. 11, 2013.

Nasukawa T, Yi J, "Sentiment Analysis: Capturing Favorability Using Natural Language Processing", in *Proceedings of the 2nd International Conference on Knowledge Capture*, *Florida*, 2003.

Nelson P, "Advertising as Information", *Journal of Political Economy*, Vol. 82, No. 4, 1974.

Newman J W, Werbel R A, "Multivariate Analysis of Brand Loyalty for Major Household Appliances", *Journal of Marketing Research*, Vol. 10, No. 4, 1973.

Oliver R L, "Whence Consumer Loyalty?" *Journal of Marketing*, Vol. 63, No. 34, 1999.

Östman J, "Information, Expression, Participation: How Involvement in User-Generated Content Relates to Democratic Engagement among Young People", *New Media & Society*, Vol. 14, No. 6, 2012.

Otterbacher J, "Helpfulness in Online Communities: A Measure of Message Quality", Sigchi Conference on Human Factors in Computing Systems. ACM, 2009.

Pak A, Paroubek P, "Twitter as a Corpus for Sentiment Analysis and Opinion Mining", *LREc*, Vol. 10, 2010.

Pan Y, Zhang J Q, "Born Unequal: A Study of the Helpfulness of User-Generated Product Reviews", *Journal of Retailing*, Vol. 87, No. 4, 2011.

Pang B, Lee, "A Sentimental Education Sentiment Analysis Using Subjectivity Summarization Based on Minimum Cuts", in *Proceedings of the 42nd Annual Meeting of the Association for computational, linguistics (ACL), Morristown, NJUSA Association for Computational, Linguistic*, 2004.

Park C W, Eisingerich A B, Park J W, "Attachment – Aversion (AA) Model of Customer-Brand Relationships", *Social Science Electronic Publishing*, Vol. 23, No. 2, 2013.

Park C W, Macinnis D J, Priester J, "Beyond Attitudes: Attachment and Consumer Behavior", *Seoul Journal of Business*, Vol. 12, No. 2, 2006.

Park C W, MacInnis D J, Priester J et al, "Brand Attachment and Brand Attitude Strength: Conceptual and Empirical Differentiation of Two Critical Brand Equity Drivers", *Social Science Electronic Publishing*, Vol. 74, No. 6, 2010.

Park D H, Lee J, "eWOM Overload and Its Effect on Consumer Behavioral Intention Depending on Consumer Involvement", *Electronic Commerce Research and Applications*, Vol. 7, No. 4, 2008.

Paul André, Bernstein M S, Luther K, "Who Gives a Tweet? Evaluating Microblog Content Value", in *Proceedings of the ACM* 2012 *Conference on Computer Supported Cooperative Work*, Seattle: ACM Press, 2012.

Pedeliento G, Andreini D, Bergamaschi M et al, "Brand and Product Attachment in an Industrial Context: The Effects on Brand Loyalty", *Industrial Marketing Management*, Vol. 53, 2015.

Perugini M, Bagozzi R P, "The Role of Desires and Anticipated Emotions in Goal-Directed Behaviors: Broadening and Deepening the Theory of Planned Behavior", *British Journal of Social Psychology*, Vol. 40, No. 1, 2001.

Phua J, Kim J, "Starring in Your Own Snapchat Advertisement: Influence of Self-Brand Congruity, Self-Referencing and Perceived Humor on Brand Attitude and Purchase Intention of Advertised Brands", *Telematics Inform*, Vol. 35, No. 5, 2018.

Picazo-Vela S, Chou S Y, Melcher A J et al, "Why Provide an Online Review? An Extended Theory of Planned Behavior and the Role of Big-Five Personality Traits", *Computers in Human Behavior*, Vol. 26, No. 4, 2010.

Popescu A, Etzioni O, "Extracting Product Features and Opinions from Reviews", in *Proceedings of the* 2005 *Conference on Human Language Technology and Empirical Methods in Natural Language Processing*, Vancouver: ACL, 2005.

Pornsakulvanich V, Dumrongsiri N, "Internal and External Influences on Social Networking Site Usage in Thailand", *Computers in Human Behavior*, Vol. 29, No. 6, 2013.

Preacher K J, Hayes A F, "Asymptotic and Resampling Strategies for Assessing and Comparing Indirect Effects in Multiple Mediator Models", *Behavior Research Methods*, Vol. 40, No. 3, 2008.

Proksch M, Orth U R, Cornwell T B, "Competence Enhancement and Anticipated Emotion as Motivational Drivers of Brand Attachment", *Psychology & Marketing*, Vol. 32, No. 9, 2015.

Racherla P, Friske W, "Perceived 'Usefulness' of Online Consumer Reviews: An Exploratory Investigation across Three Services Categories", *Electronic Commerce Research and Applications*, Vol. 11, No. 6, 2012.

Raj S P, "Striking a Balance between Brand 'Popularity' and Brand Loyalty", *Journal of Marketing*, Vol. 49, No. 1, 1985.

Reid C A, Green J D, Wildschut T et al, "Scent-Evoked Nostalgia", *Memory*, Vol. 23, No. 2, 2015.

Ren Y, Harper F, Drenner S, "Building Member Attachment in Online Communities: Applying Theories of Group Identity and Interpersonal Bonds", *MIS Quarterly*, Vol. 36, No. 3, 2012.

Reychav I, Wu D, "Exploring Mobile Tablet Training for Road Safety: A Uses and Gratifications Perspective", *Computers & Education*, 2014.

Richard Y, Wang, Strong D M, "Beyond Accuracy: What Data Quality Means to Data Consumers", *Journal of Management Information Systems*, Vol. 12, No. 4, 1996.

Rodgers S, Chen Q, "Internet Community Group Participation: Psychosocial Benefits for Women with Breast Cancer", *Journal of Computer-Mediated Communication*, Vol. 10, No. 4, 2005.

Ronen Feldman, "Techniques and Applications for Sentiment Analysis", *Communications of the ACM*, Vol. 56, No. 4, 2013.

Rogers T B, Kuiper N A, Kirker W S, "Self-Reference and the Encoding of Personal Information", *Journal of Personality & Social Psychology*, Vol. 35, No. 9, 1977.

Ryan R M, Deci E L, "Self-Determination Theory and the Facilitation of Intrinsic Motivation, Social Development, and Well-Being", *American Psychologist*, Vol. 55, No. 1, 2000.

Sanghee O H, "The Characteristics and Motivations of Health Answerers for Sharing Information, Knowledge, and Experiences in Online Environments", *Journal of the American Society for Information Science and*

Technology, Vol. 63, No. 3, 2011.

Savolainen R, Kari J, "User-Defined Relevance Criteria in Web Searching", *Journal of Documentation*, Vol. 62, No. 6, 2006.

Schamber L, Bateman J, "User Criteria in Relevance Evaluation: Toward Development of a Measurement Scale", *Proceedings of the 59th Annual Meeting of the American Society for Information Science*, *Baltimore*, *MD*, *USA. Medford*, *NJ*, *USA*: *Learned Information*, 1996.

Schmalz S, Orth U R, "Brand Attachment and Consumer Emotional Response to Unethical Firm Behavior", *Psychology & Marketing*, Vol. 29, No. 11, 2012.

Schmitt B H, *Experiential Marketing*: *How to Get Customer to Sense*, *Feel*, *Think*, *Act*, *Relate to Your Company and Brands*, New York: The Free Press, 1999.

Schneider J R S, Pobocik R S, "Credibility and Quality of Breast Feeding Information from YouTube Videos: A Content Analysis", *Journal of the Academy of Nutrition and Dietetics*, Vol. 113, No. 9, 2013.

Schoenmueller V, Netzer O, Stahl F, "The Polarity of Online Reviews: Prevalence, Drivers and Implications", *Journal of Marketing Research*, Vol. 3, 2020.

Schoorman F D, Mayer R C, Davis J H, "An Integrative Model of Organizational Trust: Past, Present, and Future", *The Academy of Management Review*, Vol. 32, No. 2, 2007.

Schouten K, Frasincar F, "Web News Sentence Searching Using Linguistic Graph Similarity", in *International Baltic Conference on Databases & Information Systems*, Springer International Publishing, 2016.

Schouten J W, Mcalexander J H, Koenig H F, "Transcendent Customer Experience and Brand Community", *Journal of the Academy of Marketing Science*, Vol. 35, No. 3, 2007.

Schultz S E, Kleine R E, Kernan J B, "These are a Few of My Favorite Things: Towards an Explication of Attachment as a Consumer Behavior Construct", *Advances in Consumer Research*, Vol. 16, No. 1, 1989.

Schultz M, Hatch M J, Larsen M H, *The Expressive Organization: Linking Identity, Reputation, and the Corporate Brand*, Oxford: Oxford University Press, 2000.

Shan Y, King K W, "The Effects of Interpersonal Tie Strength and Subjective Norms on Consumers' Brand – Related eWOM Referral Intentions", *Journal of Interactive Advertising*, Vol. 15, No. 1, 2015.

Shim S, Lee B, "Internet Portals' Strategic Utilization of UCC and Web 2.0 Ecology", *Decision Support Systems*, Vol. 47, No. 4, 2009.

Sirgy, Joseph M, "Self-Concept in Consumer Behavior: A Critical Review", *Journal of Consumer Research*, Vol. 9, No. 3, 1982.

Sirgy Joseph M, Grewal et al, "Retail Environment, Self-Congruity, and Retail Patronage: An Integrative Model and a Research Agenda", *Journal of Business Research*, Vol. 49, No. 2, 2004.

Slater J S, "Collecting Brand Loyalty: A Comparative Analysis of How Coca Cola and Hallmark Use Collecting Behavior to Enhance Brand Loyalty", *Advances in Consumer Research*, Vol. 28, No. 1, 2001.

Sloan S, Bodey K, Gyrdjones R, "Knowledge Sharing in Online Brand Communities", *Qualitative Market Research*, Vol. 18, No. 3, 2015.

So J T, Parsons A G, Yap S F, "Corporate Branding, Emotional Attachment and Brand Loyalty: The Case of Luxury Fashion Branding", *Journal of Fashion Marketing and Management*, Vol. 17, No. 4, 2013.

Somprasertsri G, Lalitrojwong P, "A Maximum Entropy Model for Product Feature Extraction in Online Customer Reviews", in *Proceedings of the 3rd IEEE International Conference on Cybernetics & Intelligent Systems*, Washington: IEEE, 2008.

Srivastava E, Maheswarappa S S, Sivakumaran B., "Nostalgic Advertising in India: A Content Analysis of Indian TV Advertisements", *Asia Pacific Journal of Marketing and Logistics*, Vol. 29, No. 1, 2017.

Stafford T F, Stafford M R, Schkade L L, "Determining Uses and

Gratifications for the Internet", *Decision Sciences*, Vol. 35, No. 2, 2004.

Stenius M, Hankonen N, Ravaja N et al, "Why Share Expertise? A Closer Look at the Quality of Motivation to Share or Withhold Knowledge", *Journal of Knowledge Management*, Vol. 20, No. 2, 2016.

Stvilia B, Twidale M, Smith L et al, "Assessing Information Quality of a Community-Based Encyclopedia", in *Proceedings of the International Conference on Information Quality*, ICIQ, 2005.

Sundaram D S, Mitra K, Webster C, "Word-of-Mouth Communications: A Motivational Analysis", *Advances in Consumer Research*, Vol. 25, No. 1, 1998.

Swaminathan V, Stilley K M, Ahluwalia R, "When Brand Personality Matters: The Moderating Role of Attachment Styles", *Journal of Consumer Research*, Vol. 35, No. 6, 2009.

Thomson M, "Human Brands: Investigating Antecedents to Consumers' Strong Attachments to Celebrities", *Journal of Marketing*, Vol. 70, No. 3, 2006.

Thomson M, Macinnis D J, Park C W, "The Ties That Bind: Measuring the Strength of Consumers' Emotional Attachments to Brands", *Journal of Consumer Psychology*, Vol. 15, No. 1, 2005.

Tucker W T, "The Development of Brand Loyalty", *Journal of Marketing Research*, Vol. 1, No. 3, 1964.

Turney P, Littman M L, "Measuring Praise and Criticism: Inference of Semantic Orientation from Association", *ACM Transactions on Information Systems*, Vol. 21, No. 4, 2003.

VanMeter R, Syrdal H A, Powell-Mantel S et al, "Don't Just 'Like' Me, Promote Me: How Attachment and Attitude Influence Brand Related Behaviors on Social Media", *Journal of Interactive Marketing*, Vol. 43, 2018.

Vickery G, Wunsch-Vincent S, *Participative Web and User-Created Content: Web 2.0, Wikis and Social Networking*, Organization for Economic Cooperation and Development (OECD), Paris, 2007.

Villanueva J, Yoo S, Hanssens D M, "The Impact of Marketing-Induced Versus Word-of-Mouth Customer Acquisition on Customer Equity Growth", *Journal of Marketing Research*, Vol. 45, No. 1, 2008.

Vilpponen A, Winter S, Sundqvist S, "Electronic Word-of-Mouth in Online Environments: Exploring Referral Network Structure and Adoption Behavior", *Journal of Interactive Advertising*, Vol. 6, No. 2, 2006.

Wallendorf M, Arnould E J, " 'My Favorite Things': A Cross-Cultural Inquiry into Object Attachment, Possessiveness, and Social Linkage", *Journal of Consumer Research*, Vol. 14, No. 4, 1988.

Wang B, Wang H, "Bootstrapping both Product Prosperities and Opinion Words from Chinese Reviews with Cross-Training", in *Proceedings of the IEEE/WIC/ACM International Conference on Web Intelligence*, *Washington: IEEE Computer Society*, 2007.

Wang R Y, Strong D M, "Beyond Accuracy: What Data Quality Means to Data Consumers", *Journal of Management Information Systems*, Vol. 12, No. 4, 1996.

Wang X, Yu C, Wei Y, "Social Media Peer Communication and Impacts on Purchase Intentions: A Consumer Socialization Framework", *Journal of Interactive Marketing*, Vol. 26, No. 4, 2012.

Wei P S, Lu H P, "Why Do People Play Mobile Social Games? An Examination of Network Externalities and of Uses and Gratifications", *Internet Research*, Vol. 24, No. 3, 2014.

Wen T, Qin T, "The Impact of Nostalgic Emotion on Brand Trust and Brand Attachment an Empirical Study from China", *Asia Pacific Journal of Marketing and Logistics*, Vol. 31, No. 4, 2019.

Wen X, Li Y R, Liu Q H, "The Impact of Impulse Buying and Network Platforms on Consumer Purchasing Behaviour: A Case Study of a Technical Product", *Tehnicki Vjesnik - Technical Gazette*, Vol. 26, No. 4, 2020.

Westbrook R A, "Product/Consumption-Based Affective Responses and Post Purchase Processes", *Journal of Marketing Research*, Vol. 24, No. 3, 1987.

Wetzer I M, Zeelenberg M, Pieters R, "'Never Eat in That Restaurant, I Did!': Exploring Why People Engage in Negative Word-of-Mouth Communication", *Psychology & Marketing*, Vol. 24, No. 8, 2007.

Wildschut T, Sedikides C, Arndt J et al, "Nostalgia: Content, Triggers, Functions", *Journal of Personality and Social Psychology*, Vol. 91, No. 5, 2006.

Wilson T, Wiebe J, Hoffmann P, "Recognizing Contextual Polarity in Phrase-Level Sentiment Analysis", in *Proceedings of the Human Language Technology Conference and the Conference on Empirical Methods in Natural Language Processing (HLT/EMNLP)*, 2005.

Yaakobi E, Goldenberg J, "Social Relationships and Information Dissemination in Virtual Social Network Systems: An Attachment Theory Perspective", *Computers in Human Behavior*, Vol. 38, No. 2, 2014.

Yi S, Jai T M C, "Impacts of Consumers' Beliefs, Desires and Emotions on Their Impulse Buying Behavior: Application of an Integrated Model of Belief-Desire Theory of Emotion", *Journal of Hospitality Marketing & Management*, Vol. 6, 2019.

Yu H, Hatzivassiloglou V, "Towards Answering Opinion Questions: Separating Facts from Opinions and Identifying the Polarity of Opinion Sentences", in *Proceedings of the Conference on Empirical Methods in Natural Language Processing*, Sapporo: ACL, 2003.

Zeithaml V A, Parasuraman L L B, "The Behavioral Consequences of Service Quality", *Journal of Marketing*, Vol. 60, No. 2, 1996.

Zhu Z, Bernhard D, Gurevych I, "A Multi-Dimensional Model for Assessing the Quality of Answers in Social Q&A Sites", in *Proceedings of the 14th International Conference on Information Quality*, Hasso Plattner Institute, University of Potsdam, Germany, 2009.